序にかえて

足利持氏は、鎌倉公方足利氏の嫡流として応永十六年（一四〇九）に四代鎌倉公方となり、永享十一年（一四三九）、室町幕府と対立して自害するまで、鎌倉府、そして東国の主の座にあった。その生涯は総論で詳しく触れるとして、足利持氏の時代は、度々の争乱をとおして鎌倉府・鎌倉公方権力が隆盛と崩壊を迎え、東国社会に大きな変革をもたらした時代であった。さらに、持氏の時代に始まる鎌倉府の分裂や鎌倉府と室町幕府の全面的な対立は、持氏の没後、享徳の乱とよばれる東国全体に広がる大規模な内乱へと発展する。京都の応仁・文明の乱より十年以上先んじて勃発したこの内乱は、鎌倉公方（内乱の過程で古河公方に転身）足利氏を中心とする社会をゆるやかに解体し、東国を戦国の世へ誘うのである。そうした動乱の火種を生み、発火させた足利持氏とその時代は、一般的な知名度は決して高くはないが、中世東国史を考えるうえで重要な様々な論点を含んでいるのである。

それゆえ、足利持氏とその時代に関する研究の蓄積は厚く、在位期間の差はあれ、歴代鎌倉公方のなかでも群を抜いて多い。その論点は多岐にわたるが、ごく大雑把に分けるとすれば、持氏期に特徴的な鎌倉府の支配構造・権力基盤――公方専制体制――に注目した研究、鎌倉府と室町幕府との関係の検討を主眼とする研究、東国の内乱や事件に注目して当該期の政治・社会構造を分析する研究、の三つとなろう。本書では、一点目として「第1部　公方専制体制の構造と展開」に五編、二点目として「第2部　足利持氏と室町幕府」に三編、三点目として「第3部　永享の乱・結城合戦」に三編を収めた。また、鎌倉府の故実書『鎌倉年中行事』も、持氏の時代を考えるうえで欠かすことができないものである。同書成立状況の検討から所載の諸儀礼の分析まで、幅広い研究史をもつが、本書では「第4部『鎌倉年中行事』の世界」にその四編を収めた（再録にあたって、各論文の字体の統一を行った）。

そして、巻頭の総論では、内乱の展開と、鎌倉府と室町幕府との関係の、二つの視角を統合した近年の成果をふまえて、両論点を併せて一章とし、次いで公方専制体制、『鎌倉年中行事』について、それぞれ研究史を概観した。巻末には、付録として、足利持氏の呼称に注目して京都の古記録より関係記事を収集した「京都古記録足利持氏関係記事目録（稿）」を付した。いずれも脱漏は否めないが、研究の一助となれば幸いである。

二〇一〇年、黒田基樹氏編の『長尾景春』に始まった本シリーズ「中世関東武士の研究」も、本冊『足利持氏』で二〇冊目を数える。本シリーズが、節目となる第一〇巻に伊勢宗瑞、第二〇巻にこの足利持氏と、東国史を画する主要な人物が配されたことは、誠に興味深い。といいたいところだが、本冊が第二〇巻となったのは、ひとえに編者の怠惰のなすところによる。多少の言い訳が許されるならば、これも自分のような若輩者が編者をつとめることに対する不安やおこがましさに、思うように筆が進まなかったゆえだが、今は、本書が中世東国史研究および室町時代史研究のさらなる発展に資するとともに、少しでも多くの方の手にとっていただき、足利持氏とその時代の社会的な認知度が改善されれば、と願うばかりである。

最後に、本書刊行の機会を下さった黒田基樹氏と戎光祥出版の伊藤光祥氏、再録をご許可いただいた執筆者の方々、そして、遅々として上がらない原稿を粘り強く待ってくださり、刊行まで様々にお力添えいただいた同社の丸山裕之・石田出両氏に、この場を借りてお礼申し上げたい。

二〇一六年三月二日　　　　植田真平

目　次

第4部　『鎌倉年中行事』の世界

足利持氏

総論　足利持氏論

植田真平

はじめに

十五世紀前半、第四代鎌倉公方足利持氏の時代、東国は波乱の時代であった。関東や東北、甲信越各地の紛争、鎌倉府の内訌、京都と鎌倉との対立。これらが互いに絡まり合って多くの戦乱を呼び起こし、やがて鎌倉府の崩壊へ至ることとなる。そのことは、足利持氏自身が歴代鎌倉・古河公方のうちで唯一非業の死を遂げたことに、象徴的に表れている。持氏の時代に端を発した一連の戦乱とそれにともなう鎌倉府の崩壊は、東国社会に一大変革をもたらし、これを戦国の世へと導いてゆくのである。

それゆえ、公方持氏とその時代は研究史上でも早くから関心を集め、さまざまに論じられてきた。南北朝・室町期東国史研究の嚆矢たる渡辺世祐氏の著書『関東中心足利時代之研究』(1)では、初代鎌倉公方足利基氏から三代公方満兼までを一括して一編を成すのに対して、持氏のみは「第三編　足利持氏の時代」として独立した編を設け、これに全体の紙数の半分を割いて論じている。そこでは、応永二十年(一四一三)の伊達松犬丸の乱、同二十三〜二十四年の上杉禅秀の乱より筆を起こし、室町幕府と鎌倉府の政治的な関係を中心に、両府間で懸案事項となった反鎌倉府・親

足利氏略系図
（アラビア数字は将軍の順、漢数字は鎌倉公方の順、
二重線は養子関係、網がけは持氏期に主な活動が知れる者を示す）

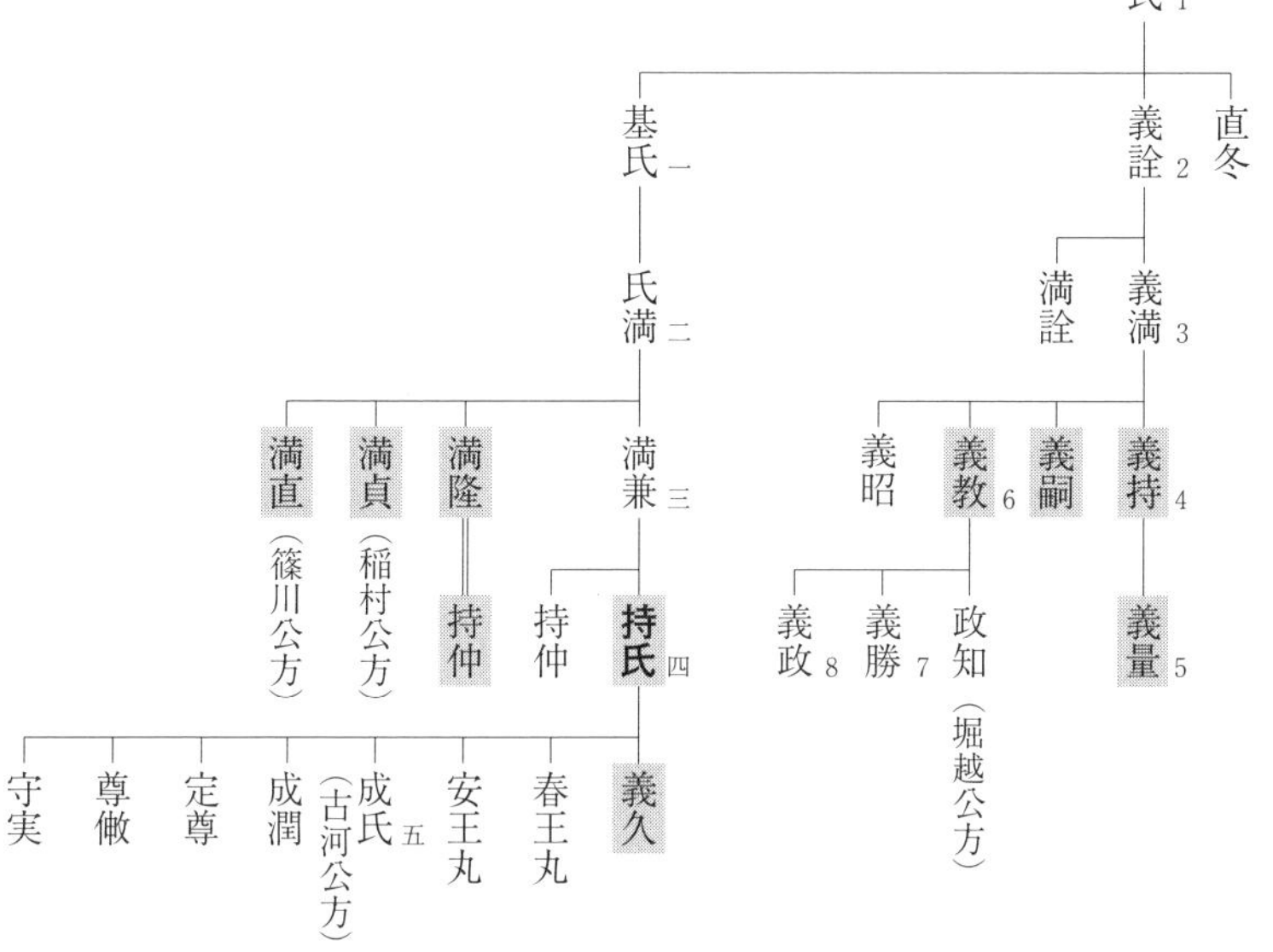

幕府勢力の動向や、その処遇をめぐる度々の折衝の過程などが詳細に述べられている。

　その後の中世東国史研究においても、持氏の時代がクローズアップされてきたことはいうまでもない。転換期であるこの時代がいかなる内実をもつもので、中世東国の歴史的展開上にどう位置付けられるかが議論されてきたのである。また、室町幕府研究の進展により将軍足利義持~義教期が注目されるにともなって、同時代の持氏期東国は幕府の主要な政治課題として、幕府政治史研究の俎上にもあげられるようになった。幕府の積極的な介入策もあって、持氏期以降の東国情勢は幕府権力の展開に密接にかかわってゆくのである。

　このように鎌倉公方足利持氏の時代は、中世東国史あるいは室町時代史を論じる上で避けることのできないものであり、検討すべき課題を数多く抱えているのである。本稿は本書『足利持氏』の総論として、持氏期鎌倉府の諸問題についての先行研究を概観してその到達点を確認

上杉氏略系図
（太字は歴代関東管領、二重線は養子関係、
網がけは持氏期に主な活動が知れる者を示す）

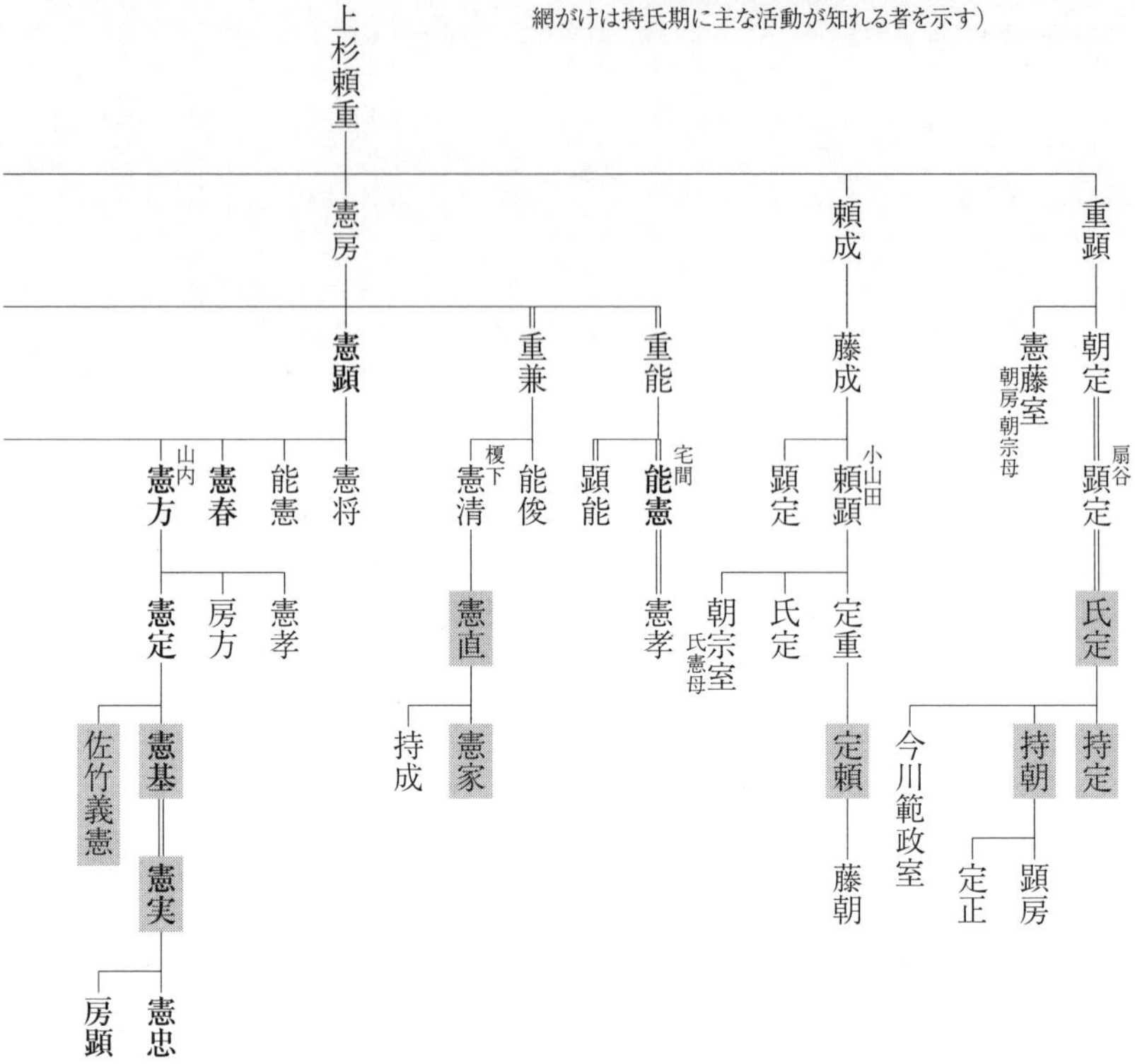

し、今後の研究の一助としたい。

さて本論に入る前に、持氏に関する基礎的な事項を述べておきたい。持氏は、応永五年、三代鎌倉公方足利満兼の嫡男として生まれた。幼名幸王丸。母は一色氏とされる。同十六年九月、父満兼の病没により幼くして鎌倉公方となり、翌十七年十二月、元服、将軍義持の一字を得て持氏と名乗った。十九年三月、判始め。この頃にはすでに左兵衛督に任じられている。

応永二十三年十月、前関東管領犬懸上杉氏憲（法名禅秀）と持氏の叔父足利満隆が、持氏の弟持仲（満隆の養子）をおし立てて、持氏と関東管領山内上杉憲基に対してクーデターを起こした。持氏と憲基は辛くも室町幕府管轄国に逃れて命

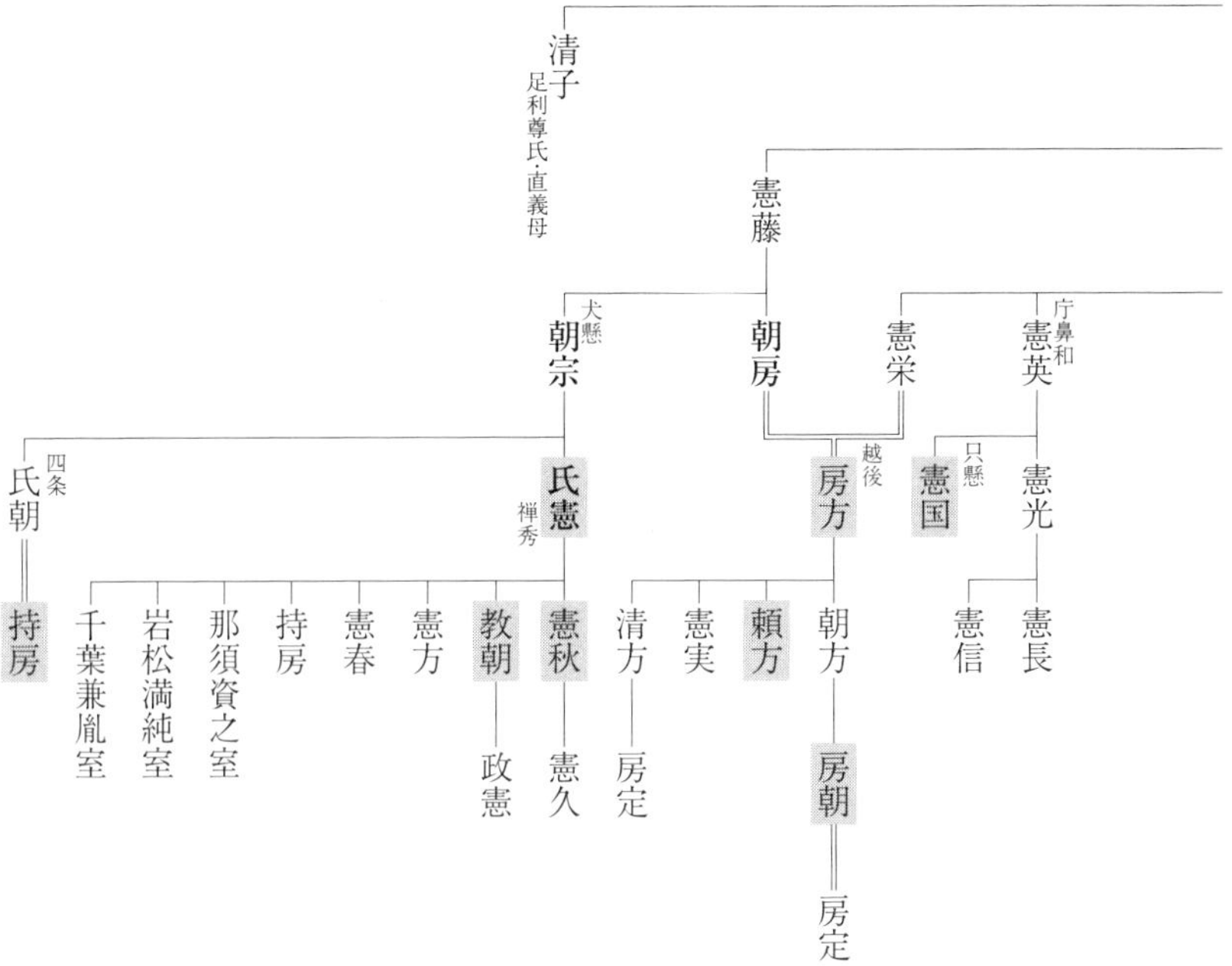

拾いし、幕府の支援を得て、三ヶ月の後にようやく満隆・禅秀らを滅ぼした。これを上杉禅秀の乱という。

　その後持氏は、禅秀に与した関東各地の勢力を次々に討ち滅ぼし、権力の回復に努めた。その間、禅秀跡の上総守護職の補任や旧禅秀与党の処遇をめぐってしばしば幕府と対立した。とはいえ、二十七年十二月、従三位に叙されており、足利一門の中での将軍家につぐ地位は揺るいでいない。

　そして応永二十九年、幕府を後ろ盾にして鎌倉府に反抗的であった佐竹山入与義を鎌倉で討ち、翌三十年には自ら出陣して、同じく幕府に通じる常陸の小栗満重・真壁秀幹や下野の宇都宮持綱らを滅ぼした。さらに同年、幕府管轄国である

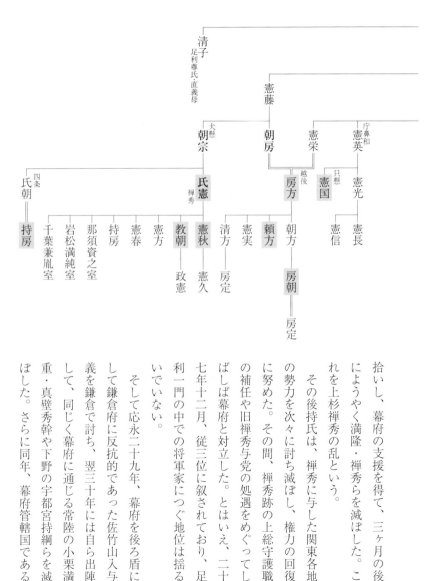

越後の内乱への軍事介入も企てている。こうした持氏の行動は、当然ながら幕府の警戒を招き、両者の関係は緊張の度合いを増していった。持氏はその後も関東管領山内上杉憲実の諫止をふりきって、北関東や南奥の親幕府勢力の討伐を進めたのみならず、また幕府管轄国の駿河や信濃の内乱にも干渉していった。

幕府もこれに対して、六代将軍足利義教が永享四年（一四三二）に富士下向を敢行するなどして関東に圧力をかけ、対立に拍車をかけた。持氏も同六年、「為攘咒咀怨敵於未兆、荷関東重任於億年」(2)と反鎌倉公方派勢力の排除と鎌倉府による東国支配の貫徹を祈る血書願文を鶴岡八幡宮に捧げるなど、幕府と親幕府・反公方派勢力への敵意を募らせている。そうして両者の対立が深刻化の一途をたどるにしたがって、両者の調整役であった関東管領上杉憲実と公方持氏との関係も、徐々に悪化していったとされる。

永享十年八月、持氏の嫡子義久の元服をめぐって持氏と憲実が決裂すると、持氏は憲実討伐の兵を出す。だが、憲実と連携した幕府軍の侵攻に、持氏方は敗北。降伏した持氏は出家、幽閉ののち、翌十一年二月、幕府の命を受けた憲実らによって自害させられた。享年四十二歳。法名は楊山（陽山）道継、院号は長春院とされる。嫡子義久も同じ頃に自害したが、生き延びた持氏の遺児たちは、結城合戦など反上杉・反幕府闘争を続け、それはやがて享徳の乱へ至り鎌倉府の崩壊と古河公方の成立を導くこととなる。

一、東国内乱と鎌倉府・室町幕府

まずは持氏期の政治史や政局史、内乱史から見ていきたい。[3]複雑に推移する当該期の政治状況は、室町期東国の特質を映すものとして、さまざまな視点から分析が進められている。

1　上杉禅秀の乱

上杉禅秀の乱以前の応永十七年八月、持氏の叔父足利満隆に謀叛の噂が流れて鎌倉が騒然となり、幼公方幸王丸（持氏）は関東管領山内上杉憲定亭へ避難した。その直後、関東管領は山内上杉憲定から犬懸上杉氏憲（禅秀）へ交代しており、江田郁夫氏はこれを憲定の失脚と見ている。[4]満隆騒動などと呼ばれるこの事件は、禅秀の乱の序奏として政局史上注目されており、江田氏は持氏若年時に足利満隆―上杉禅秀によって鎌倉府が運営されていたことを明らかにし、政権の主導権をめぐる山内上杉氏および成長する公方持氏との対立が、禅秀の乱へつながるとした。

応永二十三年十月二日、前年に関東管領を退いた上杉禅秀と足利満隆は、多くの東国武士や鎌倉府奉公衆とともに鎌倉に兵を挙げ、公方持氏の御所を急襲した。持氏は関東管領山内上杉憲基亭に避難したが、まもなく鎌倉各所で両軍が対峙し、六日、合戦のすえ持氏と憲基は鎌倉を没落した。持氏は箱根を経て幕府管轄国の駿河へ入り、同国守護今川範政の保護を受けた。憲基はいったん伊豆方面に逃れたのち、これも幕府管轄国で一族が守護をつとめる越後へ入ったとされる。十月中旬にこの報を受けた幕府は、同月末にようやく持氏支持の方針を定めて対応に乗り出すものの、その同日に京都で将軍足利義持の弟義嗣の出奔事件が勃発し、足下の消火にも追われることとなる。

持氏・憲基方の反攻が本格的に開始されるのは、鎌倉没落から二ヶ月以上を経た十二月中旬であった。持氏は駿河今川勢とともに東海道を東進し、憲基は上野国内で禅秀方を破りつつ南下した。さらに、憲基に先行して南下する持氏方が、武蔵入間河で禅秀方を破るなど北・西両方面から鎌倉へ迫っていった。ところが、翌二十四年正月の相模藤沢・同飯田原・武蔵瀬谷原の合戦では禅秀方が勝利したようであり、禅秀方は一度ならず鎌倉の防衛に成功したのであった。幕府の支援を得た持氏方を退ける余力を、禅秀方はなおも有していたのである。そして、正月九日、第二次瀬谷原合戦でついに持氏方が禅秀らを破り、翌日、鎌倉に攻め入って禅秀・満隆以下を自害させた。正月中旬に鎌倉に帰還した持氏は、禅秀の姻戚で叛乱に加わった甲斐の武田信満と上野の新田岩松満純を同年中に攻め滅ぼし、翌二十五年には旧禅秀被官率いる上総本一揆を討伐するなど、活発な軍事行動を展開していく。この間、持氏は一度目の改判を行っている。

この禅秀の乱において、禅秀・満隆のクーデター政権が三ヶ月にわたって東国の首府鎌倉を掌握し、その間の二ヶ月間、持氏方は目立った反攻すらなしえなかったのは揺るがぬ事実である。現在残された史料より、この間の禅秀・満隆による政権運営の徴証を見出すことはできないが、政権奪取の既成事実化が進行しつつあったのは確かであろう。乱鎮圧後の公方持氏は、この事実を払拭していくかのように、禅秀残党・反公方派勢力の討伐を執拗に行うのである。

この上杉禅秀の乱については、渡辺世祐氏が早くに「この乱の結果は鎌倉府と幕府との不和を醸成する階段となりしものにして其関係する所頗る大なれば関東に関係する問題としては大に研究を要すべきものたり。されば十分にこれが裏面に伏在せる原因を探索し研鑽を怠らざるは最も必要の事たり」と考察の重要性を指摘しており、今日に至るまで中世後期東国史ならびに室町時代史の重大事件として注視されている。乱の要因や対立構図、乱後の動向の解明が進められ、鎌倉公方権力の展開（後述の公方専制体制）上と、幕府の東国政策上の双方の転換点として位置付けられている。

乱の要因について、軍記物『鎌倉大草紙』は、持氏が禅秀家人の常陸国人越幡六郎の所領を没収したことに対して、禅秀が「法外の御政道」と憤って関東管領を辞職し、これに持氏が「上意を軽んぜしめ奉る」と腹を立てて両者の対立に発展したとしている。また、その後足利義嗣から禅秀へクーデターの誘いがあったことも記している。一方、同時代の伏見宮貞成の日記『看聞日記』は、禅秀が持氏の母を「盗犯」したとして持氏が禅秀の討伐を企図し、のち濡れ衣だとわかるもわだかまりが残ったとしている(5)。史料はこれ以上を語らないため、前後の政治・社会状況から検討が進められている。

渡辺氏は乱の要因を、鎌倉府内部における山内・犬懸両上杉氏の政治的対立、将軍連枝義嗣と公方連枝満隆の連合、禅秀とその姻戚および持氏政権に不平を持った勢力の結集と見ている。一方、十五世紀の東国内乱を農村から湧き上がる社会変動として読み解いた永原慶二氏は、禅秀の乱を「社会的矛盾の第一次的爆発」と位置付け、その主たる原動力を国人層に見出した(6)。「下からは農民の新しい動きによってつき上げてくる圧力を直接的に受けとめねばならず、他方上からは鎌倉府・伝統的豪族の政治的圧迫を蒙って、あらゆる矛盾をもっとも深刻に体験していた国人層は、矛盾打開の好機として蜂起した」が、禅秀方の「内部構造の複雑さと弱さ」ゆえに敗北、終息した、としたのである。これによって禅秀の乱に社会的な意義が与えられた。柴辻俊六氏は永原氏の論を受けて国人層の動向に注目し、「規模が東国全域に及んだ点、その余波が以後の東国を恒常的な動乱に進行させた点、結集力のあった国人一揆がこの局面で重要な動きをした点などに歴史的な意味の大きさがあった」と評価する(7)。

こうした階級闘争的側面に対して、鎌倉府・公方権力の動向からも評価が進められた。佐藤博信氏は、禅秀与党を「伝統的豪族層・国人層」、持氏方を「鎌倉期的秩序の解体の中から成長してきた新興勢力」ととらえ、持氏期以前に進んだ「公方権力の絶対化」が「新たな抑圧と統制への反発」を生んだとして、禅秀の乱を「国政権行使の主体化（中略）に象徴された、鎌倉府の達成とともに生じた新たな対立矛盾」と位置付ける。[8] 市村高男氏は、「基本的には鎌倉府体制内部における上杉氏両家（犬懸家・山内家）の長期にわたる権力抗争の総括」であるとしつつ、「鎌倉府体制の強化をめざして東国領主層に圧力を加えていた鎌倉公方・山内上杉氏（強圧派）と、東国領主層との協調路線を重視する犬懸上杉氏（宥和派）とによる体制内部の政策路線の対立に基づく闘争」であると政策・政権構想の違いに対立の根源を見出している。[9] 市村氏はまた、公方、両上杉氏、常陸・下総の豪族たちの間で、江戸湾や鹿島・香取の内海の水上交通をめぐる経済的な対立があったことも指摘している。[10]

この禅秀の乱の要因を公方権力による抑圧的支配や政権構想の違いに求める理解は、今日にも継承されている。江田氏は、山内・犬懸両上杉氏を両軸とする鎌倉府の政権構想の対立や派閥抗争が、北関東や南奥にも及んでおり、それが拮抗した情勢下で最終的に幕府の決定が東国武士の向背を決したとしている。[11] 山田邦明氏は、犬懸上杉氏の権力基盤の分析をとおして、北関東各地に所領を有する犬懸上杉氏が、その保全のために北関東の大名層と密接な関係を築いていたことを指摘し、犬懸上杉氏の「宥和派」たる背景を権力基盤の点から裏付けている。[12]

しかし、持氏方・禅秀方の構成や合戦の推移から禅秀の乱の全容解明を試みた拙稿では、両陣営に特定の階層差やグルーピングを見出だすこれまでの理解を疑問視し、いずれの階層も分裂しており、政権構想の対立は認めがたいとして、むしろこのことは東国社会に潜む矛盾の複雑さと広汎さを示しているとした。[13] また、京都・鎌倉両所における足利氏の嫡庶秩序の動揺に対する認識や対応のずれが義持と持氏との間にあり、それが乱後、両者の間に懸隔を生んだことなどを論じた。

幕府研究においては、山家浩樹氏が、公方氏満〜持氏期の鎌倉公方が南朝にかわる幕府・将軍権力の対抗軸になったとしたうえで、義持－禅秀、義嗣－持氏の連携関係がもともとあったものの、義持派が持氏支持に転回して危機を回避したために、義嗣は進退窮まって出奔したと推測している[14]。ほかにも、禅秀の乱が誘発させた義嗣出奔事件が、結果的に義持の将軍専制の頓挫（近習富樫満成の失脚）につながったことなどから、禅秀の乱をめぐる幕府の意思決定の過程や影響に関して、多くの言及がなされている[15]。

宗教面では落合義明氏が、禅秀の乱の戦没者の供養等を契機に時衆が鎌倉公方や京都将軍との関係を築き、東国での活動範囲を広げて鎌倉府の体制仏教となったとしている[16]。禅秀の乱は宗教面でも東国の社会構造を変える大きな画期となったのである。

禅秀の乱は、同時代から「大乱[17]」と呼ばれた一大争乱であり、またその後の東国内乱のひきがねとなった事件であった。さらに、東国各地の地域社会秩序においても大きなインパクトとなると同時に、渡辺氏がいうように、幕府と鎌倉府の関係変化のきっかけとなり、幕府の政治秩序や宗教面にも多大な影響を及ぼしたのである。禅秀の乱で顕在化したものは何か、崩れ去ったものは何か、生まれたものは何か。公方、管領上杉氏、東国大名、国人、幕府ばかりでなく、寺社の動向や流通経済、東国荘園の構造などあらゆる要素を視野に入れて、禅秀の乱の意義を今後問い直してゆく必要があるだろう。

2　京都扶持衆と室町幕府

禅秀の乱自体は幕府の支援によって克服したものの、その後の持氏の行動は幕府の東国政策と徐々に乖離していった。応永二十四年二月、禅秀方であった甲斐守護武田信満を攻め滅ぼし、翌三月には上野の新田岩松満純の討伐を開始して、閏五月にこれを誅殺する。この岩松討伐は幕府からも命令が下されており、この時点ではまだ幕府とのずれは見られない。しかし、同年、幕府が宇都宮持綱を上総守護に推挙し、持氏がこれを拒んだあたりから、乱後の東国武士の処遇をめぐって両者に食い違いが見え始め、翌年の佐竹山入・武田氏の処遇問題から顕著になっていく。幕府との折衝が続く間、持氏は上総本一揆や常陸の小栗満重など旧禅秀与党や反公方派勢力の討伐を進め、戦争を継続させた。こうした持氏の行動に幕府は不信感を募らせ、さらに、持氏の討伐の対象となった者の多くが幕府に庇護を求め、幕府もこれを認めて彼らに「扶持」を約束したため、両者の関係は緊張していく。

応永二十五年九月、持氏の妥協によって宇都宮持綱の上総守護補任が決定したものの、幕府が今度は滅亡した武田信満の跡にその弟信元を、持氏方の常陸守護佐竹義憲（佐竹氏惣領、山内上杉憲定の実子）に対抗する佐竹一族の山入与義をそれぞれ支援したため、甲斐・常陸両国の守護職が争点となった。

その後の同二十七年十二月、持氏は従三位に叙されている。歴代鎌倉公方で公卿に列したのは、初代基氏（従三位）以来であり、持氏は謝使を京都に遣わすが、甲斐・常陸守護補任問題はこのときも取り沙汰されている。

応永二十八年六月、佐竹氏の内紛に持氏は近臣の二階堂盛秀・宍戸持朝を常陸に派遣して調停に当たらせたが、目立った成果は得られなかった。一方で、翌二十九年六月、小山田上杉定頼を常陸小栗満重の討伐に遣わし、十一月には、山入方が籠る常陸額田城を攻めさせた。これによって戦乱は常陸全土に拡大してゆく。

そして、同二十九年末あたりから、持氏の弾圧は苛烈さを増してゆく。十二月、鎌倉にて山入与義を攻殺し、翌三十年、持氏は北関東の反公方派討伐に自ら出陣する。この持氏の強硬姿勢に、六月、幕府は幕府方の宇都宮持綱へ持氏に従わないよう命令する一方、山入与義の子祐義を常陸守護に、武田信満の子信重（信元はこれ以前に死去）を甲斐守護に補任して、持氏への対抗姿勢を露わにした。しかし、持氏は下総古河・結城を経て常陸小栗に進攻し、八月、小栗城を攻略。小栗満重および与同した真壁秀幹・宇都宮持綱を滅ぼした。

この滅ぼされた面々はいずれも幕府の「扶持」を得ていたために、幕府の態度は一層硬化し、持氏征討計画を立てるに至る。在京していた禅秀の子犬懸上杉憲秋らを関東に下すとともに、信濃や上州・武州一揆等関東内外に軍事動員をかけた。対する持氏も、同時期の越後守護上杉氏の家督争いに端を発した越後国内の内乱（越後応永の乱）に干渉し、山内上杉家領の保全を名目に越後出兵を企図している[18]。両府の管国の境界は軍事的緊張によって双方から破れようとしたのであり、ここに両府の対立は一触即発の危機を迎えるのである。

ところが、翌三十一年、武蔵府中在陣中の持氏は幕府との対立を得策でないと見てか、幕府へ告文、次いで誓文を提出して幕府に和睦を請い、二月五日、義持もこれを受け入れて両府の和睦がなった。十月、持氏はようやく鎌倉へ帰還し、戦陣を解いたのである。ただし、渡辺氏はこの和睦を実態をともなわない形式的なものとし、それゆえ両者とも余計に猜疑心を募らせることとなり、結果的に両府の対立を加速させたとしている。

結局、一年も経ない翌年閏六月には、常陸・甲斐守護の問題が再び両府間で浮上している。持氏は半国守護や守護一族の鎌倉出仕など妥協案を提示するが、甲斐は国内の混乱により守護武田信重の下国がままならず、常陸も依然として鎌倉府軍の軍事活動が続いていた。三十三年、持氏は近臣一色持家を甲斐に遣わして、在国していた武田信長

（信重の庶兄）を攻めさせ、これを降している。また、同年、持氏は再び花押を改めている。上杉家様のものから京都将軍家様のものへの改判であり、将軍職への野心の表れや上杉氏体制からの脱却とされている[19]。

応永三十五年正月、義持が後継を定めずに病没すると、義持の猶子としてその後継を自任していた持氏は上洛を企てたとされる。籤引きにより六代将軍となった義教との関係は、当初より穏当さを欠いたのである。同年（正長元年・一四二八）の畿内近国における後南朝の蠢動や伊勢国司北畠満雅の挙兵は、いずれも持氏との共謀が噂されるなど、持氏の存在は幕府・京都政界にとって具体的な脅威となっていた。九～十月には、幕府で、関東近接国の守護の下国や東国諸勢力への御教書発給、禅秀息の陸奥派遣など警戒態勢の構築が議論されている。この間も持氏は、山入方の陸奥依上城や常陸北部への派兵を続け、南奥諸氏の抗争にも介入していった。一方で、反鎌倉府の態度を明らかにしていた南奥の篠川公方足利満直（持氏の叔父）は幕府に接近し、南奥・北関東の幕府派勢力の結集を図っていた。両府の緊張は、中間の東海地域や甲信越ばかりでなく、東北地方まで波紋を広げていたのである。ただし、正長元年末に北畠満雅の乱が鎮圧されると、両府の対立も小康状態となったとされる。

永享元年（一四二九）、持氏は下野那須氏とその姻戚で幕府に通じる陸奥結城白河氏の討伐を本格化させ、再び幕府との関係を悪化させる。さらに、義教将軍宣下の慶賀使発遣を半年間遅引させたうえ、永享改元を無視して正長年号を用い続け、東国内の幕府御料所を押領するなど、反幕府の姿勢を鮮明にしていた。同年末には、鎌倉において常陸大掾満幹を殺害している。

かくして、再び激化した両府の対立も、関東管領上杉憲実と幕府宿老たちの尽力によって危機を回避することとなる。永享三年三月、憲実の斡旋により鎌倉府の使節として持氏の近臣二階堂盛秀が上洛すると、幕府宿老たちは将軍義教を説得し、篠川公方満直の反対を抑えて、七月、義教と二階堂盛秀の対面を実現させた。ここに再び幕府と鎌倉府の和睦がなったのである。持氏は永享年号の使用を開始し、幕府御料所の返進等も進められた。しかし、翌四年九月、義教が憲実の諫止を排して富士遊覧のために駿河へ下向したことで、両府間にはまたしても緊張が走ることとなる。

永享五年、鎌倉府に帰順していた武田信長が鎌倉を逐電して甲斐に奔った。まもなく持氏方の攻撃を受けて駿河辺に逼塞したが、幕府が信長を支援したとして持氏は幕府に抗議している。同じ頃、駿河守護今川氏の家督争いも起こり、一方に持氏が肩入れしたことで駿河国内に両府対立の代理戦争が勃発しかけるが、ほどなく幕府方の勝利として収束している。

永享六年三月、先述のとおり持氏は、「為攘咒咀怨敵於未兆、荷関東重任於億年」とする血書の願文を鶴岡八幡宮に捧げて反公方派掃討の思いを新たにした。同じ年の十月には武田信長の処遇や駿河国内の情勢をめぐって、「関東野心既現形」[20]の注進が駿河守護今川氏より幕府へもたらされ、持氏の駿河出兵が危惧されている。幕府が駿河・甲斐・信濃・越後との連絡を密にして持氏の警戒にあたる一方で、持氏は常陸北部の反公方派討伐を進めつつ、永享七年には三河国人に内書を送り、反幕府活動を指嗾した。ひとたびほつれ出した両府管轄国の境界「国堺」は再び修復されることなく、両府の衝突に至るまで崩壊を続けてゆくのである[21]。

以上のように、当該期の東国内乱の中心にあったのは、幕府に庇護を求め、幕府より従属と持氏への対抗を命じられ、持氏の討伐を受けた親幕府・反公方派東国武士であった。彼らは、史料上「京都御扶持者共」「自京都御扶持之輩」等と見え、研究上「京都扶持衆」と呼ばれている。

その概要を、渡政和氏の基礎研究[22]にしたがって示しておきたい。渡氏は、「京都扶持衆」の語が史料上の用語ではなく、渡辺世祐氏が提唱した学術用語[23]である点に注意したうえで、京都扶持衆として史料から二十二名を検出した。佐竹山入与義・祐義父子、宇都宮持綱・藤鶴丸（等綱）父子、大掾満幹、小栗満重、真壁秀幹、桃井宣義、犬懸上杉憲秋、武田信元・信重、那須氏資、篠川公方足利満直、奥大名（芦名・塩松石橋・結城白河・伊達氏）、海道五郡輩（岩城・岩崎・標葉・相馬・楢葉氏）がそれで、上杉禅秀の遺児憲秋を除いたほかはいずれも常陸・下野・甲斐・南奥と鎌倉府管轄国辺縁部に位置する武士である。渡氏は、応永三十一年の両府和睦を境に京都扶持衆を前期／後期に分類し、前期が守護職補任や所領安堵など個別的扶持であったのに対して、後期はそれに加えて篠川公方足利満直の下での編成が意図された集団的なものもあったとしている。そのうえで渡氏は、「「京都扶持衆」とは室町幕府と鎌倉府という東国における権力の二重構造から生ずる鎌倉府の存在価値の変化とその矛盾によって生み出されてきた副次的存在」と結論づけている。

彼らの個々の動向についてはここでは詳しく触れえないが、前述のとおり、その多くが持氏の討伐を受け、山入与義・宇都宮持綱・小栗満重・真壁秀幹・桃井宣義・大掾満幹が、持氏によって滅ぼされたのであった。幕府による「扶持」とは、確たる軍事支援をともなうものではなく、渡氏のいうように守護職補任や所領安堵、相互の合力命令等、身分や立場の保障にとどまるものであった。一方で、持氏による彼らの抑圧政策は、討伐等の軍事的な圧迫ばかりでなく、鎌倉府の支配構造からの排除や庶子家の優遇による惣領家の掣肘もあったことが、江田氏や清水亮氏らによって明らかにされている[24]。島村圭一氏は、権力を強大化させていく鎌倉府に対して、幕府は京都扶持衆の設置をとおして間接的に牽制したが、「東国を直接支配していないという支配構造の限界」ゆえに持氏を止めることができず、徐々に直接的な軍事介入へ傾いていったとする[25]。また、例外的に東国外の存在であった憲秋や同じく旧禅秀与党で在京していた只懸上杉憲国については、和氣俊行氏がその活動に注目し、彼らの処遇が両府対立の一因となり、応永三十一年の両府和睦の際にも争点となったとしている[26]。

京都扶持衆の起源については、田辺久子・遠藤巌両氏の所論がある。田辺氏は、京都扶持衆の面々が禅秀の乱で禅秀方であったとして、禅秀の挙兵をあらかじめ知っていた幕府が、同乱で顕在化した反持氏勢力を京都扶持衆として自己の側に組織化したものとした[27]。遠藤氏は、出羽国人小野寺氏の西国所領の保全や身分秩序等の検討から、同氏が京都扶持衆として南北朝・室町期を通じて幕府と「特別な関係」を持ち続けたとし、京都扶持衆の発生を南北朝期にさかのぼらせた[28]。

このほかにも、京都扶持衆の評価や位置付けについては、両府関係、幕府の東国政策、鎌倉府の支配、京都扶持衆となった東国武士各々の動向、いずれの点からも関説するものが数多い。そのなかで京都扶持衆を包括的に論じ、東国の政治社会構造と幕府政策に位置付けたのが、杉山一弥氏の研究である。杉山氏は、禅秀の乱から京都扶持衆の形成にいたる諸段階を明らかにし、禅秀の乱の対立構図と京都扶持衆の成立とが必ずしも直結しないことを指摘した[29]。そして、幕府が既存の政治組織の延長線上に位置する京都扶持衆を、やはり既存の守護制度と相互補完的に運用することで、幕府の東国政策は進められたとする。

南北朝・室町期に幕府との関係を持ち続けた東国武士が存在したことは確かであり、それが京都扶持衆成立の下地となったことは[30]杉山氏も否定していない。しかし、幕府との間に何らかの関係があったとして京都扶持衆の存在を禅秀の乱以前に敷衍させては、渡辺・渡両氏が提起した当該期における京都扶持衆の概念を用いる意義を曖昧にしてしまう。また、禅秀与党から京都扶持衆への単線的な連続性も杉山氏によって否定され[31]、禅秀の乱と京都扶持衆形成の間の段階差は明白となっている。渡氏のいう「室町幕府と鎌倉府という東国における権力の二重構造から生ずる鎌倉府の存在価値の変化とその矛盾」、すなわち幕府による鎌倉府権力の相対化と、それにともなう両府対立の先鋭化を重視するならば、京都扶持衆は、応永末期から永享期に現出した幕府と鎌倉府の全面的な対立という特殊な政治状況の産物として、持氏期東国に固有の存在ととらえるべきであろう。そのうえで、当該期の東国・都鄙の政治社会構造を検討すべきであると考える。

さらに、小栗氏と真壁・宇都宮氏が、また那須氏と結城白河氏が鎌倉府の討伐に対して共闘したことを考えれば、個々の氏族や一国ごとの枠組みを越えて、地域社会の構造から京都扶持衆の意義やあり方を問わねばならないだろう。

3　永享の乱

持氏が滅亡した永享の乱については、禅秀の乱に比して専論が乏しい[32]。乱の期間はいずれも三ヶ月程度と大差ないが、直接関係する一次史料が少ないためであろう。そのため、『鎌倉持氏記』や『永享記』等の軍記物に頼った説明がされる場合が少なくない。なお、永享初年より起きた大和永享の乱（興福寺衆徒の内紛に始まる大和国の内乱）と区別するため、「関東永享の乱」と呼ばれることもあるが、本稿では、嘉吉の変を誘発して京都・鎌倉の両足利氏の権威の低下を招いたという観点から、全国的な影響力を看取してひとまず「永享の乱」と呼んでおきたい。

公方持氏と幕府の対立にともなって、深刻化していた持氏およびその近臣と関東管領山内上杉憲実との対立は、永享九年に危機的状況に陥る。信濃国内の内紛に乗じた持氏近臣榎下上杉憲直の信濃発向が、実は憲実討伐のためだとの風聞が立ち、憲実の被官も結集して鎌倉は騒然とした状態となる。この事態に持氏は、上杉憲直・憲家父子を相模藤沢へ、同じく近臣の一色直兼を同三浦へ蟄居させて沈静化を図り、ようやく危機は回避された。

翌永享十年六月、持氏が嫡子賢王丸（義久）を将軍義教の偏諱を得ずして元服させようとすると、憲実は反発して元服式の参列を拒否した。かくして両者の決裂は決定的なものとなり、八月中旬、憲実が上野に下国すると、持氏はこれを追って武蔵府中に発向、一色直兼らを上野に向かわせた。一方、憲実と連携する幕府は朝廷より持氏治罰の綸旨を得て、軍勢を関東に差し向けた。駿河・遠江勢は箱根・足柄にて持氏方と衝突し、越後・信濃勢は憲実とともに上野より南下を開始した。

九月末、北・西両方面で持氏方が幕府・上杉方に敗れると、持氏は武蔵府中より相模海老名に陣を移したが、敗勢は覆いがたく、千葉・三浦氏の離叛と留守中の鎌倉の陥落をゆるし、十一月、降伏。鎌倉永安寺、次いで武蔵金沢称名寺に入って剃髪した。上杉憲直・一色直兼ら持氏の近臣たちの多くは、金沢や鎌倉各所で戦闘のすえ滅亡。持氏も憲実の助命嘆願をしりぞけた将軍義教の命により、永享十一年二月、永安寺にて自害した。嫡子義久・叔父満家（初名満貞）も同じ頃鎌倉で自害したとされる。

その後、常陸を中心に関東各地で反幕府・反上杉勢力がくすぶっていたが、永享十二年三月、持氏の遺児安王丸・春王丸兄弟が下総の結城氏朝に迎えられて結城城で挙兵するに及んで、多くの旧公方派が結城に結集、あるいは各地で反幕府・反上杉活動を展開した。このとき南奥では、幕府方の篠川公方足利満直が旧公方派の国人石川氏に攻め滅ぼされている。こうした状況に、一度は隠遁した憲実も召還されて、上杉氏や幕府・上杉方東国勢と幕府軍による討伐軍が編制され、結城城攻めが開始された。翌嘉吉元年（一四四一）四月、一年超の籠城戦のすえに結城城は落城し、結城氏朝以下は戦死。安王丸・春王丸は京都へ連行される途次、美濃にて誅殺された。ところが、それからまもない六月、その戦勝祝いの席で将軍義教は殺害され、鎌倉公方に続いて京都将軍の権威も大きく揺らぐこととなる。

永原氏は、禅秀の乱では止揚されなかった東国の社会矛盾は、「豪族家の惣領制に対する国人の戦」や「その過程で発生する国人相互間の対立」として表出して、幕府と鎌倉府の政治的な対立に拡大、発展していったとし、その結果として勃発した永享の乱の本質を「十五世紀の初頭以来顕著となってきた農村の変化に対応しようとする国人の動きが、伝統的な豪族の物領制をほりくずし、持氏の専制的支配の基盤を徹底的に動揺させた」点に見出した。[33]そして、「永享の乱は東国の社会的矛盾の根源たる惣領制を執拗に固定してゆこうとする政治的勢力鎌倉府を倒壊させ、東国における新しい政治の局面を打開する道を切り拓く結果はうみだした」が、豪族の惣領制との戦いは結城合戦へ持ち越され、その結城合戦を「禅秀の乱に発した惣領制の矛盾が、もっとも端的な透明な形で露呈されている」と評価する。禅秀の乱、永享の乱、結城合戦の「三つの戦乱を爆発点として」、豪族の惣領制と鎌倉府の体制は倒壊したと、東国の内乱を社会変動として連続的にとらえている。

佐藤博信氏も同じく禅秀の乱以来の対立矛盾の連続性を重視する。鎌倉府内部の対立矛盾が、両府の対立激化によって公方持氏と上杉氏を両軸とするものに押し上げられ、幕府、上杉氏、伝統的豪族層・国人層の急速な接近と、脆弱な権力基盤による持氏方の内部崩壊によって、持氏の敗北へ帰結するとする。[34]

永享の乱の実態については、一次史料が少なく軍記物に頼らざるを得ないことから、文学の分野[35]のみならず文献史学の立場からも関係軍記の分析が進められている。『鎌倉大草紙』や『永享記』の記述を相対視しつつ永享の乱の史実復元を行った菅原正子氏は、『鎌倉大草紙』には上杉氏賛美の色が強く、『永享記』はそこまでではないまでも憲実に鎌倉公方の忠臣としての性格付けがあり、その行動を正当化する創作がなされた可能性があるとしている。(36)小国浩寿氏は、『永享記』と『鎌倉持氏記』の記述を比較検討し、前者が後者を母体として憲実賛美、あるいは「鎌倉公方足利氏を関東管領上杉氏が忠臣として支えるという形の鎌倉府体制を賛美」する方向でリライトされたものであることを指摘している。(37)

これらの軍記物によるイメージに加えて、永享の乱は軍事衝突が比較的短期間に収束し、なおかつ主戦場も相模国内の一部地域にとどまったことから、時間的にも空間的にも局所的な衝突としてとらえられることが少なくない。そのうえ、上位権力同士の相克という政治史的な重要性のわりには大規模な決戦もなく、持氏が府中・海老名などを右往左往するうちに内部崩壊を起こして敗北したため、戦争状況の社会的なひろがりも意識されてこなかった。こうしたこれまでのイメージに対して、近年一次史料の丹念な読解から再検討が進められ、新たな永享の乱像が提示されている。

内山俊身氏は、永享の乱から結城合戦時に常陸南部でも持氏派と上杉派の衝突があったことを指摘し、その争乱が「中央争乱を契機としつつも、本質は当地域の政治的・社会的条件に規定された問題」であるとした。(38)この内山氏の指摘は、永享の乱が南関東以外の地域でも広く展開したことを示すのみならず、乱が各地域の諸矛盾に起因する一面をもち、必ずしも上位権力間の政治的な対立の範疇におさまるものではなかったことを示している。永享十年九月には、持氏方の下野那須持資らが同国の小山祇園城を攻略しており、(39)こうした事実とも併せて、北関東における永享の乱の展開に再検討の余地が生じている。また、呉座勇一氏は、永享九年に藤沢に退去した榎下上杉憲直を討つため、憲実が同所へ出陣した事実を指摘し、軍事衝突に至らなかったものの永享の乱は実質的には永享九年に始まっていたとする[40]。政治史的な展開を再整理し、永享の「大乱[41]」の実像を描出したのである。内山・呉座両氏が示したように、既往の史料をより深く読み込むことで、乱をめぐる史実の復元はなお可能であり、その実践によって時間的にも空間的にも局所的な争乱という永享の乱のイメージを改める必要性が生じている。

続く結城合戦についても、関連史料『政所方引付』の発見[42]によって、史実のさらなる復元と理解の刷新が求められているといえよう。結城合戦の検討は、持氏期を対象とする本稿の課題を超過するが、持氏に関することとして持氏遺児の活動に注目しておきたい。

持氏の子息には嫡子義久、結城合戦の安王丸・春王丸、信濃大井氏に匿われたのち鎌倉公方として復活した万寿王丸（のちの古河公方成氏）、結城合戦後に京都へ送還されたのち鎌倉に移された乙若君（のちの雪下殿定尊か）、大御堂殿成潤、熊野御堂守実（周防と同一か）、雪下殿尊倣（一説に乙若君の後身とも）が確認される[43]。万寿王丸以下は、結城合戦後の活動が知られるばかりだが、田口寛氏は古記録や実録性の高い軍記の分析から、結城合戦に参加した持氏子息として、常陸潜伏後に結城へ入城したとされる安王丸らとは別に、日光山から結城に入った持氏次男（安王丸らの兄）がいたことを指摘する[44]。享徳の乱にかけての持氏子息の多様な活動は、久保賢司・戸谷穂高氏の研究[45]によっても指摘されているところであり、今後一層の研究の進展が俟たれる。

二、公方専制体制の構造

1　公方専制体制をめぐる議論

持氏期鎌倉府の大きな特徴として、上杉禅秀の乱後に展開された公方持氏の専制的な支配があげられる。これを公方の専制体制として具体的にとりあげたのが、市村高男氏である。市村氏は、持氏が「それまで幕府が関東にたいして保持していた諸権限を一掃」したばかりでなく、「これまで鎌倉府権力の中核となっていた関東管領上杉氏を排除しつつ、直臣団・奉行人を権力中枢に配置したあらたな支配体制＝持氏専制体制の構築を推進」し、また「経済的基盤たる御料所の整備・拡大」を進めたとした(46)。権力中枢における近臣の配置、すなわち政治構造・政治基盤の再編と、御料所の拡充という経済基盤の再編とを公方専制体制の特徴として見出したのである。そして、上杉氏を排除する公方権力と、公方権力から自立化する上杉氏との間に対立が生じ、公方専制派と管領上杉氏派に分裂していったと、政治的展開を見通している(47)。

佐藤博信氏はこれを受けて、公方専制の主要な動向として「守護制度上の改革――その（持氏の――筆者註）重臣化した上杉定頼の上総や安房の守護就任、逆に代々相模守護であった三浦氏が改易されて、やはり重臣化した一色持家が補任されるような事態――」、「権力の意志表示方式の改革――関東管領上杉氏を媒介とする文書下達方式（関東管領奉書）から鎌倉府政所執事（二階堂氏）奉書や鎌倉府奉行人（連署）奉書による下達方式へ――」、「鎌倉府の奉公衆の整備と御料所の拡大という直接的な権力基盤の構築」の諸点を見出し、その変容の契機に禅秀の乱を位置付けている。[48] 東国支配における公方近臣の登用・配置、文書発給システムの変化、軍事・経済基盤の再編を専制体制の表徴と捉えたのである。

この公方専制体制は、従来いわれてきた東国武士に対する鎌倉府権力の専制性・排他性[49]とは異なるが、そうした側面が発展的に展開し、鎌倉府内部において鎌倉公方権力が上杉氏に対しても排他的性格を持つに至ったことで成立したものとされる。

市村・佐藤両氏が見出した公方専制体制の特徴、およびそれを継承したその後の研究史上の論点を整序すると、およそ以下のようになろう。

第一点は、御料所の拡充にみられるような経済基盤の再編である。公方近臣の守護登用も、佐藤氏や小国浩寿氏によって対象地域の直轄化＝権力基盤化と評価されており（後述）、経済基盤再編の一環とみなすことができる。換言すれば、土地に注目した視角であり、持氏期鎌倉府が東国各地域の支配構造をいかに再構築し、権力基盤に組み入れていったのかという問題である。反公方派討伐後の闕所地処分（＝御料所の拡充）はもとより、遵行体制の再整備や臨時課役の徴収といった一連の動向も、地域の支配構造における公方派勢力の再配置とそれに基づく同地域の権力基盤化として、ここに大きく括られよう。

第二点は、奉行人や奉公衆、特に公方近臣の登用といった政治構造・政治基盤の再編である。鎌倉府の政権運営の主体や実務の担い手、公方権力の代行者の登用・育成に関する問題であり、人に注目した視角といえる。これらは守護や軍勢統率者の人事、公方の使節・奏者・取次の様相、吏僚組織や文書発給システムの変容等から論じられる。

このように、政治・経済両面における公方権力の基盤再編が、公方専制体制の主眼ととらえられてきたのである。

前章で見た反公方派の掃討が、本来公方専制体制の議論の範疇にないことは、注意を要しよう。次節以降では、この二点に整理して公方専制体制の研究史を見直したい。

なお、三点目として、軍事基盤の問題もあげられる。戦乱が相次いだ持氏期において、軍事基盤の問題は必須であり、これまでの研究では、東国武士の従属関係・系列化（奉公衆化など）・軍事編制の議論と、軍制面における公方近臣の活動（鎌倉府軍大将としての発向、軍忠の注進など）に関する議論とが見出せる。しかし、この二つの論点は分析対象の階層を異にしており、前者が第一点の支配構造や経済基盤の問題にひきつけて論じられるのに対して、後者は上述のとおり第二点の人の問題に包含される。両者を結びつける議論は今のところ見出しがたく、以下それぞれ第一・二点にふりわけて整理しておきたい。

2　持氏期鎌倉府と東国武士・東国社会

第一点の経済基盤再編の問題において議論の中心となったのは、佐藤氏もあげているように南関東における守護の再配置である。なかでも早くから注目を集めたのが、禅秀の乱で闕所となった上総国の守護である。禅秀の乱後、幕府が下野の宇都宮持綱を守護に推挙すると、持氏はこれに反対し、補任問題は両府間で政治的な争点となった。その過程については、渡辺世祐・山家浩樹・杉山一弥氏らの研究[50]に詳しい。ここでは東国内部の動向を中心に見ておきたい。

応永二十五年九月、一年以上にわたる折衝の結果、両府の合意のもとで宇都宮持綱は上総守護に補任された。在任徴証は応永二十六年十二月と翌二十七年十二月に見出される[51]。ところが、同二十七年に持氏は近臣の小山田上杉定頼を上総・安房両国の守護に配置して、その支配にあたらせたのである。(52)この間の二十六年五月、持氏は上総本一揆の反乱を鎮定しており、近臣の起用には戦後処理の意味合いがうかがえる。そして、宇都宮持綱の在任徴証の終見（応永二十七年十二月二十日付持綱遵行状(53)）と上杉定頼の在任徴証の初見（応永二十七年十二月二十一日付持氏御教書(54)）とがわずか一日の差しかない、という事実が理解を困難なものとしている。

これに関する先行研究の諸説を整理すると、両府の妥協策として宇都宮持綱と上杉定頼が半国守護として国内を分掌したとする説(55)、宇都宮持綱の支配が及びえなかった地域において上杉定頼が守護と同等の権限を行使したとする説(56)、いったんは宇都宮持綱の守護補任を認めた公方持氏がこれを撤回して上杉定頼を起用し、幕府方の守護と鎌倉府方の守護が併存したとする説(57)、上杉定頼が隣国安房の守護として上総に関与したとする説(58)があるほか、この一日の間に守護が交代した可能性も指摘されている。(59)いずれも、地域支配における公方近臣の起用が、幕府方勢力の活動の制約と公方専制の権力基盤の拡大を志向するものであったとする点では評価が一致している。この上総守護の事例は、守護補任権の所在など東国支配をめぐる両府の関係を示すとともに、公方持氏の地域支配における幕府方勢力の排除と公方権力の拡大とを端的にあらわす好素材とされている。

首府鎌倉を擁する相模国の支配についても、公方近臣や公方派勢力の登用が見られる。佐藤氏は禅秀の乱後、守護職を世襲した三浦氏が更迭されて小山田上杉定頼、次いで同じく公方近臣の一色持家が補任されたことを指摘し、特に後者をして「鎌倉府膝下の相模支配の構造変化＝持氏の公方専制下の基盤再編成の一環」と位置付けた。(60)また、守護ではないが相模国内の特徴的な存在として駿河国人大森氏も注目されている。佐藤氏は、大森氏が禅秀の乱を契機に相模西部へ進出し、持氏の「専制化の先兵隊と位置づけられた」とし、杉山氏も同様に、相模・駿河国境地帯に影響力を有した大森氏と同氏出身の箱根山別当が、公方専制下で政治的・軍事的に重視されたとしている(61)。

相模国と並んで鎌倉府の重要な権力基盤であり、関東管領が守護職を兼帯した武蔵国については、稲葉広樹氏の研究がある。稲葉氏は、武蔵国内で課役賦課・免除や国人の把握をめぐって、公方持氏の直轄支配と守護山内上杉氏―守護代大石氏の支配とが錯綜して互いに抵触し、持氏の専制化の進展が上杉氏との対立を惹起して、かえって持氏の支配基盤の矮小化を招いた、と指摘している(62)。また別の論考では、武蔵南部に展開した武州南一揆の動向を分析し、同一揆が軍事的・経済的基盤として公方専制を支えるとともに、公方持氏との関係をたてに権益の拡大を図り、守護上杉氏との対立の一端を担ったとして、武州南一揆を「持氏専制の象徴」と評している(63)。小国氏も、武州南一揆の動向から、上杉氏の武蔵守護支配が頓挫し、「武蔵国が「実質的」にも公方料国となっていた」と評価している(64)。

山内上杉氏の守護分国伊豆については、田辺久子氏が、持氏の伊豆国内寺社や同国内にも影響力を有した駿河国人大森氏に対する接近を、伊豆守護山内上杉氏や幕府への対抗と見ている(65)。

そして、これら公方専制体制下における南関東の支配を総体的に論じたのが、小国氏の研究である。小国氏は、元来鎌倉府の重要な権力基盤であった武蔵・相模・安房・上総の四ヶ国が、持氏の主体的な守護政策によって公方の「御料国」化、すなわち公方専制の権力基盤に再編されたとし、その意義を、①経済基盤化と鎌倉防衛という軍事的目的による四ヶ国とその周辺の「御料所の広域的保全と連携化」、②「管領上杉氏の実力に依拠しない公方主導の分国支配方式へ」の「転換」の二点とした(66)。

以上のように、持氏専制下における鎌倉府の東国支配――特に経営面については、房総や武蔵・相模・伊豆など南関東が主たる検討対象となっている。北関東の常陸・下野・下総は、親鎌倉府派の守護佐竹・結城・千葉三氏に委ねるという鎌倉府体制の基本的構造[67]が持続しており、守護制度上目立った変化は見られないうえ、先述のとおり常陸・下野には反公方派勢力が多数存在して慢性的な戦争状態にあったため、経営面は容易にはうかがいがたい。

そのような北関東においてしばしば検討されたのが、有徳銭の徴収で著名な永享期の常陸鹿島社造営事業である。有徳銭徴収のために常陸国内の有徳人を書き上げた「富有人注文」[68]が、室町期東国の流通経済を知るうえでの恰好の史料として注目を集めるが、鎌倉府の主導で進められたこの事業では、有徳銭以外にも常陸国内に段銭や棟別銭など一国平均役が賦課された。東国の寺社造営と鎌倉府権力のかかわりを社会経済史的視点から論じた小森正明氏は、この事業を、東国の経済的発展にともない鎌倉府の経済基盤が流通経済を取り込んだものに変化した結果と位置付けている[69]。

事業の過程を詳細に検証した阿部哲人氏は、公方近臣を中枢に配置したこの事業をとおして、鎌倉府が反対勢力討滅後の常陸国に新たな支配体制の構築を図ったと評価しつつ、これが一国規模に貫徹しなかった点に公方専制体制の限界性を指摘する[70]。また、盛本昌広氏は、計画されたいずれの臨時課役も徴収に困難をきわめたことから、東国における課役免除闘争の広がりと、公方権力が必ずしも強固ではなかったことを論じている[71]。

このほか、経済基盤や経済政策については、有徳銭と同じく流通経済に関するものが注視されている。関所の支配を検討した風間洋氏は、持氏期にいたって関料が鎌倉府の主要財源として重視されるようになり、公方専制下において関所統制も強化されたとしている。さらに、軍事的機能も期待された伊豆・箱根の関所を支える主体として、駿河大森氏が擡頭したとする[72]。ただし、小森氏は、室町期東国の関所は寺社造営要脚の確保のための「純粋な経済関」であり、軍事的な目的は見出しがたいとしている[73]。

以上が、守護支配や経済政策の検証を通じた公方専制体制の経済基盤に関する議論の概要である。評価の定まっていない部分もあるが、以下の点はおおよそ一致しているといえよう。公方持氏によって支配構造の再編が進められ、公方専制体制の権力基盤が構築された。しかし、その急進的な再編が各地域に対立矛盾を生じさせ、結果的に権力基盤の矮小化を招くとともに、地域の矛盾が永享の乱の大きな要因となっていった。この永享の乱に至る権力基盤の再構築の限界性や反作用は、公方専制体制を論じるうえで重要な論点となっている。

しかしながら、公方専制体制下の支配構造の矛盾に、永享の乱へつながる公方と管領上杉氏の対立の萌芽をすぐさま見出すのは、いささか早計ではないだろうか。武蔵国内の遵行事例を分析した阿部氏は、持氏期の武蔵支配も十四世紀以来の制度的原則に規定された関東管領兼守護上杉氏－守護代を中核とする体制であり、武蔵支配をめぐって両者の間に対立は認められないとしている(74)。永享の乱へ至るには、幕府・親幕府派勢力と上杉氏の政治的結合という段階を経なければならないが、その過程は必ずしも自明ではない。例えば、公方専制の尖兵と位置付けられる持氏の近臣小山田上杉定頼は、後述するように近年では扇谷上杉氏の家督と目されている。その扇谷上杉氏が永享の乱以後、幕府・上杉方の急先鋒となることを考えれば、公方専制体制の展開が公方と上杉氏の対立に直結するとはすぐさまいえないことは明らかである。また、各地域の矛盾が実際に永享の乱でどのように顕在化するのかという点も、検討は十分とはいいがたい。永享の乱を公方専制体制の帰結として予定調和的にとらえるのではなく、対立へ至る過程を丹念に検証していくことが求められる。

3　公方近臣と上杉氏

次いで、政治基盤の再編、公方近臣の問題についての研究史を見てみたい。公方持氏の近臣として著名なのは、一色直兼・持家や里見家兼ら足利一門、小山田上杉定頼・榎下上杉憲直ら上杉氏庶流、政所執事の二階堂盛秀、問注所執事（かその一族）の町野満康、御所奉行の宍戸持朝らであろう。彼らのなかには、前節で見た公方専制下の東国支配を担った者もあり、その検討はむろん前節の課題と不可分ではあるが、一方で人材面の問題としても個々に検証が進められてきた。

風間氏は、持氏専制を支えた存在として関東一色氏（九州探題一色直氏の子氏兼の系統）に注目し、その活動から公方専制体制の構造を人的基盤の面から読み解いた(75)。足利一門出身の鎌倉府奉公衆であり、なおかつ公方の姻戚（持氏母の実家）であった関東一色氏は、上杉禅秀の乱以降、直兼を中心に持家・左近大夫将監（実名不詳）らが禅秀残党討伐をとおして擡頭した。直兼らは、討伐軍の大将として公方直轄軍の中枢に位置するとともに、持家は相模守護として公方権力基盤の強化を担い、また一色氏出身の尊仲は鶴岡八幡宮別当として鎌倉宗教界の中心にあった。風間氏はこれを「軍事（奉公衆・大将）、行政（相模守護）、宗教イデオロギー（鶴岡八幡宮）あらゆる側面に一色一門を登用することで、持氏の専制体制は成り立っていた」とし、こうした急速な擡頭と公方専制の推進とが、鎌倉府内部の政治的バランスを動揺させ、さらには東国武士との確執を招き、永享の乱が起こると直兼らはその元凶として厳しく処断された、と見ている。風間氏は永享の乱の対立構図について、公方持氏と管領憲実・幕府の対立ばかりでなく、公方専制を推進した公方近臣と排除された側との対立という側面をもとらえている。

里見家兼については、須藤聡氏が次代の家基（結城合戦で討死）と混同されてきたことを指摘し、その事績をまとめている[76]。鎌倉府奉公衆であった里見氏は、常陸中・北部に所領を有したことを背景に、常陸・南奥方面における鎌倉府軍の軍事指揮官として起用され、応永三十年から正長年間まで活躍したのであった。

一色・里見氏とならんで持氏専制の担い手とされたのが、上杉氏庶流の人々である。小山田上杉定頼は、応永二十年代後半から正長年間に反鎌倉府派勢力討伐の大将をつとめたほか、先述のとおり相模・上総・安房の守護も歴任し、公方持氏の近臣として公方専制の象徴的な存在とされている[77]。湯山学氏は、小山田上杉家の当主であった定頼が、姻戚関係を背景に犬懸上杉家の遺跡（上総守護職）を継承しつつ、同じく姻戚の扇谷上杉家の幼主持朝の名代をつとめ、さらには同じく幼少の関東管領山内上杉憲実の後見も兼ねたと、定頼擡頭の要因を上杉氏一族内部の状況に求めた[78]。渡政和氏は加えて、上杉氏庶流の定頼を重用することで管領山内上杉氏を牽制する意図が持氏にあったと推測している[79]。黒田基樹氏は、系図史料にある定頼の「扇谷名代」とは扇谷上杉家の家督そのものを意味すると積極的に位置付け、犬懸上杉氏の滅亡と山内上杉憲基の早世により扇谷上杉氏の政治的地位が高まり、その当主である定頼が三ヶ国の守護を兼ねたことで、扇谷上杉氏は山内上杉氏に次ぐ鎌倉府の重臣、「大名」となったと評価している[80]。これまでただ公方近臣とのみされてきた定頼の位置付けを、鎌倉府における上杉氏一族のあり方の変容と併せて論じることで、より明確なものにしたのである。重ねて黒田氏の指摘は、公方専制体制、特に定頼が活躍していた正長年間以前のそれにおいて、上杉氏が必ずしも排除される存在ではなかったことを示しており、公方専制体制と上杉氏の関係に再検討を迫るものである[81]。

なお、持氏近臣の上杉氏としては、たびたび軍事指揮官をつとめたとされる榎下上杉憲直も著名であるが、その活動は一次史料上では必ずしも明らかでなく、専論をもつには至っていない。ただし、憲直は永享の乱の小田原・風祭合戦で今川勢に捕縛されたことが幕府に注進されており[82]（のち別人と判明）、持氏近臣の有力者として幕府からも注視されていたことがうかがえる。

吏僚として持氏専制を支えた者の筆頭にあがるのは、政所執事の二階堂盛秀であろう。[83]永享三年には鎌倉府の使節として上洛し、交渉のすえ将軍足利義教との対面を果たし、両府の和睦を実現させている。田辺氏は、二階堂盛秀の派遣は管領憲実の推進によるものであるとし、永享の乱のさなかに盛秀が持氏方より逃亡したことなどから、盛秀と憲実が親密であり、持氏の孤立化が進んでいたとする。[84]しかし、持氏がその所領の臨時課役を免除するなど盛秀を厚遇し、盛秀が長く持氏の下で政所執事をつとめたことは事実であり、盛秀が公方と管領のどちらに近いかという問題は、（その議論の意義も含めて）なお検討を要しよう。

また、前備中守満康も吏僚系の公方近臣として注目されている。満康はかつては東氏とされてきたが、今日では問注所執事の三善姓町野氏とする説が有力である。[85]満康の専論には湯山氏の論考[86]があり、満康の活動を網羅的に検出したうえで、「この時期（永享期―筆者註）における公方持氏の人材登用に示された傾向を具体的に示した」存在と評価した。このほか、御所奉行宍戸持朝の活動については、やはり湯山氏の論考[87]に詳しい。

以上のように公方近臣は、（A）南関東「御料国」各国の守護や鎌倉府軍の指揮官をつとめた足利一門・上杉氏庶流と、（B）政所・問注所執事や公方の取次・使者をつとめて鎌倉府の中枢で公方専制体制を支えた吏僚層・近習とに大別される。筆者はかつてこれを（A）〝守護・大将型近臣〟と（B）〝奉行型近臣〟の二類型に分類し、それぞれに関東管領上杉氏の職務を補完していたとした。[88]本来、守護や軍事指揮官、また鎌倉府の政務の中枢には、それぞれ一門系と吏僚層の奉公衆もあったが、その中心はやはり関東管領上杉氏であった。しかし、関東管領山内上杉憲基の早世と次代憲実の幼少により関東管領の職務に空白が生じた。そこで、それを補完するためにそれぞれの奉公衆が守護や軍事指揮官として、あるいは政務の中枢において活動の幅を広げていき、やがて公方近臣として成長していったのである。それゆえ、憲実が成長した正長年間以降は、公方近臣の活動は縮小傾向を見せている。こうした点、永享四年四月の大山寺奉加帳（写）[89]は、持氏以下、憲実や侍所千葉胤直のほか、一色持家・直兼、町野満康らが連署しており、この時期の持氏周辺や鎌倉府上層部の構成を考えるうえで興味深い。

これまでは管領上杉氏と公方近臣の対立的側面のみ強調されてきたが、この両者の補完的な関係はもっと注意されてよいだろう。政治的な対立と職務構造上の補完関係は、必ずしも相反するものではない。むろん、活動の場の重複が競合を生むと見ることもできるが、応永末期～永享期に鎌倉府内部に対立が醸成されてゆく過程を、具体的に明らかにしてゆく必要があろう。

なお、公方専制体制下における鎌倉府の文書発給システムの変化は、上杉氏の排除と表裏の問題として論じられており、先述のとおり、管領奉書の減少と鎌倉府奉行人奉書の増加、上杉氏の排除と奉行人の再配置は、佐藤・市村両氏がそれぞれ指摘するところである。施行状の分析を行った亀田俊和氏は、正長・永享期に関東管領施行状が激減して、公方御教書と管領施行状の発給日の間隔も空くようになることを指摘し、持氏と憲実の関係悪化により鎌倉府の施行システムが機能不全となっていたとする。[90]

しかし、鎌倉府奉行人奉書と上杉家奉行人奉書の分析を行った松本一夫氏は「鎌倉府奉行人奉書の増大を過大評価し、それを持氏の専制化と直接に結びつけるべきではないのではないか」と注意を促している。[91]応永三十年には鎌倉府奉行人と上杉家奉行人の協業も見え、[92]上杉家奉行人が鎌倉府の政務の一部を担い、両奉行人が一体的に活動していたとされている。[93] 少なくとも、管見の限りでも鎌倉府奉行人連署奉書の増加は応永最末期以降であり、正長年間に活動を縮小させる公方近臣とは段階を異にする。政権の運営構造に何らかの変化があったことは確かにうかがえるが、一色・二階堂氏ら公方近臣と奉行人の活動とは区別して考えなければならない問題であろう。

三、『鎌倉年中行事』の世界

1 「危機の産物」として

鎌倉府の年中行事を記した故実書『鎌倉年中行事』(以下『年中行事』)は、別名『殿中以下年中行事』『成氏年中行事』はともいい、作者は公方持氏の近臣海老名季長の子季高とされている。この海老名季高とその一族の鎌倉府奉公衆海老名氏については、長塚孝氏の研究[94]に詳しい。

写本の系統として今日、享徳三年の奥書を持つ『群書類従』所収のもの[95](書名『殿中以下年中行事』、以下「群書類従本」)と、享徳五年六月朔日の奥書を持つ内閣文庫蔵のもの[96](紅葉山文庫旧蔵、国立公文書館所蔵、以下「内閣文庫本」)の二系統が知られる。現在では、『海老名市史』[97]に両系統の諸本を校合したものが収録されており、全容を把握するに有用である。また、その後に発見された喜連川家(鎌倉・古河公方の後裔)伝来の写本(「内閣文庫本」系、さくら市教育委員会所蔵)は、数ある写本のなかでもっとも良質なものとされ、[98]『喜連川町史』[99]に写真と翻刻が掲載されている。

二系統の大きな違いは、奥書のみではない。「群書類従本」系の内容が、(1)鎌倉公方を中心とする鎌倉府の年中行事、(2)鎌倉公方の元服や犬追物等の諸行事、(3)関東管領以下東国武士間の路頭礼・書札礼等、(4)鎌倉府諸機関の説明等の雑記録の四部構成となるのに対して、「内閣文庫本」系は(4)を欠いた三部構成となっており、佐藤博信氏は「内閣文庫本」系こそ『年中行事』の本来的な姿であるとしている。[100][101]
二系統のうち、その存在が早くから知られたのは「群書類従本」であり、たびたび東国史・鎌倉府研究に利用されてきた。峰岸純夫氏が室町期の東国に固有の政治体制として「鎌倉府体制（関東府体制）」の制度的構造を説いたのも「群書類従本」に基づいてである。そして、享徳の乱勃発（享徳三年末）直前に作成された同書の成立を、「まさに有職故実書の体制が崩壊しようとする「危機の産物」といわれる面を如実に物語っている」と評したのである。[102]
これらをふまえて本格的に『年中行事』の検討を行ったのが、佐藤氏である。佐藤氏は、『年中行事』の原型として十五世紀初頭成立の『鎌倉中之年中行事』の存在を推定し、それに持氏期の先例を加えて編集された『年中行事』において、持氏期は「まさに鎌倉府体制の最も輝ける歴史を持つ」時代、「「嘉例」として顕彰されるべき対象」であり、「鎌倉府を再興したその子成氏にとってその実質的再興とは、「嘉例」を残した持氏段階の秩序の再建にほかならなかった」が、そうして作成された『年中行事』は「事実上三大争乱（上杉禅秀の乱・永享の乱・結城合戦――筆者註）を契機に崩壊し去った秩序の表現でしかなかった」とした。[103]
そして、佐藤氏と同時期に、「群書類従本」系に属する旧内膳司浜島家蔵の『年中行事』を分析した伊藤一美氏も、同様に「鎌倉公方成氏は持氏の時を理想として、かかる故実を再編させた」としている。[104]
こうした評価こそが、公方成氏期成立の『年中行事』を本書であえてとりあげた所以である。すなわち、『年中行事』の分析は持氏期鎌倉府のありようを考えるうえで不可欠であり、同書の主張や存在意義を考察することは、持氏期鎌倉府の自己認識や社会認識を問ううえで重要な手がかりとなるのである。「危機の産物」の評価が、享徳の乱勃発後の年次をもつ「内閣文庫本」の登場により相対化され、再検討の余地が生じているとはいえ[105]、持氏期顕彰の内容は変わらないのであり、その考究の意義は揺るがないであろう。

2　儀礼書としての『鎌倉年中行事』

以上のような『年中行事』をとりまく特殊な政治社会状況に関心が集まる一方で、『年中行事』が本来的に有する中世武家故実書としての性格に注目し、鎌倉府の儀礼的側面を分析した成果も蓄積されている。

まず、儀礼全体を捉えたものとしては、藤木久志・二木謙一・阿部能久氏の研究があげられる。藤木氏は、鎌倉幕府の歴史書『吾妻鏡』の儀礼記事や戦国期の国人領主の故実書等との比較をとおして、鎌倉府の儀礼が鎌倉幕府のそれを継承し、戦国期の地方武士への民俗的な広がりをもちつつも、室町期に独自の発展をとげた都市鎌倉の構造に支えられた固有の性格をもつものであったことを指摘している[106]。また、室町幕府の儀礼と比較した二木氏は、鎌倉府の儀礼や身分秩序は室町幕府のそれに準拠し、やや小規模ながらほぼ類似の構造を持つものであったが、一面では鎌倉幕府以来の伝統や関東の風俗を反映した部分も認められるとする[107]。喜連川家本の分析を行った阿部氏も同様に、鎌倉府の儀礼が室町幕府のものを模倣する側面を持ちながらも、鎌倉期以来の関東独自の伝統を色濃く受け継いだものであったとしている[108]。

個々の年中行事や個別の諸儀礼に注目した研究も数多い。田辺久子氏は、『年中行事』の正月垸飯・八朔の記事から、同書の内容が応永二十年代後半の実情を反映したものであること、鎌倉府が習俗儀礼上幕府から独立的な存在であったことを指摘している[109]。山田邦明氏も同じく八朔の記事に注目し、鎌倉府の八朔の贈答儀礼が戦国期の古河公

方・北条氏へも引き継がれたとしている。(110)

中世武家社会の路頭礼を検討した桃崎有一郎氏は、『年中行事』の路頭礼にも触れ、鎌倉府の礼節体系において職位と出自（家柄）の二つの基準が混在していたとして、官位に基づいた公家社会の礼節体系との差を論じている。(111)杉山一弥氏は、『年中行事』の儀礼装束に着目し、鎌倉公方を頂点とする鎌倉府の着装規範が役職に基づくものであったとし、殿中のみならず鎌倉市中においても身分格式の表象として機能したことを指摘している。(112)書札礼の分析を行った小久保嘉紀氏は、『年中行事』に記された書札礼が一次史料でも確認できるとして、その実践的側面を明らかにしている。(113)

このほか、『年中行事』は鎌倉府の身分階層や職制構造を示すものとして、様々な視角から分析が進められている。(114)

おわりに

1　十五世紀東国内乱の連続性・非連続性

さて、本論で論じたように、公方持氏期の東国に起こった上杉禅秀の乱、京都扶持衆の討伐、永享の乱とその後の結城合戦は、同じ社会矛盾に根差した一連の内乱ととらえられている。そしてそれは、江の島合戦（鎌倉公方足利成氏と上杉氏の最初の衝突）、享徳の乱へとつながり、鎌倉府の崩壊へ至ると理解されている。

しかしながら、禅秀の乱での禅秀方がその後の京都扶持衆へ単線的にはつながらないように、各争乱の政治状況にはそれぞれ段階差があり、前の争乱で解消されなかった対立構図が単純に次へ持ち越されたのではないことは明らかである。前段階の対立矛盾を引きずりつつも、絶えず新たな矛盾が生成されて次なる争乱を惹起させたのであり、争乱はその都度対立構図を変えながら展開したのである。

とすれば、この十五世紀東国内乱の連続性と非連続性は、いかに整合的に理解すべきだろうか。

ひとつには、底流としての社会矛盾の連続性と表層としての政治構造の非連続性という見方があろう。東国内乱に通底する東国社会の対立矛盾は、個々の争乱ごとに異なる政治的抗争となって顕在化する、という理解である。むろん、争乱が政治構造を変革しながら進んだのはいうまでもないが、たとえば、禅秀の乱を契機に鎌倉府内部で擡頭した公方近臣が、反公方派の討伐や公方の権力基盤の再編を推進して各地域の構造を変容せしめたように、政治構造の変化は東国社会のあり方に少なからぬ影響を及ぼしたのであり、社会構造と政治構造は相関的な関係にあったといえる。

このことは、内乱の社会的要因の連続性と政治的要因の非連続性と読みかえることもできよう。鎌倉公方、公方連枝、関東管領上杉氏、上杉氏庶流、鎌倉府奉公衆・奉行人、守護・大名層、その有力庶子家、国人層・国人一揆、寺社、そして室町幕府。これらの内乱にかかわるあらゆる存在は、それぞれ政治的、経済的、あるいは宗教的に様々な問題や矛盾を内在的に抱えていた。一族の内訌や被官の擡頭、所領支配の不全、近隣間の抗争などを、自力では解消できぬために、外的な強制力にその解消を委ねざるをえず、周辺勢力や上位権力を引き入れ、戦争を呼び込んでいった。こうしたことは戦争の通時代的なあり方だが、東国内乱の社会的要因も同様であったと考えられる。彼らが利害関係や内包する問題に規定されて相互に結びつくことで、東国社会を網羅する複雑な関係網が構築された。その関係網を通じて、個々の対立矛盾は鎌倉府上層部や鎌倉府と室町幕府の鋭い対立へ収斂され、政治的な次元に昇華されたために、対立は単発的に――しかもその多くは鎌倉公方の周辺で噴出することとなった。各争乱がいずれも広域だが短期間、もしくは長期だが局所的なものであったことは、争乱の直接的な契機がきわめて個別的かつ政治的な対立であったことを示していよう。一連の東国内乱は、底流として連続的な社会矛盾を抱えながら、個々の政治的な対立関係を契機として断続的に爆発を続けたのである。

このように、この二つの要因は、それぞれ単独で争乱を起こしたのではない。連続的な社会矛盾と非連続的な複数の政治的対立とが幾重にも交差したとき、前者を燃料に後者を発火点として争乱が勃発したと考えられる。禅秀の乱における鎌倉公方・山内上杉氏対公方連枝・犬懸上杉氏、また永享の乱における鎌倉公方対幕府・上杉氏という対立構図は、あらかじめ用意されたものではなく、あくまで結果である。鎌倉府には公方対公方連枝、山内上杉氏対犬懸上杉氏、あるいは公方対幕府、公方近臣対上杉氏といったそれぞれの政治的対立があり、さらにそれが矛盾を抱えた多くの東国大名・国人等とつながることで、争乱の燃料と発火点が準備され、勃発へ至るのである。連続的な側面と非連続的な側面とを腑分けしてとらえることは容易ではないが、当該期東国史を見るうえでは不可欠な作業であろう。

問題は、この通底する社会矛盾がなにゆえ鎌倉府の崩壊を招くまで解消されることがなかったのか、という点であるが、本稿にはいささか荷が重く、後考に委ねたい。持氏（・成氏）期東国が抱えたこの問題を、改めて問うことが求められる。

2　足利持氏の人物像

足利持氏とはいかなる人物だったのか。「足利持氏論」と題したうえは、最後にこの点を述べたい。

持氏の人物像はつねに上杉憲実との対比で論じられてきた。軍記等に基づく古典的なイメージでは、幕府との対立も厭わず反対派の粛清を断行しながら、憲実や近臣の諫言・讒言に二転三転する持氏は、直情径行型だがときに優柔不断な人物とされ、一方、持氏と幕府との板挟みとなり、主家滅亡の自責の念から世捨て人となった憲実は、生真面目で思慮深く争いを好まないが意志の強い人物とされている。いわば、〝善玉〟憲実と〝悪玉（になりきれない）〟持氏という配役がされてきたのである。もとより憲実には「非常人」、「人皆望其風、無不敬」[115]という同時代評もあるが、これは「凡安房守（上杉憲実）都鄙事一大事ト存スル者也」[116]という京都側からの一面的な評価によるものか、あるいは隠遁後のものであろうか。

こうした両者の固定的なイメージは、歴史学の成果からたびたび払拭と刷新が図られてきた。渡辺世祐氏は持氏を短慮な人物とする一方で、憲実についても「眼前の形勢にのみ捉はれて大勢を察し大局を看るの明」がなく「陰忍巧慧」な人物と手厳しい。菅原正子氏は、軍記『永享記』において、「あくまで主君足利持氏の立場を思う忠臣」憲実と「家臣の讒言に惑わされやすいが憲実の忠節には誠実に応えようと試みる憎めない」持氏というはっきりした性格付けがなされており、「これらの人物像に史実があてはめられて脚色されたり作り出されたりしている可能性」を指摘している[117]。小国浩寿・呉座勇一両氏も永享の乱の検討をとおして、対立を回避しようとする柔軟な持氏と、対立を辞さない剛直な憲実という従来とは異なる人物像を提示している[118]。

歴史的事実を史料から掘り起こし、そのひとつひとつから人物像を描き出すことは、学問上重要な作業であろうが、その人物がいかなる性格だったのかといったことが目的化してはなるまい。個人の資質に拘泥しては、歴史があたかも一部の人物によって動いていたかのように歴史を見る目を過つ原因となるだろう。ここではひとまず、持氏の性格ではなく持氏の同時代社会における受け止められ方から、持氏という人物を考えてみたい。

持氏は急進的な支配を進めて最期は自らその身を滅ぼしたとして、いわば自業自得の人物としてとらえられることが多い。しかし、その評価が結果論であることはいうまでもない。持氏が初期に禅秀の乱を経験したとはいえ、その後は膝下の叛乱にみまわれることもなく、また対幕府戦争の危機も数度にわたって回避し、二十年以上政権を保持したことは事実である。しかもその間、反対派を次々に滅亡させるなどして権力を増大させた。反公方派勢力を抑えて主体的に直轄支配を展開し、多くの近臣を育成、登用して専制体制の支柱たらしめたことは評価されるべきであろう。持氏が各地で長く戦争を続行できたのも、権力基盤の再編が一程度成功していたからにほかならない。それゆえにこそ、持氏の時代は次代成氏期に理想の時代ととらえられたのである。

このように強固な権力基盤に支えられた鎌倉公方を、幕府も具体的な脅威と認識したのであった。真偽は不確かながら、後南朝や伊勢国司北畠氏、比叡山など畿内近国の反幕府勢力はいずれも持氏との共謀が噂され、そのたびに幕府宿老にも内通者がいるとの噂も立ち、京都の人々を恐怖させている。さらに、後小松院による持氏将軍宣下の風聞が立つ[119]など、脅威としての持氏の存在は前代満兼以前よりも具体性を増している。滅亡後には怨霊となって、一色義貫・赤松満祐の怨霊とともに幼将軍義勝に祟りをなし、病死せしめたとされている[120]。死してなお持氏は京都にとって平穏を脅かす脅威たり続けたのである（これらの点を考えるための準備作業として、特に持氏の呼称に注目して「京都古記録足利持氏関係記事目録（稿）」を作成し、本書巻末に収録した。参照されたい）。

一方、陸奥の篠川公方足利満直や結城白河氏は、鎌倉府軍の襲来に際して幕府の援軍がなければ「可及生涯[121]」と幕府に訴えている。すでに小栗氏以下を滅亡させた鎌倉府軍のことであり、この主張は単なる誇張ではなく、一面で南奥における現実的な認識を反映していよう。南奥では、持氏は生命の危機にかかわる脅威だったのである。

このように、京都でも南奥でも敵対勢力にとって持氏は正当性や生存自体を脅かす存在であった。なお、公方派にとっての持氏については史料上うかがいがたいが、内乱の過程からも公方持氏を後ろ盾とすることが、一定の実利をともなうものであったことは十分推測される。

気になるのは、公方持氏が実際に上洛して将軍となろうとしたのか否かという点だが、持氏自身のことばが見当たらない現段階において、これを忖度することはあまり有意義とも思われない。あえていうならば、永享六年の血書願文に記したのは「関東重任」であり、持氏自身が動いたのは応永三十年の小栗氏討伐と永享の乱の武蔵府中・相模海老名のみで、京都方面ではない。むしろ将軍義教の方が、富士下向や永享の乱での自身の出陣計画、また持氏の跡に実子を据えようとするなど、関東に対する直接的かつ積極的な姿勢がうかがえる。この対照性は十分注目される。

ただし、持氏に上洛志向がなかったとしても、幕府を強く意識していたことは疑いない。その指標とされているのは、①応永三十三年に京都将軍家様の花押に改めたこと、②永享三年の両府和睦まで改元を無視して正長年号を使用し続けたこと、③永享十年に将軍の偏諱を得ずして嫡子義久を元服させたこと、の三点である。

①は、本論でも述べたように、将軍職への野望という評価のほか、上杉家様からの改判であり、上杉氏の影響からの脱却との評価もある。たしかに歴代鎌倉公方の花押とは大きく異なり、どちらかといえば京都将軍のものに近いが、佐藤博信氏はそれとも違う「まったく新たな創作」[122]として、内的には上杉氏権力を、外的には幕府権力を排除した「鎌倉公方足利氏を頂点とした東国における自立的な国家の確立を目指すもの」[123]であったとしている。

②は、源頼朝の治承年号や、持氏の子古河公方成氏の二十年以上にわたる享徳年号の使用とともに、東国政権の自

立性を示すものとして注目されている。網野善彦氏はこれらから東国国家としての独立を論じ[124]、佐藤氏は義教将軍就任への慶賀使不派遣や幕府御料所の押領とともに、持氏の将軍義教に対する対決姿勢と上洛志向の表れとしている[125]。③は、特に京都将軍家の通字「義」を用いていることから、京都将軍を強く意識していたのは明らかであり、佐藤氏は京都将軍との重層的な礼的秩序の否定であるとする[126]。次世代に京都将軍家との関係を断ち切った背景には、将軍義持の烏帽子子だったことが桎梏となり、禅秀の乱を克服したもののその後の東国支配に幕府の干渉をゆるしてしまった、という持氏自身の反省もあったのかもしれない。

以上の①〜③はいずれもなんらかの実効性をともなうものではなく、形式的なものであり、理念上、観念上のこととしてのみ理解される。しかし、だからこそ持氏の幕府・京都に対する意識が明確に表れているといえよう。持氏は、幕府の支配下、影響下から脱却した自立的な権力の形成を図ったと考えられる。①〜③はその表明と両府の不調和の所産であり、それゆえにことさら幕府を過剰に刺激して、一層対立を激化させたのであった。

では、幕府との対立を辞さなかったとはたしていえるだろうか。この点はなお検討を要するように思われる。幕府にとって自立はすなわち対立を意味したが、持氏にとっては必ずしもイコールではなかったのではないだろうか。当初は上総・常陸・甲斐守護補任問題で幕府に柔軟な対応を見せ、二度の和睦も妥結し、「関東ハ京都於被憚申斟酌事候」とも称している[127]。そして、『年中行事』の冒頭でも「京都・鎌倉御両殿、天子御代官トシテ諸侍ノ糺忠否浅深、可有御政務職ニテ有御座間、大樹ト申也」と京都将軍との対等性を謳っており、その存在を否定しているわけではない。持氏の行動にうかがえるのは、東国支配における幕府の干渉の排除であり、幕府との全面対決ではないのである。幕府と対等な存在としての鎌倉府、将軍と対等な存在としての鎌倉公方、その鎌倉府・鎌倉公方による一元的な東国支配、すなわち「鎌倉公方足利氏を頂点とした東国における自立的な国家の確立」[128]こそが、持氏期鎌倉府の先にあるものだったのではないだろうか。公方専制体制は、その形成段階と位置付けられよう。

しかしながら、幕府にとってそうした持氏の行動は野心にほかならず、幕府・将軍にとってかわろうとする脅威ととらえてこれを弾劾し、抑圧しようとした。幕府は禅秀の乱の克服にあたって東国社会に決定的な影響を及ぼしてしまったことで、その後の東国の支配秩序において不可欠の存在となってしまい、無関係でいることは許されなかった。反公方派によって東国に幕府権威が呼び込まれたことで、幕府は権威の維持のためにも積極的に関与せざるをえなくなり、それを阻害する持氏を排除の対象としたのである。そして、幕府の鎌倉府対策において中心的な役割を担った関東管領上杉氏が危機に瀕するにあたって、幕府はついに鎌倉府に対して直接対決にふみきる。両府関係の要であった関東管領は、手切れの糸口ともなったのである。

加えて、持氏の東国支配は、「都鄙御間事者、曾以不存知、持氏与安房守（山内上杉憲実）御間為子細由承上者、国中同心仕、持氏江馳参条勿論也、（中略）雖然其以後為京都上命之由、承及間、（中略）長尾一類（山内上杉氏被官）ト一味仕者也」[129]というように、鎌倉公方より京都将軍を上位とみる東国武士の行動原理を改変するには至らなかった。永享の乱による幕府の直接的な軍事介入によって、東国社会の対立軸は公方派対反公方・親幕府派、公方派対上杉派という複数のものから、公方派対幕府・上杉派へ急速に収斂し、持氏は孤立化の末に滅亡するのである。

註

（1）渡辺世祐『関東中心足利時代之研究』（雄山閣、一九二六年）。以下、渡辺氏の指摘はすべて同書による。

（2）『神奈川県史 資料編三 古代・中世（三上）』五八九二号。
（3）以下、通史は主に前掲註（1）渡辺書、田辺久子a『上杉憲実（人物叢書）』（吉川弘文館、一九九九年）、同b『関東公方足利氏四代 基氏・氏満・満兼・持氏』（吉川弘文館、二〇〇二年）、小国浩寿『鎌倉府と室町幕府』（吉川弘文館、二〇一三年）ほか、掲出の各先行研究によった。その他適宜史料にもあたったが、煩瑣となるため典拠の表示は最小限にとどめた。
（4）江田郁夫a「上杉禅秀の乱と下野」（『室町幕府東国支配の研究』高志書院、二〇〇八年、初出一九九八年）、同b「鎌倉公方連枝足利満隆の立場」（同前書、初出二〇〇五年）。
（5）『看聞日記』応永二十三年十月十三日条。
（6）永原慶二「東国における惣領制の解体過程」（『永原慶二著作選集二 日本封建制成立過程の研究』吉川弘文館、二〇〇七年、初出一九五二年）。
（7）柴辻俊六「上杉禅秀の乱と東国状勢」（『歴史手帖』五巻二号、一九七七年）。
（8）佐藤博信「鎌倉府についての覚書」（『中世東国の支配構造』思文閣出版、一九八九年、初出一九八八年）。
（9）市村高男a「鎌倉府体制の展開と結城・小山一族」（荒川善夫編『下総結城氏』戎光祥出版、二〇一二年、初出一九八四年）。同b「京都将軍と鎌倉公方」（永原慶二編『古文書の語る日本史 四 南北朝・室町』筑摩書房、一九九八年）も同様に「政策・政権構想の対立」としている。
（10）市村高男「中世東国における房総の位置―地域構造論的視点からの概観―」（『千葉史学』二一、一九九二年）。
（11）前掲註（4）江田論文a。
（12）山田邦明「犬懸上杉氏の政治的位置」（『鎌倉府と地域社会』同成社、二〇一四年、初出二〇〇三年）。
（13）拙稿「上杉禅秀の乱考」（池享編『室町戦国期の社会構造』吉川弘文館、二〇一〇年）。
（14）山家浩樹「室町時代の政治秩序」（歴史学研究会・日本史研究会編『日本史講座』四、東京大学出版会、二〇〇四年）。
（15）伊藤喜良「義持政権をめぐって―禅秀の乱前後における中央政局の一側面」（『日本中世の王権と権威』思文閣出版、一九九三年、初出一九七三年）、森茂暁『室町幕府崩壊―将軍義教の野望と挫折』（角川学芸出版、二〇一一年）等。

(16) 落合義明「上杉禅秀の乱と東国の時衆」(『湘南史学』一五、二〇〇四年)。
(17) 『建内記』正長元年五月三十日条、『栃木県史 史料編・中世二』所収「鑁阿寺文書」四〇八号等。
(18) これについては、拙稿「山内上杉氏と越後上杉氏」(黒田基樹編『関東管領上杉氏』戎光祥出版、二〇一三年)にて位置付けを試みた。
(19) 小林保夫「南北朝・室町期の京と鎌倉(下)—鎌倉府発給文書の分析—」(『堺女子短期大学紀要』一八、一九八二年)、前掲註(3)田辺書a、佐藤博信「足利持氏の花押について」(前掲註(8)佐藤書、初出一九八三年)、前掲註(3)小国書。
(20) 『満済准后日記』永享六年十月二十八日条。
(21) 佐藤博信氏は、管轄国の固定化による「国界」概念の成立を両府関係の前提としており、国界の侵犯が両府関係を崩壊せしめたとする(前掲註(8)佐藤論文)。なお、佐藤氏は幕府管轄国駿河・信濃・越後国内の持氏派国人を「鎌倉御扶持衆」ととらえている。このほか、幕府問注所執事太田康雄も将軍の勘気を蒙ったのち、持氏のもとに身を寄せたこともあったようで(『満済准后日記』永享六年十一月三日条)、京都扶持衆の検討とともにこれら「鎌倉扶持衆」の解明も俟たれるところである。
(22) 渡政和「「京都様」の「御扶持」について—いわゆる「京都扶持衆」に関する考察」(本書第2部のⅡ、初出一九八六年)。
(23) ただし、渡辺氏は「扶持の衆」「扶持衆」「幕府扶持衆」と呼称している。「京都扶持衆」の定着は、田辺久子「京都扶持衆に関する一考察」(『三浦古文化』一六、一九七四年)によるものか。
(24) 江田郁夫「持氏政権期の宇都宮氏」(前掲註(4)江田書、初出一九八九年)、清水亮「南北朝・室町期の常陸平氏と鎌倉府体制」(高橋修編『常陸平氏』戎光祥出版、二〇一五年、初出二〇〇一年)等。
(25) 島村圭一「上杉禅秀の乱後における室町幕府の対東国政策の特質について」(本書第2部のⅠ、初出一九九四年)。
(26) 和氣俊行「応永三一年の都鄙和睦をめぐって—上杉禅秀遺児達の動向を中心に—」(本書第2部のⅢ、初出二〇〇七年)。なお、和氣氏は憲秋でなく、その子憲久と比定しているが、渡氏らが比定するように、憲秋でよいと考えられる。
(27) 前掲註(23)田辺論文。
(28) 遠藤巌「京都御扶持衆小野寺氏」(『日本歴史』四八五、一九八八年)。

(29)　杉山一弥a「室町幕府と下野「京都扶持衆」」(『室町幕府の東国政策』思文閣出版、二〇一四年、初出二〇〇五年)、同b「室町幕府と常陸「京都扶持衆」」(同前書)、同c「終章」(同前書)。

(30)　この点は前掲註(25)島村論文にも指摘がある。

(31)　なお、杉山氏は、禅秀の乱での持氏方から京都扶持衆になった者として宇都宮持綱を唯一としているが、前掲註(13)拙稿で指摘したように真壁秀幹や那須惣領家(太郎・肥前守系)も同様であったと考えられる。

(32)　永享の乱については、黒田基樹編『足利持氏とその時代』(戎光祥出版、二〇一六年刊行予定)において別稿を予定している。

(33)　前掲註(6)永原論文。

(34)　前掲註(8)佐藤論文。

(35)　古典遺産の会編『室町軍記総覧』(明治書院、一九八五年)鈴木孝庸・梶原正昭氏執筆分参照。

(36)　菅原正子「上杉憲実の実像と室町軍記―『鎌倉大草紙』『永享記』をめぐって―」(前掲註(18)黒田編書、初出一九九七年)。

(37)　小国浩寿「永享記と鎌倉持氏記―永享の乱の記述を中心に―」(本書第3部のⅡ、初出二〇〇三年)。

(38)　内山俊身「鳥名木文書に見る室町期東国の政治状況―永享の乱・結城合戦時の霞ヶ浦周辺と足利万寿王丸の鎌倉公方復権運動について―」(『茨城県立歴史館報』三一、二〇〇四年)。

(39)　前掲『神奈川県史』五九七六・五九七八号。

(40)　呉座勇一「永享九年の「大乱」―関東永享の乱の始期をめぐって―」(本書第3部のⅠ、初出二〇一三年)。

(41)　『茨城県史料 中世編Ⅰ』所収「臼田文書」一六号。

(42)　木下聡「結城合戦前後の扇谷上杉氏―新出史料の紹介と検討を通じて―」(黒田基樹編『扇谷上杉氏』戎光祥出版、二〇一二年、初出二〇〇九年)。

(43)　定尊・尊倣の比定については、『神奈川県史 通史編1 原始・古代・中世』百瀬今朝雄氏執筆分、佐藤博信「雪下殿定尊について」(『中世東国政治史論』塙書房、二〇〇六年、初出一九八六年)、同「雪下殿に関する考察―小弓公方研究の視点を含めて―」(『古河公方足利氏の研究』校倉書房、一九八九年、初出一九八八年)等参照。

(44) 田口寛「足利持氏の若君と室町軍記―春王・安王の日光山逃避説をめぐって―」(本書第3部のⅢ、初出二〇〇八年)。
(45) 久保賢司「享徳の乱における足利成氏の誤算―貴種の格付け、正官と権官、主君と家臣の関係についても―」(佐藤博信編a『中世東国の政治機構』岩田書院、二〇〇七年)、戸谷穂高「享徳の乱前後における貴種足利氏の分立」(佐藤博信編b『関東足利氏と東国社会』岩田書院、二〇一二年)。
(46) 市村高男「鎌倉公方と東国守護」(『歴史公論』八一、一九八二年)。公方専制体制の発見の背景に、近習や奉行人制による室町幕府の将軍専制の議論があったことは想像に難くない。
(47) この点は、前掲註(9)市村論文bでも述べられている。
(48) 前掲註(8)佐藤論文。
(49) 前掲註(6)永原論文。この鎌倉府権力の性格・評価に関する研究史については、拙稿「南北朝・室町期東国史研究の現在」(川岡勉編『中世の西国と東国―権力から探る地域的特性―』戎光祥出版、二〇一四年)参照。
(50) 山家浩樹「上総守護宇都宮持綱―満済と義持―」(江田郁夫編『下野宇都宮氏』戎光祥出版、二〇一一年、初出一九八九年)、前掲註(29)杉山論文a。
(51) 前掲『神奈川県史』五六〇三号、『千葉県史料 中世篇 県外文書』一八七号。
(52) 湯山学「禅秀の乱後における房総三国の守護―上杉定頼の動向を中心として―」(『上杉氏の研究』岩田書院、二〇〇九年、初出一九七六年)。
(53) 前掲『千葉県史料』一八七号。
(54) 前掲『神奈川県史』五六二八号。
(55) 前掲註(52)湯山論文等。以下、各説の整理は、松本一夫「上総守護の任免状況とその背景」(『東国守護の歴史的特質』岩田書院、二〇〇一年、初出二〇〇〇年)参照。
(56) 小国浩寿「持氏期鎌倉府の守護政策と分国支配」(『鎌倉府体制と東国』吉川弘文館、二〇〇一年、初出一九九一年)、前掲註(25)島村論文。

(57) 前掲註(50)山家論文、前掲註(55)松本論文。
(58) 前掲註(24)江田論文、渡政和「上杉三郎定頼に関する考察—鎌倉府体制下での位置付けを中心に—」(前掲註(42)黒田編書、初出一九八九年)。
(59) 前掲註(24)江田論文が、前説と併せてその可能性を指摘している。
(60) 佐藤博信「室町時代の相模守護」(前掲註(8)佐藤書所収、初出一九七七年)。
(61) 佐藤博信「大森氏とその時代」(『中世東国 足利・北条氏の研究』岩田書院、二〇〇六年、初出一九九八年)、杉山一弥「室町期の箱根権現別当と武家権力」(前掲註(29)杉山書、初出二〇〇四年)。
(62) 稲葉広樹「足利持氏専制の特質—武蔵国を中心として—」(本書第1部のⅢ、初出二〇〇七年)。
(63) 稲葉広樹「十五世紀前半における武州南一揆の政治的動向」(本書第1部のⅡ、初出二〇〇五年)。
(64) 前掲註(56)小国論文。
(65) 田辺久子「足利持氏伊豆国支配の一断面—駿河国への接近と関連して—」(『三浦古文化』四九、一九九一年)。
(66) 前掲註(56)小国論文。
(67) 前掲註(46)市村論文。
(68) 全文とその分析は、小森正明「寺社造営の経済的基盤と鎌倉府」(『室町期東国社会と寺社造営』思文閣出版、二〇〇八年、初出一九九三年ほか)を参照されたい。
(69) 前掲註(68)小森論文。
(70) 阿部哲人「鎌倉公方足利持氏期の鎌倉府と東国寺社—鹿島社造営を素材として—」(本書第1部のⅣ、初出一九九七年)。
(71) 盛本昌広「瀬戸神社に来た足利持氏」(本書第1部のⅤ、初出一九九七年)。
(72) 風間洋「鎌倉府の関所支配について」(『鎌倉』七五、一九九四年)。
(73) 前掲註(68)小森論文。
(74) 阿部哲人「鎌倉府料国武蔵国にみる守護支配—遵行体制を手懸りとして—」(前掲註(18)黒田編書、初出一九九八年)。

(75) 風間洋「足利持氏専制の周辺―関東奉公衆一色氏を通して―」(本書第1部のI、初出一九九七年)。なお、風間氏は本論のなかで、「あの、局」を持氏母としているが、これは持氏母に仕えた女房の名であろう。
(76) 須藤聡「鎌倉府重臣里見刑部少輔の動向」(滝川恒昭編『房総里見氏』戎光祥出版、二〇一四年、初出二〇〇七年)。
(77) その動向と研究史上の評価は、黒田基樹「扇谷上杉氏の政治的位置」(前掲註(42)黒田編書)に詳しい。
(78) 前掲註(52)湯山論文。
(79) 前掲註(58)渡論文。
(80) 前掲註(77)黒田論文。
(81) なお、この点はすでに佐藤氏が、上杉定頼の相模守護就任をめぐって「この事態は、一面関東管領上杉氏一族の勢力伸長の表現であり、公方持氏の勢力拡大が実はこうした素地の拡大のうえになされていたことは留意されてよい」と指摘している(前掲註(60)佐藤論文)。
(82) 前掲『神奈川県史』五九五五号等。
(83) 二階堂盛秀の活動は、湯山学「鎌倉御所奉行・奉行人に関する考察―鎌倉府職員の機能と構成―」(『鎌倉府の研究』岩田書院、二〇一一年、初出一九八六年)に詳しい。
(84) 田辺久子「鎌倉府政所執事二階堂氏について」(『日本歴史』四五〇、一九八五年)。
(85) 以前、筆者が口頭報告でその推測を述べたところ、その後、木下聡「室町幕府・関東足利氏における町野氏」(前掲註(45)佐藤編書b)において、満康が町野氏の歴史的展開のなかに位置付けられた。
(86) 湯山学「鎌倉府奉行の東満康について」(前掲註(83)湯山書)。
(87) 前掲註(83)湯山論文。
(88) 拙稿「鎌倉府・古河公方奉行衆の動向と関東足利氏権力」(荒川善夫・佐藤博信・松本一夫編『中世下野の権力と社会』岩田書院、二〇〇九年)。
(89) 前掲『神奈川県史』五八七一号。

(90)　亀田俊和「鎌倉府施行状の形成と展開」(『室町幕府管領施行システムの研究』思文閣出版、二〇一三年、初出二〇〇九年)。
(91)　松本一夫「鎌倉府及び関東管領家奉行人奉書に関する一考察」(前掲註(45)佐藤編書b)。
(92)　前掲『神奈川県史』五六八四・五六八五号。
(93)　佐藤博信「上杉氏奉行人島田氏について」(前掲註(8)佐藤書)、前掲註(91)松本論文。
(94)　長塚孝「『鎌倉年中行事』と海老名季高」(本書第4部のⅢ、初出二〇〇九年)。
(95)　『群書類従 二二』武家部所収。
(96)　『日本庶民生活史料集成 二三 年中行事』(三一書房、一九八一年)所収。解題(本書第4部のⅠに収録)は佐藤博信氏執筆。
(97)　『海老名市史 二 資料編 中世』。
(98)　阿部能久「『鎌倉年中行事』と関東公方」(『戦国期関東公方の研究』思文閣出版、二〇〇六年)。
(99)　『喜連川町史 五 資料編五 喜連川文書 上』。
(100)　佐藤博信「『殿中以下年中行事』に関する一考察」(『中世東国 足利・北条氏の研究』岩田書院、二〇〇六年、初出一九七二年)。
(101)　前掲註(96)佐藤解題。
(102)　峰岸純夫「東国における十五世紀後半の内乱の意義―「享徳の乱」を中心に―」(黒田基樹編『長尾景春』戎光祥出版、二〇一〇年、初出一九六三年)。
(103)　前掲註(100)佐藤論文。
(104)　伊藤一美「旧内膳司浜島家蔵『鎌倉年中行事』について―関東公方近習制に関する覚書―」(本書第4部のⅡ、初出一九七三年)。
(105)　前掲註(96)佐藤解題、前掲註(98)阿部論文。
(106)　藤木久志「鎌倉公方の四季―中世民俗誌としての「鎌倉年中行事」から」(『戦う村の民俗を行く』朝日新聞出版、二〇〇八年、初出一九九七年)。
(107)　二木謙一「『鎌倉年中行事』にみる鎌倉府の儀礼」(『武家儀礼格式の研究』吉川弘文館、二〇〇三年、初出二〇〇二年)。
(108)　前掲註(98)阿部論文。なお、『年中行事』本文の「大御所様」に関する阿部氏の理解と、それに基づく『年中行事』の成立年代の比定については疑問が残るが、この点は前掲註（94）長塚論文で整理されている。
(109) 田辺久子「年中行事にみる鎌倉府―正月椀飯と八朔―」（『神奈川県史研究』四九、一九八二年）。
(110) 山田邦明「鎌倉府の八朔」（前掲註（12）山田書、初出二〇〇〇年）。
(111) 桃崎有一郎「中世武家社会の路頭礼・乗物と公武の身分秩序」（『中世京都の空間構造と礼節体系』思文閣出版、二〇一〇年）。
(112) 杉山一弥「『鎌倉年中行事』にみる鎌倉府の着装規範―鎌倉公方の服飾を中心として―」（前掲註（29）杉山書、初出二〇〇七年）。
(113) 小久保嘉紀「鎌倉府の書札礼―『鎌倉年中行事』の分析を中心に―」（本書第4部のⅣ、初出二〇一〇年）。
(114) 木下聡「鎌倉府の諸機関」（黒田基樹編『足利満兼とその時代』戎光祥出版、二〇一五年）、拙稿「鎌倉府奉行人の基礎的研究」（前掲註（45）佐藤編書b）等。
(115) 『臥雲日件録』文安五年八月二十九日条、『蔭凉軒日録』文正元年閏二月十六日条。
(116) 『満済准后日記』永享四年三月二十九日条。
(117) 前掲註（36）菅原論文。
(118) 前掲註（37）小国論文、前掲註（40）呉座論文。
(119) 『満済准后日記』正長元年十月十六日条。
(120) 『建内記』嘉吉三年七月十九日条、同二十一日条。
(121) 『満済准后日記』正長二年八月十八日条・同二年八月六日条。
(122) 前掲註（8）佐藤論文。
(123) 前掲註（19）佐藤論文。
(124) 網野善彦『東と西の語る日本の歴史』（講談社学術文庫、一九九八年、初出一九八二年）。
(125) 前掲註（8）佐藤論文。
(126) 前掲註（8）佐藤論文。

（127）『満済准后日記』永享三年三月二十日条。このことばは、鎌倉府の使節二階堂盛秀に従って上洛したその被官のものである。

（128）前掲註（19）佐藤論文。

（129）『真壁町史料 中世編Ⅰ』所収「真壁文書」一一九号。

第1部　公方専制体制の構造と展開

Ⅰ

足利持氏専制の周辺
―関東奉公衆一色氏を通して―

風間　洋

はじめに

周知のように足利持氏は、室町幕府の関東支配機関である鎌倉府の第四代公方である。彼は当初から室町幕府将軍足利義教への敵意をあらわにし、常に反抗的態度をとり続けた。京都との和平を願う関東管領上杉憲実の再三の諫止も聞かず、ついに永享一〇年（一四三八）八月、幕府軍に攻められ自害、ここに鎌倉府の関東支配も終了するのである(1)。

これまで持氏が滅んだ要因としては、憲実をはじめとする周囲の諫止を無視して京都扶持衆といわれる将軍の保護下にあった東国の諸豪族を次々と討伐したことや、永享と改元されたにもかかわらず、正長年号を使用し続けたこと、子息賢王丸元服の際に将軍の諱の一字を戴く慣例を無視したことなど、その原因の多くが、持氏個人の全く妥協を知らない直情的な性格によるもの、とする見解が一般的に説かれているようである(2)。例えば、

［史料一］

於于鶴岡

大勝金剛尊等身造立之意趣者、為武運長久、子孫繁栄、現当二世安楽、殊者為攘咒咀怨敵於未兆、荷関東重任於億年、奉造立之也、

永享六年三月十八日

従三位行左兵衛督源朝臣持氏（足利）（花押）

造立之間奉行

上椙左衛門大夫(3)

この持氏血書願文は、持氏が将軍義教を憎悪するがゆえに自らの血を墨に混じて記したとされる有名なものであるが、彼の激しい気性を示す例としてよく引き合いに出されている(4)。

確かにこうした持氏の独善的な性格が、政治的判断を誤らせたことの要因の一つであろう。しかし、実際に持氏の専制政治が具体的にどのようなものであったのか、という問題にはこれまであまり立ち入った検討がなされてこなかったように思われる。それは、滅亡した政庁故に、鎌倉府の内状を示す史料が、ほとんど残存しないことに起因しよう。

それでは、専ら独裁と評されてきた、この持氏期の政治の実態をできるだけ明らかにしようとすることは、全く不可能なのであろうか。

その一つのアプローチとして鎌倉公方の一門であり、奉公衆でもあった一色氏に注目したい。室町将軍が自らの直臣団として奉公衆という親衛隊組織をもっていたように(5)、鎌倉公方にも奉公衆は存在した。それが確認され、おおよその概略が窺うことができるようになったのは近年のことである(6)。だが、幕府のように豊富な史料（御番帳など）が

残されていない状況下では、具体的な解明、特に奉公衆個々の活動を鎌倉府内に位置付けるという作業は[7]、これから、というのが鎌倉府奉公衆研究の現状であろう。緒に就いたばかりで、しかも史料的にも恵まれていない鎌倉府奉公衆研究であるが、本稿で採り上げる関東一色氏は、二次史料（軍記物など）も駆使しながらではあるが、その断片的活動を追うことが可能なようである。

これまで一色氏の研究というと、専ら九州探題[8]や京都の侍所四職家としての活動にその関心が向けられ[9]、関東の一色氏は殆ど顧みられることがなかった。近年の活発な東国戦国史研究の中で、古河公方家臣一色氏（武蔵幸手城主）にたいする研究も若干見られるものの[10]、室町期に鎌倉公方の側近であった一色氏については、あまり触れられることが少ないのである。

以上、本稿では、持氏専制の具体像に迫るとともに、併せて関東一色氏研究の不備をいくらかでも補わんとするものである。

一、上杉禅秀の乱以前の一色氏

一色氏は、鎌倉期に足利泰氏の七男公深が、三河国幡豆郡吉良内一色の地に住したことにはじまるという[11]。南北朝の動乱期に九州探題として九州経営に当たった範氏・直氏父子を始め、室町期には若狭・丹後・三河など数カ国の守護職を歴任、有力守護家の一つとして京都侍所の四職家に列せられ、幕政にも大いに関与した様子は、既に先学に指摘されるとおりである[12]。

このように九州や室町幕府内で顕著な活動がみられる一色氏であるが、関東において鎌倉公方の側近くに仕えるようになった経緯はいかなるものだったのであろうか。

建武元年（一三三四）正月、鎌倉幕府滅亡後の建武政権下で、関東に置かれた鎌倉将軍府（将軍義良親王・執権足利直義）の中に関東廂番が置かれた。その四番衆筆頭に一色「右馬助頼行」が確認される(13)。頼行は、勲功の賞として上総北山辺郡森郷内の地を拝領、同年八月に鎌倉の大蔵小路聖天堂に同地を寄進している(14)。

また、頼行の兄範氏は、当時武蔵守護・国司を兼帯していた足利尊氏の代官をつとめていたらしく、尊氏の命を受けて、建武元年七月に武蔵大里郡田島郷内の地を長福寺に打渡しを命じている(15)。これらが、一色氏の関東に係わる初見である。しかし、その後の頼行や範氏は、尊氏と行動を共にしたらしく、京都～九州各地を転戦しており(16)、その活動は関東を離れてしまっているので、彼らが後の鎌倉公方の奉公衆に直接つながるとは考えにくい。もちろん頼行・範氏の一族のうちの誰かがそのまま関東に止まった可能性も否定できないが、それを示す史料は管見の限り見いだすことはできないのである。

確実に一色氏が鎌倉公方の近臣として接点がみえるのはそれから三十年後、観応年間にくだらなければならない。

[史料二]

関東注進状案
上杉左衛門蔵人（能憲）、去年《観応元》十一月十二日、於常陸国信太庄揚旗、同十二月一日、上杉戸部（憲顕）立鎌倉上野国下向、同月廿五日、高播磨前司（師冬）鎌倉没落、同日夜半毛利庄湯山着、若御前（足利基氏）ニハ三戸七郎・彦部次郎・屋代源蔵人・一色少輔三郎・加子修理亮・中賀野加子宮内少輔・今河左近蔵人御共、此人々五人、於湯山坊中、翌日辰時、三戸七郎ヲハ宮内少輔討之、彦部ヲ加子修理亮討之、屋代ヲハ義慶（石塔義房）手討之、以上三人被討畢、仍同十二月廿九日、若御前鎌倉入御、御共人々上杉戸部以下先陣三浦介(高連)、椙下判官後陣、爰播磨前司楯籠甲非(斐)国逸見城云々、討手正月四日、上杉兵庫助(憲将)卒(率)数千騎勢発向、以加子宮内少輔三郎・上杉左衛門蔵人自海道企上洛候、以此旨可令披露給(候脱カ)、恐惶謹言、

観応二年正月六日　沙弥義慶

謹上　御奉行所(17)

（傍線筆者）

傍線部の「若御前（初代鎌倉公方の足利基氏）」の「御共(供)」中に「一色少輔三郎」がみえる。「御共(供)」とあることから、この一色少輔三郎が日常から公方基氏の側近くに仕えていたことは確実であろう。

そして、注目すべきはこの一色少輔三郎等近習達が、初出する［史料二］の中で、関東の政局を大きく転換させる行動をとっていることである。足利直義と高師直の対立激化によって始まった観応の擾乱は関東にも派生し、観応元年（一三五〇）一二月、幼い公方基氏を擁した高師冬（師直派）は、上杉憲顕（直義派）討伐のため鎌倉を発向する。だが、相模湯山坊中で一色少輔三郎等は、同じく基氏の供をしていた三戸・彦部・屋代らを討ち、幼い公方を奪取して鎌倉に帰還、上杉方にその身柄を投じたのである。この一件によって両派の形勢は逆転、公方足利基氏という大義名分を失った師冬軍は総崩れとなり、同二年正月、甲斐須沢城に滅ぼされるのである(18)。つまり、一色少輔三郎をはじめとする公方近習達の去就(19)が、関東における観応の擾乱を一挙に直義派（上杉氏）の勝利に導いた重要な役割を果たしたのである。残念ながら、この「少輔三郎」がいかなる系譜に連なる人物なのかは不明であるが、少なくとも［史料二］より、鎌倉公方に近仕する関東一色氏が、観応年間（一三五〇年代）以前には存在していたと考えて良いので

はないだろうか。

これ以後、関東における一色氏の活動は、極めて断片的ではあるが、史料の端々にその姿を見せている。以下、それを追ってみよう。

「鶴岡八幡宮神主系図」[20]によると、応永元年（一三九四）一二月、新たに九代神主に補せられた大伴時連の母は、「一色五郎入道道慶女」であったという。

また、第二四代の鶴岡八幡宮寺別当となった僧尊仲は、この一色道慶の子息であると「鶴岡社僧次第」[21]に記されている（この尊仲については後述）。

鎌倉幕府創設以来、武家の崇敬が篤い鶴岡八幡宮寺は、南北朝・室町期にあっても同じように鎌倉公方の厚い保護下にあった。よって鶴岡神主家も小山・千葉・三浦氏など関東の有力豪族たちと代々姻戚関係を結んでいるのである。[22]

更に鶴岡八幡宮寺別当に至っては、関東管領上杉氏をはじめとして時の権力者の子息が別当に就く場合がしばしば見られ[23]、この一色道慶なる人物も詳しい系譜・活動などは未詳というほかはないが、鶴岡八幡宮寺と深くかかわっていたという事実は、後の関東一色氏の台頭を考えるうえで注目しておきたい。

応永一五年（一四〇八）一〇月、鹿島神宮領を押領した常陸の国人領主鹿島憲幹の罪[24]に連座した一族の烟田幹胤は、鎌倉府の裁定により所領没収の憂き目に遭った。そして、その所領の一部である常陸烟田・大和田の地は、三代公方足利満兼によって「一色兵輔大輔満頼」に与えられている。[25]

結局数年後には、幹胤に罪なきことが判り、当地は満頼から返付されるのであるが[26]、鎌倉公方が事あるごとに関東諸豪族の所領を強引に没収し、配下の奉公衆に分与することは鎌倉府の基本姿勢であり、しばしば指摘される所ではある。[27] この一件も、公方が常陸へその支配権を拡大させようとする意図で起こされたものであろう。つまり、この「一色満頼」は、関東の伝統的諸豪族の所領内部に食い込む鎌倉公方の先兵としての役割を担っていた、と評価できるだろう。だが、やはりこの一色兵輔大輔満頼もその系譜を明らかにできない。

以上のように、その活動を断片的にしか窺うことのできない関東一色氏ではあるが、「一色少輔三郎」や「一色満頼」の例を見る限りでは、吉良氏や渋川氏等のように同じ足利一門として高い家格を与えられ、儀礼的に厚く遇された家柄と同様に扱われていたとは思われない。むしろ、足利氏の根本被官と同じく公方配下の奉公衆として理解した方が良さそうである。[28]

だが一方で、「一色道慶」のように鶴岡八幡宮など、鎌倉の有力寺社家と関係を持てるような一色一族も存在したことも事実なのである。一族中のある一派は、鎌倉府内で一定の地位を占めていたことも考えられよう。こうみると関東一色氏は、幾流にも分かれて存在し、鎌倉府内の中枢から末端まで、かなり広汎な活動を行っていたのではあるまいか。ただ、あまりにも史料が少ないため、これまで述べてきたように各々の一色氏は、系図類などにも全く比定できず、その相互関係も不明である。

この謎多き関東一色氏が、東国史の表舞台に登場するのは、四代鎌倉公方足利持氏の施政のもとで勃発した上杉禅秀の乱を契機としてである。[29] それは、持氏の専制化が顕著になるのと軌を一にするものであった。次節で見て行くこととする。

二、上杉禅秀与党の討伐大将

応永二三年（一四一六）一〇月二日の夜半、泥酔中の公方持氏は、突如として前関東管領上杉禅秀の軍勢に御所を急襲され、鎌倉を放棄することとなった。「鎌倉大草紙」[30]によれば、この時逃走する持氏の「従者」の筆頭に「一色兵部大輔・同其子左馬助・同左京亮」が確認できる。「一色兵部大輔」とはその官途から、前節でみた一色満頼のこととも思われるが、定かではない[31]。そして、この一色兵部大輔とその子左馬助は、相模小田原の地で主君持氏を逃すため、自ら禅秀勢を引き付けて討死にしている。逃走する公方持氏の供奉者の中に一色姓を名乗るものが三名もおり、主君のために死を賭している事実をみるとき、改めて公方持氏と「一色兵部大輔」等の関係を述べるまでもなかろう。夜半、不意を衝かれた持氏の御所にいち早く馳せ参じたわけであるから、鎌倉御所の近辺に邸宅を構え（あるいは御所に宿直していたか）、日常から奉仕をしていたのであろう。それは応永三二年（一四二五）、新造された御所に公方持氏の移徙に際して、「御剣之役一色左京亮[32]」が確認できることからも窺えよう。

さて、こうした一色兵部大輔父子らの犠牲の上に辛くも難を脱した持氏は、駿河守護今川範政のもとに身を寄せ、ここで態勢を整えることとなった。乱勃発後二カ月余り、幕府側もやっと重い腰を上げて持氏援助を決定する。禅秀一味追討の命が将軍足利義持より発令されるに至ると、それまで禅秀方だった関東諸将もことごとく持氏方に寝返り禅秀勢は壊滅、翌年正月に禅秀一味は鎌倉雪の下にて自害し、関東中を巻き込んだ大乱もようやく収束したのである。この時点において、関東一色氏も系譜上その名を載せる人物が、認められるようになる。応永二四年（一四一七）

二月の烟田幹胤軍忠状写[33]によれば、常陸国人の鹿嶋一族は、武州瀬谷原などにおいて「大将一色宮内大輔」の検知の下で、禅秀軍と戦ったことがわかる。「宮内大輔」とは一色直兼に比定されよう[34]。

同じく禅秀軍と戦った下野の国人長沼安芸守は、公方持氏から感状を与えられているが、これも「一色宮内大輔直兼」の注申によるものであった[35]。つまり、一色直兼という人物は、鹿嶋氏や長沼氏ら国人を指揮する一軍の統率者であること、そして彼らの軍功を公方持氏に披露できる立場にあった、ということになる。このように一色直兼は、関東一円を巻き込む大乱となった禅秀の乱のなかで、颯爽と登場してきたのである。

さて、ここでこの直兼の系譜を考察するために挿入されいてる系図を参照していただきたい。先述したように一色公深を祖とする一色氏が、南北朝期に範氏・直氏父子の代に至って、九州の南党対策として将軍足利尊氏より九州探題を任されたことは、周知のことである。しかし、範氏父子は結局九州経営に失敗、間もなく帰京するわけであるが、その後の経緯は今一つ明らかでない。ただ、諸系図を参照すると、その直氏の子孫が「一色宮内大輔直兼」等であるとしている。あくまで系図という史料の性格上、即断は許されないが、直氏本人あるいはその一族が、京都帰還後間もないうちに関東に下向し、鎌倉公方に仕えるようになった、という推測ができるのであろうか。

武蔵永福寺に伝わる「龍灯山伝灯記[36]」という記録がある。これは近世初期の作成であり、虚構も多く、検討を要する性質の史料であるという。だが、その中に応永六年（一三九九）、京都にいた一色直氏が関東に下向、このとき関東管領上杉氏より下総国下河辺荘・田宮荘・文間荘の各地を与えられ、田宮荘内幸手村に一城を構えてそこに住した、という記述があることに注目したい。下総国内の三荘拝領の記事など、この記述の全てを信じる訳にはいかないが、一色直氏の関東下向というのは、その系譜に連なる一色直兼の突然の登場などを勘案してみるとき、案外事実を伝えているのかもしれない(37)。今後の検討課題である。

いずれにせよ、一色直兼、そして甥の持家などを中心とした関東一色一族は、この禅秀軍討伐を契機に鎌倉府内で急速な台頭を見せていくことだけは確かなのである。

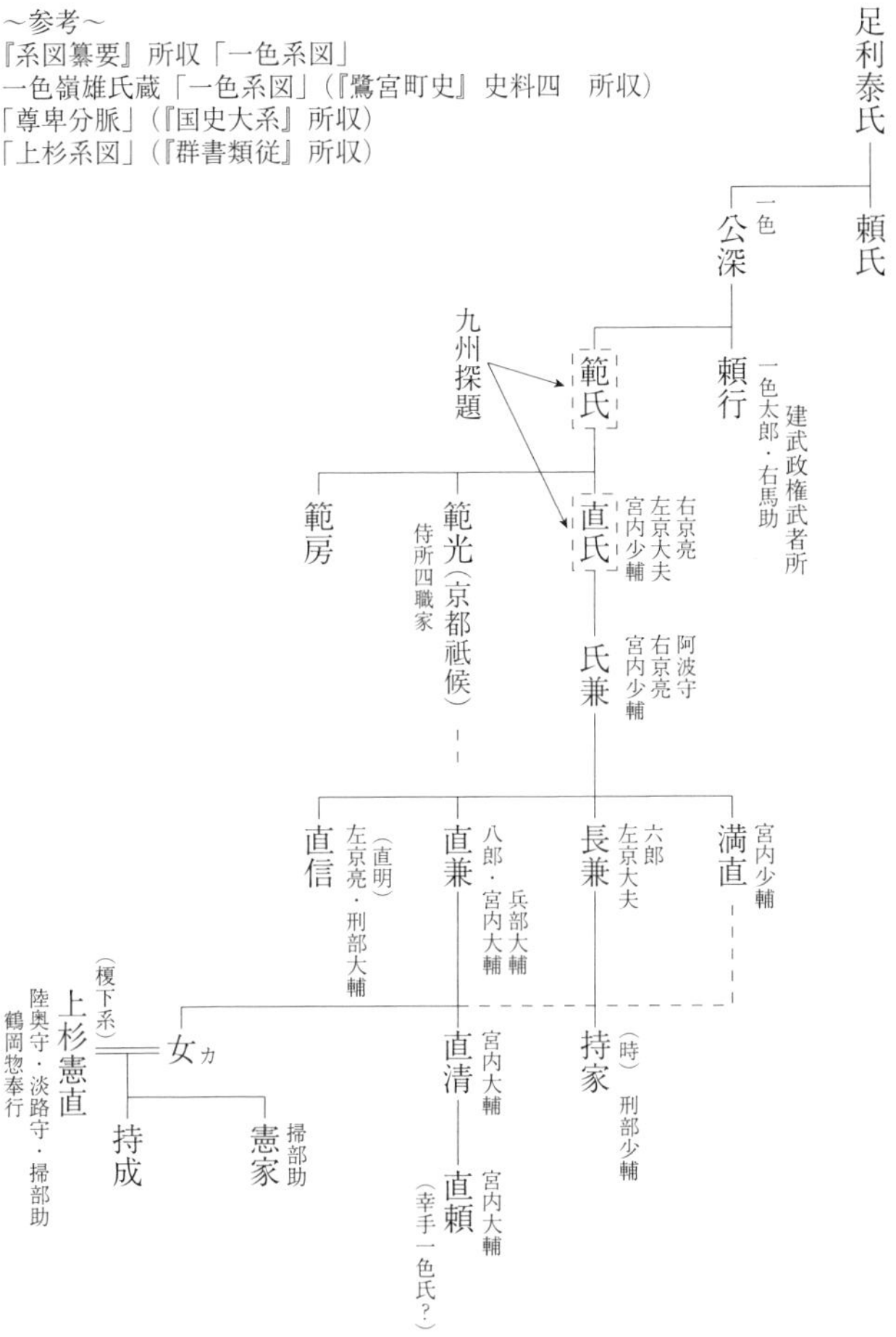

～参考～
『系図纂要』所収「一色系図」
一色嶺雄氏蔵「一色系図」（『鷺宮町史』史料四　所収）
「尊卑分脈」（『国史大系』所収）
「上杉系図」（『群書類従』所収）

関東一色系図

禅秀を滅ぼし、応永二四年正月に無事鎌倉に帰還した公方持氏は、早速禅秀に与した諸豪族の討伐を呵責なく行った。この討伐大将として華々しい活躍を見せるのが、一色直兼・持家・左近大夫将監（実名不詳）らであった。

［史料三］

上総国狼藉張本人対

治事、来月九日所差遣一色左近大夫将監也、早速馳参、属彼手可抽戦功、若於日限違期者、准陣不参、可有其沙汰之状如件、

応永廿五年四月廿六日　（足利持氏）（花押影）

白石彦四郎（義悟）入道殿[38]

上総国はかつて禅秀の守護領国であったため、その配下にあった上総本一揆は、乱後も依然として公方持氏に抗する態度を崩さなかった。[史料三]は、このため「一色左近大夫将監」が討伐大将として遣わされることとなり、これに白石氏が参陣するように公方持氏が命じているものである。この一色左近将監は、実名を明らかにすることはできないが、禅秀残党の討伐を命ぜられ一軍を率いる立場にあることから、直兼や持家と同系かあるいは近しい存在であると考えて差し支えないだろう。

[史料四]

着到　白旗一揆

久下修理亮道代子息信濃守憲兼申軍忠事、

右、為武田八郎信長御退治、依大将御発向、去月一九日令進発、馳集武州二宮、而同廿六日罷立彼所、馳参甲州鶴郡大槻御陳（陣）、至于信長降参之期、致宿直警固上者、給御証判、為備向後亀鏡、恐々言上如件、

応永卅三年八月日

（証判）「承了、（一色持家）（花押影）」[39]

この史料では、甲斐守護の武田信長討伐大将に一色持家が命ぜられ、これに従った白旗一揆の久下氏が戦功の証判

を大将持家に与えられているものである。武田信長の父信満が、禅秀の舅であったため、持氏に禅秀与党であることを咎められたのである。攻められた信長は降伏、持家に伴われて鎌倉に出頭し、公方持氏に許しを請うこととなった。

このように公方持氏の禅秀与党への討伐は、厳しく、しかも執拗に繰り返された。そして、その度ごとに一色氏は討伐大将として発向したのである。この一色氏を中核とした公方直轄軍の考察は次節にて行ってみたい。

さて、禅秀与党の討伐と並行して、乱後の戦後処理も着々と行われていた。禅秀方に与した武士から没収した大量の闕所地は、当然軍功のあった諸将に分与されるほか、鎌倉府の直轄領に編入された土地も、決して少なくはなかったはずである。[40]

[史料五]

（端裏押紙）「かつさのくにおうかミの御もんしょ二つう　応永廿四、壬五、廿四
　　二かいたう右京のすけかあと」

上総国千町庄大上郷二階堂右京亮跡事、御れう（料）所になさるへく候、このよし申させ給へく候、あなかしく、

　応永廿四年閏五月廿四日　　　　もち（足利）持（氏）（花押）

　あの丶御局
　　申させ給へ[41]

[史料五]は、公方持氏が大御所あの丶局（持氏の母）に対し、上総国千町荘大上郷内の闕所地を御料所として進上したものである。史料の年代が禅秀の乱後まもないことから、その戦後処理の一環と考えてよいであろう。

このような公方持氏の母への所領寄進は、この一所にとどまるものではなかった。管見の限りにおいても「上総天

羽郡内萩生作海郷」[42]、「武蔵品川太郎跡」[43]、「青砥四郎左衛門入道跡」[44]、「武蔵小山田保山崎郷内今井村」[45]等、乱後数年の間に次々と御料所として進呈しているのである。これを母あの丶局に対する公方持氏の敬慕の念の強さ、として評価することも強ち誤りとも言えないだろう。しかし、同時に母への寄進という形式を借りた鎌倉府直轄領の集積、と考えることもできるのではないだろうか。

そして、それ以上にここで注目しておきたいのが、公方持氏の母あの丶局は、一色氏の出身である、ということである。『諸家系図纂』[46]等、諸系図を通覧するとそこには公方持氏の母を「一色氏女」とする記事が散見される。当然、系図上の記載のみで全てを判断することは慎重でなければならない。しかも、持氏の母一色氏と一色直兼・持家らが、族的にどのような関係にあるのか、ということすら定かではない状況なのである。

しかし、諸系図の記載を全く否定する材料を持たない現段階においては、持氏が公方に就任してから（特に禅秀の乱以降）の一色直兼・持家等の突然の華々しい活躍の背景に公方持氏の母が一色氏女であるという事柄を想定することは、極めて自然な考え方ではないだろうか。もちろん、自己の権力基盤強化を目指す公方持氏にしても、外戚の一色一族は、最も容易に登用できる存在であったに違いない。関東一色氏の急速な台頭の背景は、このあたりに求められそうである。

禅秀の乱後、公方持氏は一色氏を派遣しては関東諸将を次々と討ち、急速な専制体制を目指していった。しかし、その矛先は室町将軍の保護を受けている京都扶持衆[47]にも及んだために、将軍・鎌倉公方の関係はしだいに緊張の度を強めていく結果となる。その状況下で公方持氏が自らの直轄軍を強化・編成することは、重要課題のひとつであったことだろう。こうした中で関東一色氏は、どのように位置付けられるであろうか。次に考えてみたい。

三、鎌倉府軍事編成の変質

上杉禅秀の反乱は、幕府の援助を得てようやく鎮圧された。だが、禅秀勢の急襲の前になすすべも無く鎌倉を放棄、ほうほうの態で箱根の山中をさまよい歩き、駿河の今川氏に保護を求めるという醜態を演じてしまった公方持氏は、自らの権力基盤、中でも軍事力の脆弱さを痛感したことは想像に難くない。

「鎌倉大草紙」によれば、禅秀勢の攻撃の際に持氏に付き従った「従者」の兵力は、「一色兵部大輔・其子左馬助・同左京亮」以下、「都合五百余人」であったという。(48)「鎌倉大草紙」が軍記物という史料の性格上、その数字は多少の誇張を考慮しなければならないのはもちろんである。ただ、例えば明徳二年（一三九一）におこった明徳の乱の時に将軍足利義満に付き従った「御馬廻」が、「三千余騎(49)」といわれていたのと比較すれば、「五百余」という数字は、全くの桁外れな誇張とも思えず、案外当を得た数字であるのかもしれない。

乱後、鎌倉に帰還した公方持氏が、早速直轄軍を増強・再編することに腐心・専念している様子が、次の史料に窺える。

［史料六］

公方様は、御威光の上に、若君様あまた出来給ふ間、御形に奉公衆を千人に成る。若君様直被進度由有御掟。一揆奉公中の一類を有御所望て、各別の御恩賞を被成間、後者我も〳〵と参給ふの間、はや七百人計に成給ふ。さて皆々にぎせられ、又者武具を御前に罷置度由有御掟。管領を始め、諸大名中へ御所望、又者尋求給ふ。然者管

領被仰計、公方様別而人数を被求、武具を被相集事者、我〱に御隔心の外不可有之由恐怖し給ふ。(50)

［史料六］は、戦国期に古河公方家の重臣として活躍した簗田氏の事績を記した「簗田家譜」の一部である。同書は、簗田氏の顕彰を目的としているため、一族の活躍の記載にやや誇大な記述もみえるが、その他の事実関係はかなり正確であるという。(51)

内容が解しにくい点もややあるが、おおよそ次のようになるであろう。

公方持氏が、奉公衆を千人に増やそうということで、新たに一揆衆や奉公中の内からその人員を募ったところ、たちまち七百人程まで増強された。更に関東管領上杉氏以下の諸大名の又者（＝大名被官）にもその触手を伸ばしたために、諸大名たちが公方軍の増強ぶりに警戒の念を強め、恐怖したという。

これまでこの史料は、既に福田豊彦氏等によって紹介されてはいたが、(52)幕府奉公衆を説明するための副次的な扱いしかなされず、鎌倉府奉公衆研究の立場からは、十分に検討されることは無かったと思われる。しかし、室町幕府のように奉公衆番帳などの史料が残存しない鎌倉府奉公衆では、その編成の様子を示す貴重な史料としてもっと積極的に評価すべきであろう。ここで注目しておきたいポイントは、三つある。

①　公方奉公衆を「千人」に増強するという計画が企画・実施され、そして実際には「七百人計」になったということ。

②　これまで足利氏庶流（例えば一色氏など）や鎌倉時代以来の根本被官出身が多かった奉公衆に加えて、新たに「一揆衆」や「又者（大名被官）」の登用が積極的に図られており、実際その中から奉公衆に編成される者が多かったこと。

③　①や②のことによって、関東管領上杉氏以下の諸大名（関東の伝統的諸豪族）と公方持氏との主従関係に大きな「御隔心」（溝）が生じたこと。

まず、①について。残念ながら管見の範囲では、この「七百人計」という奉公衆の兵力を裏付けるような確実な史料を探し得なかったので、これ以上の検討は不可能である。しかし、先に示した「鎌倉大草紙」の記す禅秀の乱時の公方の「従者」が「五百余人」であったという内容が、全く荒唐無稽なものではなく、ある程度の信頼に耐えうるものであることが、逆に言えるのではないであろうか。

次いで②、③の点については、不十分ながらある程度の考察を進めてみたい。そして、その過程の中で、台頭著しい関東一色氏の歴史的位置付けもできるのではないだろうか。

周知のように、鎌倉期以来の伝統的諸豪族（下野の小山氏・宇都宮氏、常陸の小田氏・佐竹氏、武蔵の河越氏など）は、元来独立性が強く、政治的にも独自の動きをすることもしばしばであった。歴代の鎌倉公方は、鎌倉府成立当初から幾度となく繰り返される彼らの反乱に悩まされ続けてきた。そして公方は、それらを鎮圧する過程で、東国一円にその支配を浸透させようと努めたのである[53]。こうした諸豪族の反乱鎮圧のために、公方自らが出陣して戦闘の指揮にあたることはほとんど無い。むしろ、多くは配下の有力武将に討伐を命じているのである。その鎮圧に赴いた彼らを文書・記録等の表現から、今仮に「大将」と呼称しておきたい。

さて、次頁の（表）は、後代の軍記物等も含めて東国諸豪の反乱討伐の「大将」を管見の限り抜粋し、配列したものである。（表）を見るとわかるように、初代公方基氏から三代満兼までの施政下では、討伐の「大将」には関東管領上杉氏が、その多くを占めている。また、公方自らが出陣することも度々であった。

（表）討伐〝大将〟一覧

	年代	諸豪の反乱	軍事指揮者（大将）	備考	軍記	文書
足利基氏	延文4・10月	南方凶徒退治	△畠山国清	平一揆・白旗一揆	太平記他	
	貞治元・9月	畠山国清の乱	新田・田中？ 岩松直国	白旗一揆 上野藤家一揆	〃	○
	貞治2・8月	宇都宮氏綱の乱	○足利基氏	平一揆・白旗一揆	〃	
足利氏満	応安元・2月	平一揆の乱	△上杉憲顕・朝房	平一揆・白旗一揆	鎌倉九代後記他	○
	康暦2・6月 〜	小山義政の乱	△上杉朝宗 木戸法季 △上杉憲方	白旗一揆 武州中一揆	鎌倉大草紙他	○
	至徳3・5月	小山若犬丸の乱	○足利氏満			
	至徳4・7月	小田孝朝の乱	△上杉朝宗	白旗一揆（上野） 北白旗一揆（武蔵）	鎌倉大草紙他	○
	応永3・2月	田村庄司の乱	○足利氏満			○
満兼	応永9・5月	伊達政宗の乱	△上杉氏憲（禅秀）		鎌倉大草紙他	○
	応永20・4月	伊達持宗の乱	畠山国詮 （元奥州探題）		喜連川判鑑	○
	応永23・10月 〜	上杉禅秀の乱	△上杉憲基 二階堂行直 宍戸持朝 一色直兼	白旗一揆・北白旗一揆 武州南一揆	鎌倉大草紙他	○○○○
	応永24・2月	武田信満の乱	上杉憲宗？ （直カ）	白旗一揆・武州南一揆 武州一揆	鎌倉大草紙他	
	〃　4月	稲木義信の乱	？		鎌倉大草紙他	
	応永25・5月	上総本一揆の乱	一色左近将監 木戸範懐		喜連川判鑑	○

足利持氏					
応永28・9月	武田信長討伐	吉見伊予守		鎌倉九代後記他	
応永29・12月	山入与義の乱	上杉憲直		鎌倉大草紙	
応永30・8月	小栗満重の乱	上杉定頼	白旗一揆・武州一揆	鎌倉大草紙他	○
		一色左近将監	武州南一揆		
		△上杉憲実			○
		木戸範懐			
応永32・5月	武田信長討伐	上杉房実	武州南一揆	鎌倉九代後記	
応永33・6月	〃	一色持家	武州白旗一揆	鎌倉九代後記	○
応永34・5月	常陸・白河口出兵	里見家基・上杉定頼			○
永享7・6月	長倉義成討伐	岩松持国	武州一揆・武州本一揆	長倉追罰記	
			武州新一揆		
〃　〃	常陸・那須出兵	一色直兼	?		○
		上杉定頼			
永享8・?	信濃出兵（1次）	桃井憲義	武州一揆	鎌倉九代後記他	
永享9・4月	〃（2次）	上杉憲直	〃	鎌倉大草紙脱漏他	○
永享10・8月	永享の乱（上州出陣）	一色直兼	武州一揆	鎌倉大草紙脱漏他	○
		一色持家		〃	
〃・9月	永享の乱（箱根出陣）	上杉憲直	武州一揆・安房の兵	鎌倉九代後記他	
〃　〃	（相州八幡林）	木戸持季			

（注）(1)〝大将〟として判断した基準は次のようである。
a記録中、〝大将〟と明記されているもの。
b記録中、公方の御旗を下賜され、発向を命ぜられているもの。
c軍忠状の内容に証判を加えているもの。
d公方に指揮下の武士の戦功を注申しているもの。
eその他史料中の文言に軍事指揮者としての様子が読みとれるもの。
(2)使用した軍記物、記録類は、「鎌倉大草紙」「鎌倉大日記」「長倉追罰記」「鎌倉九代後記」「太平記」「永享記」「相州兵乱記」「喜連川判鑑」。
(3)下段の○印は、軍忠状、感状他確実な史料に確認できるもの。
(4)軍事指揮者の上についている各記号は次の意味である。
○…鎌倉公方　△…関東管領

しかしながら持氏期、特に禅秀の乱以降は、一色、木戸氏など持氏直属の奉公衆とされる人々が討伐に赴いている。中でも一色直兼・一色持家・一色左近将監らは、際立つ存在である。ちなみに上杉定頼（小山田系）や上杉憲直（榎下系）ら上杉一族も認められるが、彼らは上杉氏の中でも庶流であって[54]、山内流上杉氏や犬懸流上杉氏のように、関東管領職に就任できるような家柄では決してなかった。彼らも自己の地位上昇を目指して、公方持氏の奉公衆強化の動きの中に積極的に加わっていった可能性が高いのである。中でも特に注目したいのが、榎下流上杉氏の憲直である。

宅間流上杉氏の重兼の子憲清より分かれた榎下流上杉氏は、武蔵榎下に一城を構えて住したと伝えられているが[55]、鎌倉府内での地位が決して恵まれたものでなかったことは、その関係史料が全く見いだせない事実が示していよう。あくまでも系図の上での考察であるが、その憲清の子憲直が、公方持氏の代になって突然「大将」として登場するのは、一色氏との血縁によるものであったと推測されるのである。「上杉系図」によると、憲直の子憲家の項に「母一色宮内少輔女」となっている。つまり、憲直は「一色宮内少輔（おそらくは宮内大輔であった直兼のことであろうか）」の娘を妻に迎えていたのである。このことが、間接的に母親が一色氏である公方持氏とも結び付くことを意味するのは言うまでもあるまい。

上杉氏の末流でありながら、憲直が討伐大将として急速に台頭してきた背景に、一色氏を媒介とした公方持氏の積極的登用を想定できるのではないだろうか。

ところで、（表）の備考欄には反乱鎮圧に参加した関東の諸一揆衆を記しておいた。峰岸純夫氏の研究[56]によれば、一揆衆も南北朝期前半までは、平一揆・藤氏一揆など血縁的なつながりを基に構成されていたが、室町期に入って、武州南一揆・武州白旗一揆・上州一揆など、地縁的な結合に構成要素が変化していくという。

〔表〕をみると、公方持氏は、主に武蔵の一揆衆を動員していることが窺えるだろう。先に示した［史料四］も武州白旗一揆の一員の久下氏が、大将一色持家の指揮下におかれている一例である。このことは、「簗田家譜」に記されている②の点（一揆衆を広く奉公衆に編成しようとしたこと）に、ある程度の信頼性が与えられたことを示していよう。

しかし、上州一揆を諸豪族の討伐に動員した徴証は、管見の限り見当たらないことから、上野の一揆衆に対しては、ついにその動員権を掌握することはできなかったと思われる。

永享八年（一四三六）の信濃出兵に際し、公方持氏の命によって参集した武州一揆に対して、上野の一揆衆は関東管領で同時に上野守護でもあった上杉憲実の命に従い、上野国境より引き返してしまったというのは象徴的にそれを示している。[57]国内武士をほぼ被官化させることに成功した上杉氏の守護領国の上野[58]は、公方持氏の権限の及ぶところではなかったのであろう。

以上のように禅秀の乱を契機として、関東管領上杉氏に頼ることなく、配下の奉公衆や武蔵の一揆を中心とした軍事力を以て豪族の討伐が可能になったということは、公方持氏の直轄軍強化・再編が実際企画されたこと、そしてある程度成功したことを示唆しているのではないだろうか。

そして、このような直轄軍の充実が、その親衛隊長ともいうべき一色直兼・持家、更には上杉憲直らの鎌倉府内における政治的発言権の拡大に結び付くであろうことは容易に想像されよう。新しい政治勢力の台頭である。当然それは、これまで鎌倉府内の第一人者であり、幾度となく室町将軍との協調を模索してきた立場の関東管領上杉憲実との対立が深まっていくのは必至であった。これは「簗田家譜」の記述にあった③の点（持氏の奉公衆強化の動きに対して、上杉氏以下の諸大名間に警戒の念が広まったこと）に係わってくるのではないか。

次節では、討伐大将として台頭してきた一色氏らが、持氏専制下の鎌倉府内で具体的にどのような政治的動きをみせるのか、という点を考察してみたい。

四、公方持氏の専制化と一色氏

軍事面での活躍が華々しい関東一色一族であるが、このことが相乗的に鎌倉府内の政治バランス上にも敏感に反映されたであろうことは、想像に難くない。

［史料七］

御進物種々則取讃（継カ）申候、仍被進御返事候、次私へ御扇御盆下給候、殊忝畏入候、以此趣可令洩披露給候、恐々謹言、

卯月三日　　　　散位持家（一色）（花押）

謹上　清浄光院法印御房[59]

右の史料にみるように鎌倉清浄光院の御房が、一色持家に扇や盆を進物として進呈し、公方持氏へのとりなし（具体的内容は未詳であるが）の披露を依頼しているのは、彼の鎌倉府内での政治力に期待してのことであろう。

こうした状況を最も端的に示す事柄として、一色持家の相模守護就任が挙げられよう。鎌倉～南北朝期に至る守護在職の沿革は、既に佐藤進一氏によってほぼ明らかにされているが[60]、室町期以降の相模守護の補任状況については関

係史料の乏しさもあって、不透明な部分が多かった。

しかし、その後佐藤博信氏の精緻な検討によって、一色持家の相模守護在職の事実が明らかにされたのである[61]。氏の考証によって、その補任状況をまとめると、

三浦高明　←応永二三（一四一六）～禅秀の乱までヵ?→

上杉定頼　←禅秀の乱以後ヵ?～応永二八（一四二一）?→

一色持家　←応永三三（一四二六）?～永享一〇（一四三八）永享の乱までヵ?

右のように在職期間をまとめられようか[62]。「伝統的な守護＝三浦氏から上杉氏一族（定頼）による守護へ交代」に対する「関東管領上杉一族の勢力伸長の表現」、という氏の歴史的評価については、若干の異論もないではないが[63]、「持家の守護就任は、鎌倉府膝下の相模支配の構造変化＝持氏の公方専制下の基盤編成の一環としてなされたもの」、そして「室町幕府の山城国御料領国に似た歴史的意義が込められているとみたい」と評されたのはまさに卓見といえよう[64]。

――外戚で軍事力の中核でもある一色持家と鎌倉府管国内における相模の重要性――専制化を目指す公方持氏にとって、両者は極めて自然に結び付くもの[65]であったに違いない。

しかし、この強引な人事が、周囲の状況を全く配慮しない、独断専行以外の何物でもなかった、と評価されても仕方あるまい。たとえ鎌倉府管轄内の関東分国であろうと、最終的な守護職の補任権は室町将軍が握っていたからである。持家の相模守護就任を幕府が認めたような史料は、現在のところ認められない。この人事は持氏の勝手な任命であろうか、とすれば、かねてよりくすぶり続けていた鎌倉公方・室町将軍の対立関係が、一層先鋭化したことは容易

に想像されるのである。

更にこれまで世襲してきた相模守護を奪われた三浦氏が、「先祖三浦大介、右大将家に忠ありしより以来、代々功を積みて、御賞翫他に異なり、然るに御当家（代カ）になりて、出頭人に覚を取られ、兼々面目を失う処、無念に思ひける」[66]と吐露したように、関東の伝統的な諸豪族の不満も大きかったのである。ここに言う「出頭人」とは佐藤氏の指摘される如く、まさに守護一色持家・直兼たちを指すものであろうことは言うまでもない。つまり、公方持氏が一色氏を登用し、専制のため自己基盤を強化すればするほど、関東の諸豪との確執は深まることとなり、かえって支持層は狭隘化していったのである。

それでは、こうした専制化の強まりつつある鎌倉府内の政治状況は、具体的にどのようなものであったろうか。永享四年（一四三二）四月の相模大山寺造営奉加帳写は、持氏専制下の一色氏の政治的地位を象徴する史料として注目したい。

［史料八］

相模国大山寺造栄（営）奉加帳

従三位源朝臣（足利持氏）（花押）

奉加馬一疋　前安房守憲実（上杉）（花押）

奉加馬一疋　右馬助信長（武田）（花押）

奉加馬一疋　平胤直（千葉）（花押）

奉加馬一疋　散位持家（一色）（花押）

奉加馬一疋　散位直兼《一色》（花押）
奉加馬一疋　前上野介理兼（花押）
奉加馬一疋　前備中守満康《東》（花押）
奉加馬一疋　前能登守憲景《梶原》（花押）
永享四年卯月廿八日　勧進沙門□□扶(67)

関東管領上杉憲実をはじめ、侍所頭人の千葉氏、御所奉行で有力奉公衆の梶原氏・東氏に交り、一色氏は持家・直兼両名が、そろって貢馬している。公方持氏を中心とした鎌倉府内の主要メンバーがほぼ網羅されており、永享四年当時の状況がこの史料に集約されていると言ってもよかろう。

この貢馬が行われた永享四年という時期は、その前年に上杉憲実の尽力により京都へ使者が派遣されて和平が結ばれるなど(68)、持氏と将軍足利義教の対立激化が、一時的にせよ緩和したときであって、永享の年号使用を拒否して、正長年号を使用し続けていた持氏がようやくそれに従うようになったのもこの時であった。

つまり、この貢馬は持氏専制体制下にあって、鎌倉府の比較的平穏な政治状況下に行われたものであった、と推測できないだろうか。その意味で［史料八］から、持氏専制下の鎌倉府内が、一貫して京都との和平を望む立場の関東管領上杉憲実と公方直轄軍の親衛隊長ともいうべき一色持家・直兼が同居している、極めて微妙な政治バランスの上に成り立っていたことが、読み取れるのではないだろうか。

ところで、この貢馬に溯ること数カ月前の永享三年十二月、鶴岡八幡宮寺別当をつとめていた僧弘尊は、突如として別当職を公方持氏によって剥奪された。弘尊は先の別当尊運の譲状によって、同年八月に就任したばかりなのである。[69]

鶴岡八幡宮寺創建以来の譲状尊重の慣例を破って新たに第二四代別当となったのは、尊仲であった。[70]既に触れたように尊仲は、一色道慶の子息である。もし、道慶も持家・直兼らと同系、あるいは近い存在の一流であるとすれば、この異例な別当人事も、持氏の専制基盤強化の一環として捉えることができるであろう。

それに加えて、「上杉系図」によるとこの頃の鶴岡総奉行に任ぜられていたのが、一色氏親族の上杉憲直であったらしいのである。[71]永享五年（一四三三）三月、憲直は同寺に五部大乗経を納入している。[72]憲直の奉行就任は、尊仲の別当推挙以来、持氏の意図した予定人事であったに違いあるまい。

こうした鶴岡八幡宮寺への積極的な介入の果て――改めて冒頭の［史料一］に立ち戻って欲しいのであるが――、翌六年三月一八日に持氏は、等身大の大勝金剛像を造立すると同時に有名な血書の願文を奉納、武運長久・子孫繁栄・現当二世の安楽と呪詛の怨敵（＝将軍義教のことカ）を未兆に攘わんことを祈願したのであった。[73]確認はできないが、おそらくこの願文納入に別当尊仲と総奉行上杉憲直が、深く関わっていたことはほぼ確実と思われる。[74]

こうして、一色持家の相模守護任命に続いて、持氏は鎌倉幕府以来の東国の精神的支柱である鶴岡八幡宮寺をも掌握することに成功したのである。軍事（奉公衆・大将）、行政（相模守護）、宗教イデオロギー（鶴岡八幡宮）あらゆる側面に一色一門を登用することで、持氏の専制体制は成り立っていたのである。

しかし、あらゆる側面に一色氏が急速に進出することは、同時に室町幕府との協調を図ろうとする立場の上杉憲実を鎌倉府内で孤立させることに他ならない。そして、憲実を追い詰めることによって、持氏はその背後に控える将軍義教との対立を再び激化させてしまうのである。

永享九年（一四三七）七月、鎌倉府内で上杉憲実誅伐の風聞が流れ、鎌倉市中は騒然としたという。この時は公方持氏の裁定により、「讒者ノ張本タル故ニ」一色直兼・上杉憲直の両名は、三浦へ追放の処分を受けている[75]。この一件は、いわば一色直兼ら専制派グループが、政敵である憲実の追い落としを謀ったクーデター未遂事件と捉えて良いのではないだろうか。

その後、憲実は管領職に改めて補任され、しばらく鎌倉府内は平静を保っていたが、翌年六月持氏の嫡子賢王丸の元服をめぐって再び鎌倉府内は紛糾する。ここで「鎌倉大草紙脱漏」の記載を引いてみよう。

［史料九］

永享十年六月、持氏の若君元服の沙汰あり。憲実申されけるは、先例に任せ、京都の将軍へ、御字を給はるべき由、仰遣はされ然るべし。其使御延引に於ては、舎弟三郎重方を京都へ進ずべしと、度々諫めけれども、持氏承引なし。さる程に、若君の御祝に付いて、国々より召に応じて参る武士多し。此時、一色直兼上杉憲直も召出されて、鎌倉へ帰る。御祝の当日に、憲実出仕せば、其座にて御沙汰あるべき由、雑説まち〳〵なるによりて、憲実違例と称して出仕せず。三郎重方ばかり出仕す。持氏密謀漸く顕はるゝにより、憲実憤り浅からず。持氏恐れて、若君を憲実宅へ遣し置きて、君臣和睦の謀を廻らすべしと沙汰あるにより、憲実も心を和げ、万人喜悦する所に、若宮の社務尊仲、此儀然る可らずと、頻に申すによりて、其儀止みぬ[76]。

ここには各々の政治的立場が顕著に示されていて興味深い。

① 幕府の意向をあくまでも尊重しようとする上杉憲実。

② 憲実の出仕拒否と入れ替わりに一色直兼・上杉憲直ら専制派が復帰していること。

③　憲実との関係修復を図ろうとする公方持氏。
④　③の動きを阻止した鶴岡八幡宮寺別当の尊仲。

①は、これまで歴代の関東管領上杉氏が一貫して採ってきた立場と同様であり、②・④とて公方持氏の専制体制下で台頭してきた彼らにとっては、至極当然の行動である、といえよう。だが、両者の対立の間で心を砕いている公方持氏の立場③は、微妙で興味深い。公方持氏は、股肱の臣一色派を復帰させると同時に、憲実の出仕も望んでいたのであり、一方的に憲実を排斥していたのではなかったことが窺える。それは一時的にせよ、一色直兼・上杉憲直らを鎌倉を追放した先述のクーデター未遂事件でも証明されていよう。

推測するに公方持氏自身、一色直兼ら急進派にかなり突き上げを受けていたのではないだろうか。政治的路線を明確にすることを上杉（協調派）・一色（専制派）両者から迫られていたのかも知れない。冒頭に述べたように気性の激しい直情的な面が評価される持氏であるが、これまで説かれていた持氏の人物像を再検討する必要があるのではないだろうか。[補注]

しかし、結局憲実との和睦のチャンスも別当尊仲に阻まれてしまい、持氏は憲実を切り捨て、一色氏ら急進派に従わざるを得なくなってしまったのだろう。

永享一〇年（一四三八）八月、憲実の救援依頼を受けた将軍義教は、諸大名に持氏討伐を発令した。永享の乱の勃発である。これに対し、公方持氏は大将として一色直兼・持家を上野へ、上杉憲直を箱根へ派遣して幕府軍を迎撃させている。しかし、圧倒的幕府軍の前に公方軍はもろくも敗れ去った。特に一色氏にしたがっていた武蔵の一揆衆らは「群士皆退散」という有り様で、戦わずして鎌倉へ退いている。(77) 持氏が組織・編成し得たと思われた一揆勢は、所詮ルーズな形でしか把握できなかったのであり、実際戦闘力となりえたのは宍戸・梶原・海老名など僅かな奉公衆のみであった。

永享の乱後、惨敗した持氏専制派の処分は厳しく行われている。同年一一月七日「一色直兼父子三人」、「上杉憲直・嫡子憲家」は金沢称名寺にて自刃、一一日には公方持氏父子が鎌倉永安寺にて自害して果てた(78)。ここに約一世紀にわたった鎌倉府の関東支配は終焉したのである。

ちなみに京都の人々の間では、永享の乱を起こした元凶を関東一色氏と捉えていたようである。当時の世相を広く伝える「看聞御記」の永享一〇年一〇月一八日条には(79)、

（永享一〇年十月）十八日、鎌倉武将没落、一色宮内少輔切腹之由注進云々、御運之至珍重無極、武将之女中、若公、一色妻女等乗船落之時、逢難風入海云々、頗蒙天罰被滅亡歟、

〔頭書〕一色腹切事、例虚説也

と一色直兼の切腹（実は一色直兼の切腹はその一月後であって、これは虚説であった）やその妻女の動向が、京都の人々の間でも関心をもって見守られていたことがわかる。そして、一二月には直兼・上杉憲直らの首級だけは特に京都まで運ばれ、六条河原にさらされている(80)。また、しばらく行方の分からなかった鶴岡別当尊仲も海道あたりで捕らえられ、やはり京都まで連行されて誅殺されたという(81)。

しかし、今一人専制派の中心人物、一色持家の消息については定かでない。「鎌倉九代後記」などには、幕府軍に敗れた持家が、永安寺で蟄居する公方持氏の使者として上杉憲実に和を求めている様子が見えるが(82)、その後如何なる行動を取ったのかは記されていない。

これについて、高橋修氏は、将軍義教に謀殺された三河守護の一色義貫を検討される中で、持家が義貫の守護国三河に逃れた可能性を示されている(83)。そして、高橋氏は義貫が討たれた理由の一つが、この持家との通謀を将軍義教に疑われた結果である、と推測されておられる。非常に魅力的な説であるが、持家の三河逃亡を示す論拠となる『参河国聞書』が、近世後期の成立で、伝承の域を出ないものである以上、その扱いに慎重にならざるをえない。京都一色氏との動向とも併せて、今後一層の検討が必要であろう。

おわりに

永享の乱の敗北で、公方持氏の専制政治は崩壊した。だが乱の二年後、「一色伊予守」は、鎌倉を逐電して相模今泉で挙兵、一旦行方をくらますが、再び「武州北一揆」と語らって上杉方の軍勢と合戦、その後も下総結城城の籠城戦に加わっている(84)。この「一色伊予守（実名未詳）」がいかなる系譜に連なる人物かは未詳である。ただ、依然として一色氏残党の反幕行動が継続していたことは注意しておきたい。公方持氏の滅亡が、即鎌倉府奉公衆体制の崩壊を意味したわけではなかったのである。

そして、文安四年（一四四七）、持氏の遺児成氏の鎌倉復帰によって、雌伏を余儀なくされていた奉公衆たちも成氏の下に再結集していった(85)。一色氏は、成氏の古河移住後も重臣（武蔵幸手城主等）として存続している(86)。ただ、鎌倉公方に仕えた一色氏の系譜と古河公方家臣幸手系一色氏が、どのような関係にあるのかは依然としてはっきりしておらず、両者の断絶を如何に埋めるかが、今後の課題である。

本稿の目的は、冒頭で述べたように関東奉公衆一色氏の動向を歴史的に位置付ける作業を通して、鎌倉公方足利持氏専制の具体像を明らかにすることであった。しかし、史料的制約のなかで、軍記物などの二次史料に多くを頼らざるを得ず、再検討を要する部分も多いと思われる。大方の御叱正、御教示をいただければ幸いである。

註

（1）渡辺世祐氏『関東中心足利時代之研究』（新人物往来社・一九二六年、一九七一年再刊）。

（2）例えば、永原慶二氏（『下剋上の時代』日本の歴史一〇・中央公論社・一九七四年）は、「持氏の行動をたどってみて、明らかにいえるのは、かれがあまりにも直情的で妥協を知らず、まして組織者ではありえなかったことである」「ただ力ずくで服従させようとした持氏の直線的な行動は、義教の政略を容易にし、自ら墓穴を掘ることになったにちがいない」と述べられておられる。

（3）「鶴岡八幡宮文書」永享六年三月一八日、鎌倉公方足利持氏血書願文（『神奈川県史』資料編3　古代・中世3上・〈以下、特別の注記がない限り、『神』とある場合はこの巻をさす〉五八九二号）。

（4）例えば、永原氏前掲書三一頁など。

（5）室町幕府奉公衆の基本的理解は、福田豊彦氏の一連の成果（近年、『室町幕府と国人一揆』・吉川弘文館・一九九五年にまとめられた）に拠る。

（6）山田邦明氏「鎌倉府の奉公衆」（同氏著『鎌倉府と関東』・校倉書房・一九九五年所収、初出は一九八七年）。本稿も鎌倉府奉公衆の基本的理解の多くを山田氏の研究に拠っている。同氏の学恩に深く感謝する次第である。

（7）奉公衆の個別研究として、佐藤博信氏「古河公方家臣簗田氏の研究」（同氏著『古河公方足利氏の研究』・校倉書房・一九八九年所収、初出一九八一年）、「下野長沼氏と鎌倉府体制」（同氏著『中世東国の支配構造』・思文閣出版・一九八九年所収、初出は一九八六年）、湯山学氏「鎌倉御所奉行・奉行人に関する一考察」（『鎌倉』五一号・一九八六年）、市村高男氏「室町・戦国期における関東奉公衆の動向―梶原氏を事例として―」（『栃木史学』六号・一九九二年）などがある。

（８）川添昭二氏「鎮西管領考」（『日本歴史』二〇五・二〇六号・一九六五年）。
（９）高橋修氏「足利義持・義教期における一色氏の一考察」（『史学研究集録』八・一九八三年）、同氏「応仁の乱前の一色氏に就いて」（『日本中世政治社会の研究』所収・続群書類従完成会・一九九一年）。特に前者の論稿は、視点は異なるが、関東一色氏についても言及がなされており、多くの示唆を得た。氏の学恩に感謝する次第である。
（10）岩井茂氏「幸手と一色氏」（『埼玉史談』一七巻一号・一九七〇年）、冨田勝治氏「一色直朝入道月庵について」（同氏『冨田勝治論文集』・一九八九年所収）、新井浩文氏「幸手一色氏研究ノート」（『埼葛地域文化の研究』・一九九六年所収）など。また、概説的な成果として『鷲宮町史通史編上巻』市村高男氏執筆分、史料集として『鷲宮町史史料三中世』、『鷲宮町史史料四中世』『幸手市史古代中世資料編』が刊行され、関東一色氏研究の条件は次第に整いつつある。
（11）「一色氏」の項〈百瀬今朝雄氏執筆分〉『国史大辞典』・吉川弘文館）。
（12）註（８）川添氏、（９）高橋氏の各論文参照。
（13）「建武記」元弘四年、関東廂番写（『神』三一五〇号）。尚、関東廂番に関する論稿として、湯山学氏「建武新政期の鎌倉御所」（『政治経済史学』二四六、一九八六年）がある。
（14）「法華堂文書」建武元年八月三日、一色頼行寄進状（『神』三一八〇号）
（15）「円覚寺文書」建武元年七月二七日、一色某施行状案（『神』三一七八号）
（16）『梅松論』（新撰日本古典文庫三・現代思潮社・一九七五年）、前掲川添氏論稿ほか。
（17）「醍醐寺報恩院所蔵古文書録乾」観応二年正月六日、沙弥義慶石塔義房注進状案写（『神』四〇五八号）。同史料は、山田氏前掲論稿にても取り上げられている。
（18）『太平記』巻二九（日本古典文学大系三六・岩波書店・一九六二年）、佐藤進一氏『南北朝の動乱』（日本の歴史９・中央公論社・一九七四年）など。
（19）ここに示された三戸以下の七名の基氏近習が、決して一枚岩ではなく、近習各々の政治的思惑が錯綜していたことは興味深い。今後、これら七名個々の詳細な掘り下げが課題であろう。

(20)『神道大系』神社編二〇　鶴岡所収　三六〇頁。
(21)同右、一五五頁。
(22)「鶴岡八幡宮神主大伴系図」（『神道大系』神社編二〇　鶴岡所収）参照。
(23)『鎌倉市史』社寺編、貫達人氏『鶴岡八幡宮寺』（有隣堂・一九九六年）等参照。
(24)「鹿島神宮文書」応永一五年一〇月一七日、関東管領上杉憲定奉書（『神』五四一〇号）。
(25)「烟田文書」正長三年七月、烟田幹胤申状案（『大日本史料』六編一三）。
(26)「同右」応永二二年一二月二七日、一色満頼書状（同右）。
(27)『茨城県史』中世編・新田英治氏執筆分など。
(28)「殿中以下年中行事」（『群書類従』第二二輯所収）。なお吉良氏については、荻野三七彦氏『吉良氏の研究』（名著出版・一九七五年）が詳しい。
(29)上杉禅秀の乱については、渡辺氏前掲書が、今でも精緻な研究で高い評価を受けている。
(30)『群書類従』第二〇輯所収。
(31)相模遊行寺には、国指定史跡の敵味方供養塔がある。これは、禅秀の乱における敵味方の戦死者の霊を慰めるために、同寺一四代太空上人が建てたものである。その銘の中に「一色兵部大輔憲元・一色右馬助」とあり、ここでは兵部大輔の実名を憲元とする。
(32)註(28)。この左京亮は、禅秀の乱の際に持氏に付き従った者と同一であろうか。後考を俟ちたい。
(33)「烟田文書」（『神』五五〇六号）
(34)『系図纂要』所収「一色系図」。本稿挿入の「一色系図」も参照されたい。
(35)「長沼文書」応永二六年五月二六日、鎌倉公方足利持氏御教書（『神』五五八八号）。
(36)『鷲宮町史　史料四』所収。
(37)『鷲宮町史通史上巻』でも言及がある。
(38)「楓軒文書纂六五所収諸家文書」応永二五年四月二六日、鎌倉公方足利持氏御教書案写（『神』五五六一号）。

(39)「松平義行氏所蔵文書」応永三三年八月日、久下修理亮入道代憲兼着到状写（『新編埼玉県史』資料編五　中世一〈以下、特別の注記がない限り、『埼』とある時はこの巻をさす〉七五六号）。同様に江戸氏（「牛込文書」『埼』七五四・七五五号）や善波氏（「諸州古文書二四」『神』五七六八号）等も持家の甲斐出陣に付き従っていた。

(40) 鎌倉府直轄領の考察については、山田氏「鎌倉府の直轄領」前掲書所収、初出は一九八七年）参照。

(41)「上杉文書」応永二四年閏五月二四日、鎌倉公方足利持氏料所所進状（『神』五五二八号）。

(42)「同右」応永二四年一〇月一七日、同右（『神』五五四四号）。

(43)「同右」応永三一年六月二日、同右（『神』五七一五号）。

(44)「同右」応永三一年六月一七日、同右（『神』五七二〇号）。

(45)「相州文書」応永二九年九月二三日　鎌倉公方足利持氏寄進状写（『神』五六五五号）。

(46)『大日本史料』七編一二、応永一六年七月二二日条。

(47) 京都扶持衆の基本的理解は、田辺久子「京都扶持衆に関する一考察」（『三浦古文化』一六・一九七四年）・渡政和「『京都様』の『御扶持』について」（『武蔵大学日本文化研究』五・一九八六年）等を参照。

(48) ちなみにこの時、関東管領上杉憲基の邸には、既に「宗徒の兵七百騎」が集結していた（「鎌倉大草紙」）という。

(49)『明徳記』（『群書類従』第二〇輯所収）。杉山博氏は、「室町幕府」（『日本歴史講座』三・東京大学出版会・一九五六年）で、室町将軍の常備兵力に言及され、将軍家とて守護大名に相当する兵力くらいは持っていたはずである、との指摘をされている。一方、鎌倉府でも一四世紀末ごろには、「馬廻」（公方親衛軍）の存在が確認される（「諸家文書」応永三年六月一二日、鎌倉公方足利氏満御教書写『神』五一六一号）が、その内実の解明は今後の課題である。

(50)『後鑑』（国史体系　三五）一〇三九頁。

(51) 佐藤博信氏「古河公方家臣簗田氏の研究」（前掲）参照。

(52) 福田氏「室町幕府の奉公衆体制」（前掲書所収、初出は一九八八年）。

(53) 例えば、平一揆の乱（応安元年）→この乱の意義については、佐藤博信氏「武州川越合戦に関する考察」（前掲『中世東国の支配構造』所収、初出は一九八三年)。

小山義政の乱（康暦二年〜）→この乱の意義については、佐藤博信氏「東国における室町前期の内乱について」（『鷲城・祇園城の世界』・一九九一年所収)、松本一夫氏「小山義政の乱後における下野支配の特質」（『国史学』一五〇・一九九三年）などがある。
(54) 「上杉系図」（『続群書類従』第六輯下所収)。
(55) 同右。
(56) 同氏著「上州一揆と上杉氏守護領国体制」（『中世の東国』・東京大学出版会・一九八九年所収、初出は一九六四年)。
(57) 「鎌倉大草紙脱漏」（『日本歴史文庫』一一所収)。
(58) 峰岸氏前掲論稿、勝守すみ氏『長尾氏の研究』（名著出版・一九七八年）などを参照。
(59) 「前田家所蔵文書」年未詳四月三日一色持家書状（『神』五七七六号)。
(60) 『室町幕府守護制度の研究』上巻（東京大学出版会・一九八八年)。
(61) 佐藤博信氏「室町時代の相模守護」（前掲『中世東国の支配構造』所収、初出は一九七七年)。
(62) 近年の成果を取り入れた「室町幕府諸職表（守護)」〈朝尾直弘氏ほか編・『新版日本史辞典』・角川書店・一九九六年〉では、佐藤博信氏の考察と若干の相違が見られるが、本稿では佐藤氏の考察を尊重した。また、以下本文の記述は、氏の成果に多くを依っている。氏の学恩に深く感謝したい。
(63) 既に触れたように小山田流上杉定頼は、関東管領職に就ける家柄ではなく、むしろ、公方持氏の側近としての意義を強調すべきではないだろうか。この定頼については、湯山学氏「禅秀の乱後における房総三国の守護」（『千葉県の歴史』一二・一九七六年）を参照。
(64) 例えば、応永年間に将軍足利義満は、寵臣である山城系結城満藤・高師英らを山城守護に任命している。周知のように山城守護は、侍所所司が兼帯するのが慣例であったが、それを無視した極めて恣意的な人事であった。同様なこと（ちなみに鎌倉府侍所長官は代々千葉氏であったとされる。「殿中以下年中行事」）が、一色持家の相模守護就任にも想定できるであろう。
(65) 「米良文書」年月日未詳、旦那名字注文写（『鴻巣市史』資料編二―二三〇号）によると、一色氏には「知行相州ニ多有、庶子糟屋、（以下略）」と注記があり、一色氏の所領が、相模国内にかなり散在していたことが窺え、こうした一色氏の所領分布も、守護補任の際には考慮されたのではないだろうか。
(66)「足利治乱記」（『改定史籍集覧』一六）所収。
(67)「相州文書」永享四年四月二八日（『神』五八七一号）。
(68)「満済准后日記」（『続群書類従』補遺一）、渡辺氏前掲書など。
(69)「鶴岡八幡宮社務職次第」（『神道体系』神社編二〇　鶴岡所収）、また註（23）前掲書参照。
(70)同右。
(71)註（54）。上杉憲直の項に「鶴岡物奉行」とある。
(72)鶴岡八幡宮蔵「大般涅槃経奥書」、『鎌倉市史』社寺編など。
(73)永原氏前掲書には、「怨敵が関東の反持氏派＝京都扶持衆をさすのか、将軍義教その人をさすのかは断定できない」とある。
(74)湯山学氏によると、［史料一］中の「造立之間奉行　上椙左衛門大夫」を憲直と想定されておられるが、論拠は示されておられない。（同氏著『藤沢の武士と城』・名著出版・一九七九年）。
(75)註（57）。
(76)同右。
(77)「鎌倉九代後記」（『改定史籍集覧』五所収）。
また、「鎌倉大草紙脱漏」（『日本歴史文庫』一一）の記載によると、「一色宮内大輔直兼、同刑部少輔持家に属せし軍兵三千騎、いつの間にか落ち失せけん、両人が家子郎党、僅かに七十騎にぞなりにける」とある。
(78)註（57）。「鎌倉大日記」（『増補續史料大成』五一巻）など。
(79)『続群書類従』補遺二。
(80)「看聞御記」永享一〇年一二月九日条。（『続群書類従』補遺二）。
(81)註（57）。また、信憑性に問題があるが、『系図纂要』所収の「一色系図」によると、一色直兼の弟直信は、永享一二年に大和国へ逃れていたところを誅されたという。

(82) 註（57）。

(83) 高橋氏「足利義持・義教期における一色氏の一考察」（前掲）。

(84) 註（57）。この一色伊予守も結城合戦で討たれ、その首級も京都へ運ばれている。「建内記」嘉吉元年五月四日条（『大日本古記録』所収）等。

(85) 古河公方奉公衆の概略については、市村高男氏「古河公方の権力基盤と領域支配」（『古河市史研究』一一号・一九八六年）を参照。

(86) 註（10）の各論を参照。

［補注］菅原正子氏の「上杉憲実の実像と室町軍記――『鎌倉大草紙』『永享記』をめぐって――」（民衆史研究会編・『民衆史研究の視点』・三一書房・一九九七年所収）に接した。永享の乱における上杉憲実の動向の虚実を軍記物と古文書・古記録の両面より迫った労作であるが、その中で氏は、ここに記された持氏像を「周囲の人達の讒言に左右されやすい愚かな人間であり、またその度に憲実の誤解を解こうと試みる憎めない人間」と評されている。興味深い指摘ではあるが、成稿後であったため、氏の成果を十分に取り入れることができなかった。

【付記1】本稿は、一九九六年の国史学会九月例会で報告した内容をまとめたものです。その折に貴重な御意見・御教示を賜った出席の方々に御礼を申し上げます。

【付記2】本書収録にあたり、多少の字句の訂正・統一を行った。

本文［史料八］中にみえる「前備中守満康」はこれまで「東満康」に比定されていたが、近年、木下聡氏により「町野満康」ではないか、という見解が出されている（「室町幕府・関東足利氏における町野氏」〈佐藤博信編『関東足利氏と東国』岩田書院、二〇一二年所収〉）。

（参考）関東一色氏関係年表

年代	登場人物	事項	出典
観応2・正・6	一色少輔三郎	高師冬に擁された足利基氏近習として見える。	醍醐寺古文書
応永6・?	一色直氏?	京都より下向。武蔵幸手に築城。	龍灯山伝灯記
応永22・12・27	一色満頼	烟田遠江守に常陸大和多等の地を返す。	烟田文書
応永23・10・2	一色兵部大輔（満頼カ） 同左馬助、左京亮等	禅秀の乱の際、公方持氏の側近としてみえる。	鎌倉大草紙
〃　10・8	一色兵部大輔 同左馬助	小田原で持氏に代わり討死する。	〃
応永24・正・2	一色直兼	禅秀の乱の際、烟田朝胤の軍忠を検知。	烟田文書
応永24・閏5・24	持氏母一色氏 あの、局	上総大上郷内の地を公方持氏より寄進される。	上杉家文書
〃　10・17	〃	上総天羽郡荻生郷の地を公方持氏より寄進される。	〃
応永25・4・	一色左近将監	上総本一揆討伐として出発。	白石文書
応永29・9・23	持氏母一色氏	武蔵今井村を大山寺へ寄進。	大山寺文書
応永30・8・	一色左近将監	小栗満重討伐大将として進発。	鎌倉大草紙
応永31・6・2	持氏母一色氏	公方持氏より武蔵青砥四郎左衛門入道跡を寄進される。	上杉家文書
〃　〃　17	〃	公方持氏より品河太郎跡を寄進される。	
応永32・9・8カ	一色左京亮	鎌倉新御所落成。持氏御還の御剣役としてみえる。	殿中以下年中行事
（応永33カ）6・25	一色持家（相模守護）	鶴岡社へ相模富田郷を返付する。	相承院文書

応永33・12・4	〃	右大将法華堂職を鶴岡相承院に沙汰す。	法華堂文書
（応永33カ）12・9	一色持家	清浄光院の要請を公方持氏に申沙汰をする。	前田家所蔵文書
応永34・2・17		法華堂職に伴う寺領等を淡路律師に打渡すよう命ず。	法華堂文書
永享4・4・28	一色直兼 一色持家	大山寺造営の際、貢馬す。	大山寺文書
永享7・6・11	一色直兼	常陸の長倉義成追討のため出陣。	石川文書
永享9・7・28	一色直兼	上杉憲実を讒言。その張本として三浦へ追放される。	鎌倉大草紙脱漏他
永享10・6・	〃	公方持氏の嫡子賢王丸元服を機に鎌倉府に復帰。	〃
〃　8月	一色直兼 一色持家	上杉憲実追討の命を奉じ出陣。（永享の乱）	〃
〃　10・3	〃	鎌倉に帰陣。	〃
〃　11・1	一色持家	上杉家宰長尾忠政のもとへ持氏助命の使者として赴く。	〃
〃　〃　7	一色直兼父子	持氏の自害に先立ち自害。その首上京す。	看聞御記他
永享12・正・13	一色伊予守	鎌倉を落ち、逐電。相模今泉に隠れる。	鎌倉大草紙他
	一色直信	永享の乱後、逃れていた大和にて討たれる。	系図纂要
〃　7・1	一色伊予守	武州北一揆を語らい上杉軍と交戦。	鎌倉大草紙他
嘉吉元・4月	一色伊予守	結城落城。その中に一色伊予六郎の首見える。	建内記他

Ⅱ　十五世紀前半における武州南一揆の政治的動向

稲葉広樹

はじめに

武州南一揆（以下、南一揆）は武蔵国南部、多摩川流域の中小国人領主層による連合組織であり、その活動期は主に上杉禅秀の乱（応永二三～二四年）以降、永享の乱（永享一〇～一一年）に至るまでの鎌倉公方足利持氏の専制化が進んだ時期であった。[1] 南一揆に関しては、自治体史によってその政治的動向および在地動向の概要は叙述されており、持氏の配下として活動していたことが確認されている。[2] また、小林一岳氏は南一揆が下地遵行を行っていたことから、在地における領主一揆の当知行相互保証体制の存在を指摘している。[3]

以上のように、南一揆のおおよその動向は明らかにされているが、鎌倉府体制における同一揆の権力構造上の位置づけは不十分であると思われる。従って、本稿では、①南一揆が持氏配下として活動した基礎的要因、②南一揆の鎌倉公方以外の政治的権力者（将軍・守護・守護代・持氏方有力国人領主）との関係、③足利持氏と上杉憲実（親幕府派）との対立下における南一揆の在地動向の三点を分析し、もって権力構造上の位置づけを試みたい。なお、南一揆に関しては「鎌倉大草紙」などの記録類にもその動向をうかがうことができるが、本稿では三島神社文書（三嶋明神社文書）など文書史料に限定して考察を進めていく。

一、南一揆が足利持氏の配下となる基礎的要因

足利持氏は幕府の援助を得て上杉禅秀の反乱(4)を鎮圧した後、禅秀に与同した者たちの討伐を開始した。しかし、幕府は持氏の権力が強まるのを恐れ、禅秀に与同した者たちを「京都扶持衆」として保護したため、持氏と対立するようになった。ただ、鎌倉府と幕府の軍事的な衝突は、永享の乱の破局を迎えるまで親幕府的な管領上杉憲実の執り成しによって回避されるのである。

表Aは今述べたような、幕府と対立する中、持氏が専制を指向した時期における南一揆の活動を示すものである(5)。これら南一揆関係の文書群を見ると、南一揆と持氏の関係は持氏への軍事的奉仕と南一揆への所領給与によって結ばれていたことが分かる。これに従って分類すると、軍事的奉仕を示す史料は、表番号の2・6・7・8・10・11・12・14となり、所領給与を示す史料は、表番号の3・4・5となる。軍事的活動はすべて持氏による旧禅秀与党の討伐に関連するものと考えられ、所領給与は禅秀の乱における南一揆の持氏方としての活躍に基づくものと考えられる(6)。それではここで所領給与に関する史料を検討していきたい。

[史料1]（表Aの表番号5）

政所方公事等除日供炭油事、就今度忠節、自今年五ヶ年所免除也、可存知其旨之状如件、

応永廿四年十二月廿六日　　　（足利持氏）（花押）

表A　武州南一揆関係の年表（作成：筆者）

表番号	年	月日	史料名	発給者	受給者	内容	出典
1	応永20年	5月10日	足利持氏御判御教書写（三嶋明神社文書）	足利持氏	武州南一揆	甲州武士の大矢蔵之輔の意向を仲介するよう命じる	武-51号
2	応永20年	6月10日	足利持氏軍勢催促状写（三嶋明神社文書）	足利持氏（カ）	武州南一揆	甲州の凶徒と地下人の反乱鎮圧に向かった平山三河入道に合力するよう命じる	武-52号
3	応永24年	正月廿日	関東管領上杉憲基施行状写（立川文書）	上杉憲基	立河駿河入道	多西郡土淵郷内田畠・在家・河原を立河雅楽助に交付することを命じる	群-1354号
4	応永24年	12月　日	高麗範員申状案（高幡高麗文書）	高麗範員	不詳	多西郡内沽脚（却）地の還補を申し出る	日-17号
5	応永24年	12月26日	足利持氏御判御教書（阿伎留神社文書）	足利持氏	武州南一揆	政所方公事を今年から五年間免除する	武-55号
6	応永25年	4月20日	足利持氏軍勢催促状写（三嶋明神社文書）	足利持氏	武州南一揆	新田・岩松の残党退治に向かった上杉持定の手に属すよう命じる	武-56号
7	応永25年	4月28日	足利持氏軍勢催促状（阿伎留神社文書）	足利持氏	武州南一揆	新田・岩松の残党討伐を命じる	武-57号
8	応永25年	9月10日	足利持氏軍勢催促状写（三嶋明神社文書）	足利持氏	武州南一揆	恩田美作守・同肥前守の退治を命じる	武-58号
9	応永26年	3月6日	関東管領家奉行人連署奉書案（東福寺文書）	治部丞・左衛門丞	長尾尾張入道	平山三河入道による船木田庄領家職年貢の対捍の停止を命じる	多-719号
10	応永26年	7月24日	足利持氏軍勢催促状写（三嶋明神社文書）	足利持氏	武州南一揆	陰謀の族に備えて警固を命じる	武-59号
11	応永26年	8月9日	中浦顕宗軍勢催促状写（武州文書）	中浦上総助平顕宗	岩崎神十郎 網野弥五郎	恩田美作守・同肥前守退治のため上杉持定に従うよう命じる	多-720号
12	応永26年	8月15日	足利持氏軍勢催促状写（三嶋明神社文書）	足利持氏	武州南一揆	守護代に同心して恩田美作守・同肥前守を退治するよう命じる	武-60号
13	応永27年（カ）	7月2日	室町幕府奉行人奉書案（佐々木文書）	飯尾加賀守清藤	武州南一揆	佐々木吉童子知行分の武蔵国太田渋子領家職における葛山六郎左衛門尉の違乱停止を命じる	武-62号
14	応永30年	3月12日	足利持氏御判御教書（三嶋明神社文書）	足利持氏（カ）	武州南一揆	国（武蔵？）の警固を命じる	武-63号
15	応永34年	5月13日	関東管領家奉行人連署奉書（前田家所蔵文書）	治部丞・修理亮	大石遠江入道	平山三河入道・梶原美作守・武州南一揆による船木田庄領家職年貢の抑留の停止を命じる	群-1432号
16	永享12年（カ）	9月10日	上杉憲実書状写（阿伎留神社文書）	上杉憲実	武州南一揆	凶徒出張に備えて国（武蔵？）の警固を命じる	武-61号

「武」は『武蔵村山市史　資料編　古代・中世』の中世中期・古文書編。「群」は『群馬県史　資料編7』。「日」は『日野市史　資料集　高幡不動胎内文書編』。「多」は『多摩市史　資料編1』。なお、表番号2の文書は原本調査により発給年が応永30年であることが確認された（『福生市史・上巻』p222）。

南一揆中(7)

［史料2］（表Aの表番号3）

武蔵国多西郡土淵郷田畠・在家・河原等事、早任還補御下文之旨、宅部下総入道相共莅彼所、可被沙汰付下地於
立河雅楽助之状、依仰執達如件、

応永廿四年正月廿日　　前安房守（上杉憲基）

立河駿河入道殿(8)

［史料3］（表Aの表番号4）

目安　南白旗一揆

高麗雅楽助範員申

右、武蔵国多西郡内沽脚地（等）之事御感状幷備右、□（御下文カ）、任御法、以彼所々券、今度忠節、恩賞下給御判、弥為致忠勲恐々言
上如件、

応永廿四年十二月　日

右、武州多西郡内沽却地等事、任一揆調色、可預御（徳政）裁許旨也、然者下賜還補御判、弥為弓箭勇、恐々言上如件、(9)

史料1は南一揆が禅秀の乱で持氏方として働いたことを受けて持氏が発給した文書で、南一揆の研究史上においても有名である(10)。持氏は南一揆に課されていた鎌倉府の「政所方公事」を五年間免除している。ここから言えることは、南一揆という中小国人領主層の連合組織が「政所方公事」を負担する主体だったということである。文書には土地な

ど公事の賦課基準が明示されていないが、これは持氏が南一揆に対して公事を賦課するという意志、すなわち持氏は南一揆を公事賦課の「人身的客体」として意識していたことを示すのではないだろうか。政所が鎌倉公方権力の中枢機関であったことを考えるとき、南一揆は「政所方公事」の負担を通じて、鎌倉府の経済的基盤の一端を支えていたと言えよう(11)。

史料2では、南一揆の成員と思われる立河雅楽助が、禅秀の乱の恩賞として持氏から武蔵国多西郡土淵郷田畠・在家・河原を還補されている。史料3では、南一揆成員の高麗雅楽助範員が、持氏に武州多西郡内沽却地に関する徳政の裁許を禅秀の乱の恩賞として申請している。史料2の立河雅楽助が南一揆の成員であったという確証はないが、土淵郷に隣接した得恒郷を本拠とする高幡高麗氏の一族、雅楽助範員が南一揆成員であることから、彼も南一揆成員であったと推測される(12)。

このように、「政所方公事」を期限付きで免除することや、「沽却」など何らかの形で失った所領を「還補」することを通して、持氏は南一揆の期待に応え、彼らを自己の軍事力として組織化していったのである。

主に自治体史に見る従来の研究では、南一揆は持氏配下として旧禅秀与党追討の命に従い、活動したという事実経過の叙述にとどまっていた。しかし、以上見てきたように、南一揆は「政所方公事」を負担する主体であり、鎌倉府の経済的基盤の一端を支えていたと同時に、それは持氏との強い結びつきを示すものなのである。さらに、南一揆と持氏との間には軍事的奉仕―所領給与を媒介とした封建的主従関係が成立していたと言える。

軍勢を徴募する者がこれに応ずる者に軍勢催促状や感状を発給し、後者が前者に対して着到状や軍忠状を提出するという事態は、鎌倉末、南北朝期から急増する。その原因として上横手雅敬氏は、「軍勢催促が守護を介さず、直接個々の武士に対して行われ、しかもその際しばしば恩賞が予約されたこと、これに応ずる側でも、合戦に参加し、軍忠を尽した証拠を残し、それによって恩賞を請求したこと」を挙げ、「概していえば主従結合は契約性を強め、『封建的性格』を濃厚にした」としている(13)。南一揆と持氏の関係もこのように契約性・双務性の強いものであったと考えられ、一方で「政所方公事」を介した「人身的な」結びつきがあったというのが実態であろう。持氏の「準」奉公衆的存在としての南一揆は、禅秀の乱後における持氏専制の象徴であり、その根幹を支えていたのである。

二、南一揆の足利持氏以外の政治的権力者との関係

前節では南一揆と持氏との関係について検討を加えたが、鎌倉府体制における権力構造上に南一揆を位置づけるためには、他の政治的権力者、すなわち将軍・守護・守護代などとの関係も考察していかなければならない。それではまず、将軍との関係を見ていきたい。

［史料4］（表Aの表番号13）

佐々木吉童子知行分武蔵国（橘樹郡）太田渋子領家職下地事、葛山（定藤）六郎左衛門尉混地頭職及違乱旨、依歎申之、被成進　御内書以下於関東候、所詮有合力吉童子、可被全所務之由、被仰下候也、恐々謹言、

七月二日　　加賀守（飯尾）清藤在判

謹上　当国布白旗一揆御中(14)

これは佐々木吉童子知行分である武蔵国太田渋子領家職下地に関する遵行命令が将軍家奉行人から南一揆に通達されたものである。佐々木吉童子は当時、飛驒・東近江・出雲・隠岐の守護であった佐々木持高である。宛所の「布白旗一揆」の「布」は「南」の誤記であることが明らかにされており[15]、従って南一揆を指すと考えられる。また、本文書は年未詳であるが、応永二七年七月に同内容の命令が関東管領上杉憲実と足利持氏に下されているので[16]、同じく応永二七年としてよい。

ここで注目すべきは、書止文言の「恐々謹言」、上所の「謹上」、脇付の「御中」など、南一揆への敬意表現である。結論から言えば、これらの敬意表現は南一揆を配下に置く持氏への将軍の政治的配慮を暗示するものではないだろうか。たしかに、敬意表現は儀礼上の問題であり、幕府奉行人が南一揆以外の国人一揆に発給した奉書を管見の限りで見い出せず、比較検討ができない以上、右記のごとく解釈するのは早計であるかもしれない。しかし、奉行人奉書本来の書止文言、すなわち「仍執達如件」という奉書様式で結ばず、あえて「恐々謹言」という書状様式で結んだのはなぜか。このこともまた考察する必要がある。加えて、同じく儀礼上の問題として考えた場合、『殿中以下年中行事』の記述が注目される。同書には「国人御座ニテ御対面。一揆ハ御縁ニテ御対面。富士諏訪ナドハ白洲ニテ御対面アリ。是モ京都之公方様御対面之御規式也[17]」という一節がある。ここから分かることは、一揆を結ばない国人よりも一揆衆は、鎌倉公方との対面において格下として差別されるということである[18]。一揆のこのような身分を考えると、史料4における南一揆への敬意表現に特別な意味を認めざるを得ない。つまり、史料4における南一揆への敬意表現は、持氏による南一揆の軍事的組織化が確立した当該期における関東の政治状況を反映したものであり、具体的には将軍の持氏への政治的配慮を暗示するものであったと言えるのである。視点を南一揆側に転じれば、彼らは持氏の配

表B　武州南一揆を率いた人物とその地位（作成：筆者）

人　　物	政治的地位	行動内容	表番号
平山三河入道	持氏方有力国人領主	南一揆とともに甲州の凶徒と地下人の反乱鎮圧	2
扇谷上杉持定	守護クラスの持氏直臣	南一揆とともに新田・岩松の残党退治	6
扇谷上杉持定	守護クラスの持氏直臣	南一揆（中浦・岩崎・網野氏）とともに恩田美作守・同肥前守の退治	11
大石信重（ヵ）	武蔵国守護代	南一揆とともに恩田美作守・同肥前守の退治	12

表番号は表Aのものと対応する。

下となることで、自らの政治的地位を確保していたのであった。

◆

次に鎌倉府管国内における政治的権力者と南一揆との関係を見ていく。

表Bは、持氏命令下での軍事行動において、南一揆を率いた人物とその政治的地位、および行動内容についてまとめたものである。平山三河入道は秋川・平井川流域がその勢力範囲であり[19]、表Bにみるごとく持氏方として軍事行動を起こしていることから、「持氏方有力国人領主」と位置づけた。扇谷上杉持定は彼自身、どこの国の守護にも任命されていないが、持定の弟で後に養子に迎える扇谷上杉持朝が相模国の守護となっているので、「守護クラスの持氏直臣」と位置づけた。武蔵国守護代の大石信重は、山内上杉氏の有力被官である。

南一揆の軍事行動は持氏の命令によるものであるが、その行動過程においては、このように南一揆よりも上級な政治的地位にある人物の指揮下に入ったことが分かるのである。

［史料5］（表Aの表番号11）

恩田美作守・肥前守等事、隠謀露顕之間、御教書被成下、為退治持定被指向、依之令同心候之間、急府中・関戸迄可令出陣者也、

応永廿六年八月九日

中浦上総助（介）
平顕宗（花押影）

小宮之内
岩崎神十郎
網野弥五郎[20]

これは持氏による恩田美作守・肥前守の討伐に従うよう、中浦上総助平顕宗が小宮の住人である、岩崎神十郎と網野弥五郎に命じたものである。「持定」は扇谷上杉持定を指す。『新編武蔵風土記稿』によれば、中浦顕宗は三島神社の祠官であったと考えられる[21]。岩崎神十郎と網野弥五郎は、南一揆の勢力基盤である秋川流域を指す「小宮」の住人であることから南一揆成員であったと推測されよう。また、三島神社は南一揆の結合の紐帯であったことを考えると、中浦顕宗は南一揆内におけるリーダー的存在だったのではないだろうか[22]。

以上の点を踏まえると、実際の軍事行動において南一揆は、「守護クラスの持氏直臣」である上杉持定の指揮下に入ることと同時に、南一揆成員中にも上意下達の指揮系統が明瞭に存在していたことを確認できるのである。つまり、ここでは恩田美作守・肥前守の討伐にあたって、足利持氏（鎌倉公方）→扇谷上杉持定（守護クラスの持氏直臣）→中浦上総助平顕宗（南一揆成員・三島神社祠官）→岩崎神十郎・網野弥五郎（南一揆成員）という重層的な指揮系統を想定できる。このような持氏を頂点とした指揮系統は複数存在し、これによって持氏は軍事命令を南一揆全成員に下したと考えられるのである。国人一揆は成員間の身分的平等を前提にして結成されるが、上部権力（ここでは持氏）の軍勢催促に速やかに応じるため、中浦顕宗のような一揆内におけるリーダーが、一揆結合の領域の広狭に応じて複数存在していたと言える。

風間洋氏は、表Bにみるような「人物（政治的権力者）」を「大将」と仮称し、彼らを用いた持氏の直轄軍編成とそれに基づく専制化を指摘している(23)。ただ南一揆のつき従った「大将」が一定しないことに加えて、史料5の傍線部に、「（筆者注、持氏は）御教書を成し下され、退治のため持定を指し向けらる。これによって同心せしめ候」とあることから、南一揆はあくまで持氏の命令に従って軍事行動を起こしていたことにあらためて注目すべきであろう。

しかし、持氏の専制の内実と専制下における南一揆の位置というものをより明らかにしていくためには、いわゆる「大将」となった人物の特質を検討する必要がある。

[史料6]（表Aの表番号2）

甲州凶徒幷地下□武□備□□□（中次郎）□□（平）山三河入道馳向之由、注進之上者、不日令進発、合□（力カ）平山、可致忠節之状如件、

応永廿（卅）年□（六カ）月十日　（足利持氏）（花押影）

武州南一揆中(24)

[史料7]（表Aの表番号6）

為新田幷岩松余類対治、（所脱カ）差遣治部少輔持定（上杉）也、不日馳参、属彼手可致忠節之如件、

応永廿五年四月廿日　（足利持氏）（花押）

武州南一揆中(25)

[史料8]（表Aの表番号12）

恩田美作守・同肥前守事、兵庫助（上杉）憲国并禅秀（上杉氏憲）同意之段露顕之間、欲致糾明之処、没落之由所令注進也、令現形者、
令同心守護代、可抽戦功之状如件、
　応永廿六年八月十五日　（足利持氏）（花押影）
　　南一揆中[26]

史料6~8はいずれも持氏発給の軍勢催促状であり、旧禅秀与党の追討に関するものである。各史料の傍線部分に注目したい。史料6の「合力」は、「他人が何かするのに力を貸して、援助・協力すること。助勢すること。加勢」という意味、史料8の「同心」は、「ともに事にあたること。仕事を手伝うこと。また戦闘で味方すること」という意味である。これに対して、史料7の「属（ス）」は、「従う。くみする。部下となる。従属する」という意味である[27]。引用した意味に即して語の示すところを検討すると、「合力」「同心」の共通点として、「一緒に力を合わせる」という平等性が読み取れ、「属ス」からは、「誰かの配下となる」という差別性を読み取ることができるのである。これは同じ「大将」であっても身分的に格差のあることを示す。

上杉持定は足利氏一門であり、「守護クラスの持氏直臣」である。一方、守護代の大石信重は山内上杉氏の被官であって、持氏から見れば陪臣に過ぎず、平山三河入道は「持氏方有力国人領主」であっても守護に任命されるほどの家格を有していない。上杉持定は南一揆の着到状・軍忠状に恩賞請求の根拠となる証判を与えることができても、大石・平山両氏はこれをなし得ないであろう。

以上、「大将」における、上杉氏と大石・平山両氏の身分的格差について検討したが、ここからは大石・平山両氏の「在地性」に注目したい。なぜならば、彼らの「在地性」こそが持氏によって南一揆の「大将」とされた理由だか

らである。

大石氏は信重の代に多摩郡二宮（あきる野市）に移住したといい、居城を高槻城・滝山城（八王子市）に置くなど、西多摩の地に勢力基盤を築いた[28]。平山氏は先に述べた通り、秋川・平井川流域がその勢力範囲である。つまり、大石・平山両氏の勢力範囲は、南一揆のそれと重なるのであり、それは同時に在地において両氏が南一揆に対して指導的立場にあることを意味する。持氏は大石・平山両氏のこのような立場を利用して、南一揆を自己の軍事力として組織化したのであった。史料6に見る甲州凶徒との戦いは、秋川上流の檜原谷から甲斐国へと道の通じていることが前提とされるが、この戦いで平山三河入道と南一揆という秋川流域の在地勢力を軍事力として結集したことは、持氏専制の特質を最もよく表していると言えよう。ここに関東管領兼武蔵守護の上杉憲実が関わった形跡は見られないのである。また、南一揆にとって大石・平山両氏は「合力」、「同心」すべき存在であり、密接な関係にある有力国人領主であったと言える[29]。

以上、鎌倉府管国内における政治的権力者（「大将」）と南一揆の関係について検討した。多少煩瑣となったので、次に簡単にまとめておく。

①旧禅秀与党討伐において、たとえば、鎌倉公方↓守護クラスの持氏直臣↓三島神社祠管（南一揆成員）↓南一揆成員という重層的な指揮系統が存在したこと。このような持氏を頂点とした指揮系統は複数存在し、これによって命令が南一揆全成員に下った。

②旧禅秀与党討伐において、持氏と南一揆の間には「大将」が介在するが、南一揆はあくまで持氏の命令に従って行動を起こした。

③「大将」は足利一門・守護クラスの人物と有力国人領主とに分類できる。後者に相当する人物として、大石・平山両氏がおり、持氏は在地において南一揆と密接な関係にある彼らを利用して同一揆を掌握した。

三、足利持氏と上杉憲実の対立と南一揆の在地動向

山内上杉氏は犬懸上杉氏と同様に代々関東管領に就任する家柄であるが、親幕府的であることも一貫しており[30]、上杉憲実も例外ではなかった。常に幕府の意向を尊重する憲実は、専制化を進めて常に幕府に反抗的である持氏としだいに対立するようになる。このような上部権力における政治的確執が、在地の中小国人領主層の動向に反映するのは必然であった。

［史料9］（表Aの表番号9）

（端裏書）「御奉書案文　応永廿六年三月六日」

東福寺雑掌有本申、武蔵国多西郡船木田庄領家職年貢之事、多年知行無相違之処、爰当国諸公事五ヶ年間号御免、平山参河入道彼年貢銭対捍云々、太以不可然、所詮、不可被准自余公事上者、止平山違乱、可被全寺務之由候也、仍執達如件、

応永廿六年三月六日　　　　治部丞有判

左衛門丞（尉）有判

長尾々張入道殿(31)

［史料10］（表Aの表番号15）

（懸紙ウハ書）「大石遠江入道殿（道守・信重）　治部丞泰規」

東福寺雑掌申、武蔵国多西郡船木田庄領家年貢事、寺家知行無相違之処、領主等難渋之間、去年（応永卅三十一二）重自京都被成下御教書訖、案文壱通封裏遣之、爰平山参河入道・梶原美作守・南一揆輩令抑留年貢之間、有名無実云々、太不可然、所詮守御教書、云未進、云当年貢、厳蜜（密）可致其弁之旨、各相触之、可被沙汰渡寺家雑掌之由候也、仍執達如件、

応永卅四年五月十三日　　治部丞（泰規）（花押）

修理亮（花押）

大石遠江入道殿(32)

史料9・10は、鎌倉府政所方公事の五年間免除（史料1を参照）を拡大解釈した平山三河入道・梶原美作守・南一揆らによる、東福寺領武蔵国船木田庄での対捍・抑留行為とその停止を示すものである。史料9の応永二六年段階では、年貢銭を対捍した人物として平山参河入道のみが記されているが、史料10に見るように梶原美作守、南一揆もしだいに年貢の対捍・抑留行為に加担していった。平山参河入道も南一揆と同じく、持氏から「当国諸公事」＝「政所方公事」を五年間免除されていることは、平山が持氏方有力国人領主として在地において南一揆と親密な関係にあったことを示している。梶原美作守は持氏の奉公衆であったと推測され、禅秀の乱の直後、破損した鎌倉の大蔵御所が完成するまで、持氏は梶原美作守の屋形に滞在している(33)。このように、東福寺領船木田庄の年貢を対捍・抑留したの

はみな持氏配下の者たちだったのである。

これに対し、対捍・抑留の停止と東福寺への年貢皆済を命じられたのは長尾尾張入道と大石遠江入道であり、彼らは武蔵国守護代にして山内上杉憲実の被官であった。以上の状況からすれば、幕府の意向を受け、船木田庄における遵行を貫徹させようとする憲実と、平山・梶原・南一揆の対捍・抑留行為を黙認することによって自己の権力基盤の拡大を図ろうとした持氏との対立を想定することができるのである。しかし、このように想定する上で問題となるのが史料９・10の文書を発給した奉行人の帰属如何である。鎌倉公方家の者か、関東管領家（山内上杉氏）の者かということであるが、前者であれば右のような想定は成り立つまい。

相田二郎氏もこれらの奉行人は鎌倉公方家に属したのか、関東管領家に属したのか明確に知り難いとし、時には両方に属していたと思われる文書もあるとしている。[34]「左衛門丞」と「修理亮」については不明だが、佐藤博信氏は「治部丞」を山内上杉氏奉行人、島田泰規であると指摘した上で、鎌倉公方家（鎌倉府）の奉行人としての立場でも活動していたとする。そして史料９・10に関しては、宛所が守護代であることから、武蔵国守護でもあった山内上杉氏の管領家奉行人連署奉書であるとする。[35]これに従えば、このときの島田は山内上杉氏奉行人としての立場であったと言えよう。一方、小国浩寿氏は、正長元年、武蔵国守護代大石隼人佑あてに出された鎌倉公方家（鎌倉府）奉行人連署奉書に注目し、管領家（武蔵国守護）を介さない、鎌倉公方→守護代という遵行ルートがこのころから確立していったことを指摘し、これをもって武蔵国は鎌倉公方の「御料国」化したと述べている。[36]

以上、佐藤・小国両氏の主張を合わせると、史料９の「左衛門丞」、史料10の「修理亮」は、鎌倉公方家（鎌倉府）の奉行人であり、「治部丞」も同家の奉行人としての立場であった可能性もあるのである。従って、この船木田庄における遵行命令は鎌倉公方・関東管領（武蔵守護）、どちらの命を奉じたものなのかを明らかにすることはできない。

しかし、先に指摘した「対捍」「抑留」した平山氏、梶原氏、南一揆が持氏配下であったことに加え、東福寺領など京方所領の保全の任務はこれを親幕府派の上杉憲実が引き受けていたこと[37]を考えると、船木田庄での遵行をめぐる持氏と憲実の対立があったという前述の想定、解釈は成り立つのではないだろうか。つまり、船木田庄における遵行命令は関東管領家奉行人連署奉書を介して、将軍→関東管領（武蔵国守護）→守護代というルートで行われたのだった[38]。

小国氏は、武蔵国における鎌倉公方の「御料国」化を指摘するが、そのような傾向は船木田庄においても確認できた。すなわち、持氏は平山氏・梶原氏・南一揆による東福寺領の浸食を介して自己の権力基盤を拡大したのである。南一揆をはじめとした中小国人領主層は、持氏に従うことで自らの領主制の展開に道を開いたのだった。もちろんこのような持氏と南一揆の動向は、上杉憲実、幕府との深刻な政治的対立を招いた[39]。しかし、持氏の政治的計略が図らずも荘園制の解体を早め、時代を前進させたことに積極的意味を認めうるのである。

おわりに

以上、鎌倉府体制下、特に足利持氏専制下における南一揆の権力構造上の位置づけを試みた。持氏と南一揆の関係は、表面的には持氏による恩賞を前提とした軍事的組織化という形をとった（封建的主従関係）。また、南一揆は政所方公事の負担を通じて鎌倉府の経済的基盤の一端を支えていたのである。そして持氏の黙認の下、政所方公事の五年間免除を盾に東福寺への年貢を対捍・抑留し、自己の領主制を展開させたのだった。このような持氏との結びつきは、南一揆の政治的地位の確立と所領拡大を可能にしたという意味で、彼らの目的にかなったものであり、客観的には荘園制の解体を早めたのであった。持氏と南一揆の利害の一致が、十五世紀前半の関東における持氏の専制を生み出す重要な一要因であったと言える。

註

(1) 風間洋「足利持氏専制の周辺―関東奉公衆一色氏を通して―」(『国史学』一六三号、一九九七年)。風間氏は持氏専制における一色氏の役割に注目し、持氏は軍事(奉公衆・大将)、行政(相模守護)、宗教イデオロギー(鶴岡八幡宮)とあらゆる側面に、一色一門を登用することで専制を成立させたとする。

(2) 主要なものとして、『五日市町史』一九七六年、『福生市史・上巻』(第二編第二章第三節・平野明夫執筆分)一九九三年、『日野市史通史編2(上)中世編』(第二章第一節二・高島緑雄執筆分、第二章第一節三と第二節・峰岸純夫執筆分)一九九四年、などがある。

(3) 小林一岳「中世関東における一揆と戦争」(『日本中世の一揆と戦争』校倉書房・二〇〇一年所収、初出は一九九四年)。

(4) 応永二三年、元関東管領の上杉禅秀(氏憲)が持氏の叔父、足利満隆と結託して持氏に対して起こした反乱。幕府は持氏を支援して鎌倉に征討軍を派遣、応永二四年正月に禅秀、満隆は鎌倉で自殺し、乱は終結した。

(5) ただし、表番号1は禅秀の乱以前、表番号16は永享の乱以後における南一揆の活動内容を示す。

(6) 文書史料には南一揆が持氏方として行動したことを記すものはないが、「鎌倉大草紙」(『群書類従』第二〇輯・合戦部)にその記述がある。また、「喜連川判鑑」(『続群書類従』第五輯上・系図部・三三三頁)には「東一揆江戸豊島二階堂心替シテ持氏ノ御方ニ属ス」とあるため、「東」を「南」の誤りであるとし、南一揆は当初、禅秀方であったとも考えられるが、検討を要する。
（7）「阿伎留神社文書」応永廿四年十二月廿六日、足利持氏御判御教書（『武蔵村山市史資料編　古代・中世〈中世中期・古文書編〉』一五五号。以下、『武』と省略する）。
（8）「彰考館所蔵立川文書」応永廿四年正月廿日、関東管領上杉憲基施行状写（『群馬県史資料編7』一三五四号。以後、『群』と略す）。
（9）「高幡高麗文書」応永廿四年十二月日、高麗範員申状案（『日野市史史料集　高幡不動胎内文書編』一七号）。「南白旗一揆」は「南一揆」を指すと思われる。南一揆関連の文書は、秋川流域に所在する三島神社（東京都あきる野市）に多く伝来することから、南一揆は同社を結合の紐帯とし、秋川流域周辺を勢力基盤としていたと考えられる。ただ、時々の政治状況、在地の状況に応じて一揆の結合範囲および活動範囲に一定の広狭があったとするのが現在の私の考えである。
（10）『日野市史　通史編2（上）中世編』一四五～一四七頁。
（11）この持氏による「政所方公事」の賦課に関しては、小国浩寿「持氏期鎌倉府の守護政策と分国支配」（『鎌倉府体制と東国』吉川弘文館・二〇〇一年所収、初出は一九九一年）に詳しい。小国氏は免除の対象外とした「日供炭油」を鎌倉府にとって必要不可欠なものであるとし、政所の日常的な活動を支える経常費であったとしている。
（12）土淵郷と得恒郷はともに多西郡に属し、多摩川と浅川の合流点に位置する。また船木田庄とも隣接する。
（13）上横手雅敬「封建制と主従制」九四頁（『岩波講座日本通史　第9巻・中世3』岩波書店、一九九四年所収）。
（14）「佐々木文書」年不詳七月二日、室町幕府奉行人奉書案（『武』一六二号）。
（15）佐脇栄智「武蔵国太田渋子郷雑考」（『日本歴史』五〇五号、一九九〇年）。
（16）「佐々木文書」応永廿七年七月二日、室町幕府管領奉書案、五六一五号。「佐々木文書」応永廿七年七月四日、将軍御教書案、五六一七号（『神奈川県史　資料編3古代・中世3上』）。
（17）「殿中以下年中行事」（『群書類従』第二二輯・武家部・三三九～三四〇頁）。
（18）峰岸純夫「東国における一五世紀後半の内乱の意義」（『中世の東国―地域と権力―』東京大学出版会、一九八九年所収、初出は一九六三年)。峰岸氏は「殿中以下年中行事」を用いて鎌倉府体制の政治機構を具体的に描出し、一揆を東国の領主階級の末端に位置づけている。

(19) 『五日市町史』一八六～一八八頁。

(20) 「武州文書　十」応永廿六年八月九日、中浦顕宗軍勢催促状写(『多摩市史　資料編1』―七二〇号。以後、『多』と略す)。

(21) 『大日本地誌体系　一二　新編武蔵風土記稿　第六巻』六七頁。

(22) 史料5に関する以上の点は、『福生市史・上巻』、『日野市史通史編2(上)中世編』の記述に負った。

(23) 風間氏前掲論文(註1)。

(24) 「三島神社文書」応永卅年六月十日、足利持氏軍勢催促状写(『武』―五二号)。本文書は破損部分が多く、検討を要するが、この点は別の機会に譲りたい。

(25) 「三島神社文書」応永廿五年四月廿日、足利持氏軍勢催促状写(『武』―五六号)。『武』は「治部少輔持定」を一色氏とするが同氏に持定という人物は存在せず、扇谷上杉持定の誤りである。

(26) 「三島神社文書」応永廿六年八月十五日、足利持氏軍勢催促状写(『武』―六〇号)。

(27) 語の意味は全て、『国語大辞典』(小学館、一九八一年)から引用した。

(28) 『日野市史通史編2(上)中世編』一三〇～一三一頁。

(29) 大石信重は南一揆と思われる一揆を「御一揆」と呼び、その出陣について「目出候」と述べている(「三島神社文書」年未詳、大石道守(信重)書状(『新編武州古文書・上』―一五二号))。欠損部分の多い史料だが、守護代大石氏と南一揆の関係を物語る貴重な史料であり、検討を要する。

(30) 足利義満と第二代鎌倉公方足利氏満の対立時には山内上杉憲春が氏満を諫めて自害、義満と第三代鎌倉公方足利満兼の対立時には山内上杉憲定が満兼を諫め、和睦を取りまとめている。

(31) 「東福寺文書」応永廿六年三月六日、関東管領家奉行人連署奉書案(『多』―七一九号)。

(32) 「前田家所蔵文書」応永卅四年五月十三日、関東管領家奉行人連署奉書(『群』―一四三二号)。

(33)「鎌倉大草紙」(『群書類従』第二〇輯・合戦部・六七六頁)。
(34)相田二郎『日本の古文書　上』四五九頁(岩波書店、一九四九年)。
(35)佐藤博信「上杉氏奉行人島田氏について」(『中世東国の支配構造』思文閣出版、一九八九年所収、初出は一九八七年)。
(36)小国氏前掲論文(註11)。
(37)佐藤博信「上杉氏家臣判門田氏の歴史的位置」(『続中世東国の支配構造』思文閣出版、一九九六年所収、初出は一九九〇年)。
佐藤氏は、山内上杉氏家臣で在京雑掌の判門田氏が京・鎌倉間を往復し、京方所領の保全に貢献したことを指摘している。
(38)結局、奉書のみから奉行人がだれの命を奉じたのか判断できないのだが、当該の奉行人が公方、管領どちらの家臣であるかは有力な判断材料となる。同時に命令内容、当時の政治状況を考慮して判断すべきだろう。
(39)船木田庄における遵行をめぐっての鎌倉公方と関東管領の対立については、既に井原今朝男氏が指摘している(「東国荘園年貢の京上システムと国家的保障体制―室町期再版荘園制論2―」『国立歴史民俗博物館研究報告』第一〇八集、二〇〇三年)。ただ、東国荘園年貢の京上システムの実態に関する検討が主であり、持氏の専制とそれを担った南一揆の役割についての歴史的評価ははっきりしない。

Ⅲ

足利持氏専制の特質
―武蔵国を中心として―

稲葉広樹

はじめに

室町幕府は東国支配を行うにあたり、鎌倉に鎌倉府という強力な中間行政庁を置いた。同府の頂点に立つ鎌倉公方足利氏について、永原慶二氏は鎌倉期以来の伝統的豪族に対峙する形で、関東管領上杉氏を唯一の支柱として独裁権力を確立したことを指摘している[1]。しかし、このようなあり方（鎌倉府体制）は四代公方足利持氏の時に至って幕府との対立が激化するなかで大きく変質する。それはすなわち、管領上杉氏を排除した持氏の専制化であった。主君の専制が自己につき従う者以外を除くことによって成立するのは当然であるが、それが一面で主君の権力基盤の矮小化を招くことも容易に想定される。

本稿では、専制が権力基盤の矮小化を招くということに重点を置いて、武蔵国における足利持氏専制の特質を考察していきたい。その手順として、まず武蔵における一国平均役の賦課・免除権行使のあり方について考察する。その上で、小国浩寿、阿部哲人両氏の業績[2]に学びつつ、持氏と武蔵国人層の関係に言及し、もって先の課題に答えることとしたい。

なお、本稿では山内上杉氏は上杉氏と呼ぶこととする。

一、研究史

足利持氏の専制に関する先行研究は、決して豊富ではなく、その視角も論者によって様々である。以下、この点を考慮していくらか紙幅をさき、研究史をまとめておきたい。まず持氏専制を包括的に論じたものとして、市村高男、佐藤博信、小国浩寿各氏の研究がある。

市村氏は持氏専制の特徴として、①応永末以降、関東管領奉書が減少する一方で、鎌倉府奉行人奉書や鎌倉府政所執事の二階堂盛秀の文書が増加したこと、②持氏直臣の一色持家を相模守護に任じるなど、経済的基盤たる御料所の整備、拡大を図ったこと、③持氏による関東分国全体を対象とした領国形成は憲実による守護領国制の展開と対立したことを挙げている。[3] 佐藤氏は南北朝期から室町期における鎌倉府の基本的性格について全体的な見通しを立てた論考の中で、持氏の権力基盤の変化に言及している。それは、持氏の権力基盤が従来の伝統的豪族層・国人層と上杉氏からその一部およびその基盤から成長してきた中下級の新興勢力に移行したということであるが、このことは権力基盤の矮小化を生み、鎌倉府の不安定化をもたらしたというのである。[4] 小国氏は持氏の権力基盤の構築と守護政策との関係を検討し、小山田上杉定頼の守護への起用と武蔵・相模・安房・上総の鎌倉公方の「御料国」化を指摘している。[5]

持氏と結びついた特定の政治勢力について、風間洋氏、杉山一弥氏の研究がある。風間氏は持氏専制における一色氏の役割に注目し、持氏は軍事（奉公衆・大将）、行政（相模守護）、宗教イデオロギー（鶴岡八幡宮）とあらゆる側面に一色一門を登用することで専制を成立させたことを指摘している。[6] また、杉山氏は国人領主大森氏とその一族が就任した箱根権現別当とが、箱根山麓の領域的統治者として存在し、持氏専制を支えたとする。[7]

本稿では武蔵国を対象とするが、持氏の武蔵支配に関するものとして、阿部哲人氏と筆者の研究がある。阿部氏は、武蔵国における守護支配について、同国が鎌倉府直轄国（料国）であることに留意しつつ、足利基氏の時期から永享の乱に至るまで考察している。[8] 筆者は武蔵南部、多摩川流域に勢力を伸張した武州南一揆について検討を加え、同一揆は持氏の軍事的・経済的基盤として存在したことを指摘した。[9]

この他にも同じく佐藤博信、阿部哲人、そして田辺久子各氏の研究がある。佐藤氏は持氏の花押の変化から持氏政権について考察し、初期の花押が犬懸上杉朝宗のものを模倣しているのに対し、応永三三年以降の花押はその「上杉様」から離脱したことをもって専制化の徴証としている。[10] 阿部氏は応永末年より始まる鹿島社造営事業への鎌倉府の関与は、持氏による常陸支配再編の一環であったとする。[11] 田辺氏は幕府と上杉氏を牽制するため、持氏は上杉氏守護国内の寺社（武蔵瀬戸三島社、伊豆妙光寺、伊豆栖足寺、伊豆林際寺）に接近したことを指摘する。[12]

以上が持氏専制に関する研究史であるが、それは個別的には深められつつあるものの、未だ全体的な認識、評価には至っていないと言えるだろう。

二、一国平均役賦課・免除に見る武蔵支配

一国平均役とは大田文に基づく公田に対して一律に課せられた恒例・臨時の課役であり、中世社会における国家的

な租税である。具体的には、勅事・院事・大小国役・役夫工米・造内裏役・大嘗会役などがある。これら諸役の賦課・免除権は元来朝廷が持っていたのだが、南北朝期を境に幕府―守護に移行し、段銭という形に変質していった(13)。朝廷による一国平均役の賦課・免除の命令は、院宣・綸旨・官宣旨・太政官牒といった文書によって下された。嘉慶三年二月三日の官宣旨によって、浄光明寺領武蔵国男衾郡内和田郷に対する役夫工米などの一国平均役は免除されたが、武蔵の場合、管見の限りでは朝廷による命令はこれが最後である(14)。これ以降、一国平均役の賦課・免除の命令は将軍・鎌倉公方の御判御教書、管領・関東管領の奉書に一本化されていくのである。

　一国平均役収取と武蔵守護代大石氏の関係を示すものとして次の史料がある。

［史料1］

鶴岳八幡宮領武蔵国《(荏原郡)》世田谷郷内紘《(弦)》巻村苻《(府)》中六所宮役事、連々致催促云云、太不可然、所詮任先規可被停止催促之由候也、仍執達如件、

正長二年三月十一日

前筑《(明石)》前守（花押）

前遠《(雑賀)》江守（花押）

大石々見守《(憲重)》殿(15)

　史料1は、鶴岡八幡宮領の武蔵国世田谷郷内弦巻村における府中六所宮役の催促を、持氏の命を受けた鎌倉府奉行人が停止したものである(16)。宛所の大石々見守は、上杉氏の被官で武蔵守護代であった。府中六所宮は現在の府中市にある大国魂神社である。

　本文言中に「連々催促を致す」とあるが、その主体は武蔵守護代である大石々見守であったと思われる（この点、

後述）。つまりここでは、「はなはだ然るべからず」と言う持氏と石見守の間には府中六所宮役の問題をめぐって鋭い対立のあったことを理解できるのではないだろうか。とすれば、同役を重ねて催促する大石々見守と府中六所宮との関係、そして同役を鶴岡八幡宮領から排除しようとする足利持氏の立場が問題とされなければならない。

府中六所宮は武蔵国の惣社に当たるが、そもそも一国の惣社は一宮以下の国内神社の神々を勧請したのに始まる。府中六所宮の場合、俗に「暗闇祭」と呼ばれる例大祭が五月五日を中心に行われ(17)、一ノ宮の小野神社（多摩市）、二ノ宮の小川神社（あきる野市）、三ノ宮の氷川神社（さいたま市）、四ノ宮の秩父神社（秩父市）、五ノ宮の金鑽神社（埼玉県児玉郡）、六ノ宮の杉山神社（横浜市）から神輿が集結したという伝承がある。また、五月六日の田植え神事において、武蔵国の人民が稲の苗を持って来て六所宮そばの神田に植えたという。

このような武蔵全体を巻き込んだ大がかりな祭礼が、支配権力による国内統治の上での精神的支柱として機能する一方で、荘園公領を問わず、民衆に過剰な負担を強いたことであろう。史料1における「苻《府》中六所宮役」の内容が具体的に何であるかを明示することはできないが、祭礼を支えるものであったことは確かであると考える。

この祭礼が商いの場である市と密接であったのは、『市場之祭文写』(18)より窺うことができる。『祭文』は市が立つのは「私のはかり事」によるものではなく、伊勢天照大神・住吉大明神など、神々の「御はかり事」によるものであると述べている。府中六所宮については、「武州六所大明神も五月ゑ《會》の市を立たまふ」とある。『祭文』は、神の恵みによって立てられた市のために「国家おたやかに人民もゆたかなり」とするが、このような市とそれを生み出す府中六所宮を守護代大石氏が把握する必要は武蔵統治上、当然あったのである。

大石氏は信重の代に多摩郡二宮（あきる野市）に移住したといい、居城を高槻城・滝山城（八王子市）に置くなど、西多摩の地に勢力基盤を築いた。信重の子にあたる憲重は、「二宮道伯」と称され、二ノ宮（小川神社）とは密接な関係を有したと思われる。この大石憲重が正長期に府中六所宮に対する大般若経の施入に協力していることは、南北朝末期から室町時代にかけて深大寺の僧であった長弁が記した『私案抄』の記述から知ることができる。これを抜出せば次の如くである。

［史料2］

卅六敬白　請於武州惣社六所大明神御宝前書写紺紙金泥大般若経一部六百巻、奉社頭施入、祈天下安全万民快楽
志趣発願文事、

（中略）

爰当国目代（大石）石見守源憲重、依合願力、令同心、欲遂般若書写筆功矣、（下略）[19]

（傍線は筆者）

このように憲重が府中六所宮の有力な外護者であったことは間違いないが、ここで見逃せないのは府中六所宮―二ノ宮（小川神社）という神社間のネットワークに守護代大石氏が介在していたであろうということである。[20]

［史料3］

岩松礼部代国経申、武蔵国稲毛新庄内渋口郷（橘樹郡子母口）事、任被仰下之旨、差遣使者、欲沙汰付下地於国経候之処、江戸蔵人入道希全、同信濃入道々貞、同四郎入道々儀等、率多勢構城槨、無是非擬及合戦候之間、不能打渡候、若此条偽申候者、八幡大菩薩、六所大明神御罰お可罷蒙候、以此旨可有御披露候、恐惶謹言、

至徳元年七月廿三日　沙弥聖顕

進上　御奉行所　（裏花押）[21]

史料3は持氏より二代前、鎌倉公方足利氏満の時期のものである。沙弥聖顕が、武蔵国稲毛新庄内渋口郷を岩松国経に沙汰付しようとしたところ、江戸希全らが城槨を構えて抵抗したためにそれができないことを鎌倉府奉行所に報告している。岩崎学氏は、『大般若経刊記』の第四〇〇巻の寄進者に「大石遠江入道聖顕」の名前を発見し、史料3の差出人である沙弥聖顕と同一人物であるとしている。その上で、沙弥聖顕を武蔵守護上杉憲方の守護代であったとし、この請文提出を守護代の職務執行に関わるものと位置づけているのである(22)。

本文言中のいわゆる「起請之詞」には「六所大明神」が記されているが、これは府中六所宮の祭神を指すと思われる。言うまでもなく、使節遵行の権限は守護に属するものである。使節遵行権行使の結果としての請文に―この場合遵行は失敗しているが―、「六所大明神」が記載されたことは、府中六所宮の存在と守護権力は表裏一体のものであったことを示しているのである(23)。

以上より、史料1での府中六所宮役の催促に大石氏が主体的に関わったことが推測されるのであるが、それではここで鶴岡八幡宮領世田谷郷内弦巻村から府中六所宮役を排除しようとした足利持氏の立場を考察していきたい。

世田谷郷内弦巻村と鶴岡八幡宮の関係は、永和二年正月二九日に吉良治家が「世田谷郷内上絃巻半分」を同宮に寄進したのに始まる(24)。吉良治家は室町幕府が設置した奥州管領に就任した人物で、明徳二年に奥羽が鎌倉府の管轄下となるに及んで、鎌倉公方に仕えたと推測されている(25)。表1は武蔵国における鶴岡八幡宮領をまとめたものであるが、備考欄に見るとおり、将軍の足利尊氏、そして持氏にいたるまでの歴代の鎌倉公方が、寄進・宛行・安堵・押領排除を行っている所領も少なくないのである。つまり、鎌倉幕府に引き続き、鎌倉府（鎌倉公方）も積極的に鶴岡八幡宮を保護する姿勢を示していたと言える。

表１．武蔵国の鶴岡八幡宮領

番号	所　領	現　在　地	備　考	出　典
1	久良岐郡久友郷	神奈川県横浜市	足利尊氏寄進	神－4547・4693・4885号
2	杉田郷	神奈川県横浜市磯子区	—	鶴岡八幡宮供僧次第
3	青木村	神奈川県横浜市神奈川区・西区	—	神－6105号
4	鶴見郷	神奈川県横浜市鶴見区	—	神－4345・4785号
5	寺尾郷内渋沢村	神奈川県横浜市神奈川区・鶴見区	—	神－6057号、香象院珍祐記録
6	師岡保入江郷	神奈川県横浜市鶴見区	—	鶴岡八幡宮寺社務職次第、香象院珍祐記録
7	子安郷	神奈川県横浜市神奈川区	—	香象院珍祐記録
8	小机保出戸村内	神奈川県横浜市港北区小机町	足利氏満宛行	神－4899号
9	溝口郷	神奈川県川崎市高津区溝口	氏満安堵	頼印大僧正行状絵詞
10	稲目郷	神奈川県川崎市多摩区	—	神－3276号
11	多西郡吉富郷	東京都多摩市・日野市東端部・府中市南端部	氏満寄進	神－4931号
12	世田谷郷内上絃巻村半分	東京都世田谷区	—	神－4755・5824号
13	六郷保内原郷	東京都大田区	—	神－5275号
14	豊嶋郡小具郷内金曾木彦三郎跡	東京都荒川区	足利基氏押領排除・足利満兼宛行	神－4333・5244・5245号
15	市谷孫四郎跡	東京都新宿区	基氏押領排除	神－4333号
16	箕田郷地頭職内河連村	埼玉県鴻巣市	氏満寄進	神－4629号
17	佐々目郷	埼玉県さいたま市	尊氏寄進	神－3232号
18	矢古宇郷	埼玉県川口市	—	鶴岡事書日記、香象院珍祐記録
19	入東郡難波田小三郎入道跡	埼玉県富士見市上南畑	満兼寄進	神－5275号
20	堀戸郷内次郎方半分	埼玉県大里郡大里村屈戸	—	神－4667号
21	津田郷	埼玉県大里郡大里村津田	—	神－5477号
22	平井彦次郎跡	＜不明＞	足利持氏寄進	神－5443号

本表は、山田邦明「鎌倉府の直轄領」（『鎌倉府と関東』校倉書房、1995年）をもとに作成し、現在地比定を『角川日本地名大辞典』（角川書店）、『日本歴史地名大系』（平凡社）により行った。

出典の「神」は『神奈川県史 資料編3』の古代・中世3上または3下。

山田邦明氏は、鎌倉府政権が鎌倉寺院の宗教的な力を背景にしながら、関東各地の領主を統制・支配したことを指摘している。(26)これに関して特に持氏と鶴岡八幡宮との関係について見るならば、持氏が八幡宮に将軍足利義教打倒の決意を示すものと言われる血書願文(27)を納めたことや、八幡宮第二四代別当に母方の一色氏の人間（尊仲）を据えたことなどの事実を指摘することができる。(28)歴代の鎌倉公方と同じく、持氏が鶴岡八幡宮を保護したのは、八幡宮は鎌倉府政権を宗教面から支える重要な存在と見なしていたからであると考えて差し支えないであろう。

ここまで大石氏と府中六所宮役の関係、およびそれに対する持氏の立場について見てきたが、ここからは大石氏と役夫工米の関係を考察していきたい。役夫工米は正式には造神宮役夫工米といい、伊勢神宮の式年遷宮における造替費用として荘園・公領に一律に課された税である。まずここで武蔵国に関わる史料を掲げる。

［史料４］

従三位《足利持氏》（花押）

永福寺《鎌倉》領武蔵国春原庄内別当領、号徳富地、役夫工米事、依為内検、前々不致其弁之条、所見分明之上者、於向後、当役已下諸公事所被免除也、可被存知其旨之状如件、

応永廿九年九月十五日

永福寺別当法印御房(29)

［史料５］

納　内宮料御神宝要脚之事、

合田数九町者 地頭荅定

□(右カ)為武蔵国大里郡春原庄内永□□(福寺カ)清郷供僧分弁、所納如件、

応永卅四年七月十七日　　大使（花押）(30)

史料4では永福寺領武蔵国春原庄内別当領においては役夫工米を免除すべきことを、持氏は永福寺別当法印に伝えている。その理由として、内検によって以前より役夫工米を納めなくてよいことは明白となっていることを挙げている。

史料5では同じく春原庄で、永福寺某郷供僧分として田数九町から内宮料御神宝要脚が納められている。この請取状の発給者である「大使《おおつかい》」は、役夫工米徴収の実務にあたった伊勢神宮の使者である。現地において役夫工米の納入拒否や遅怠があった場合、この大使に守護使を付して譴責するシステムが存在していた(31)。春原庄内永福寺領と役夫工米徴収の関係を示す史料はこの他にはなく、従って守護上杉氏が派遣する守護使の関与の有無、または徴収に関わったとしてもその具体的な内容を知り得ない。そのためここでは同じ上杉氏守護分国である伊豆の場合を見ておきたい。

［史料6］

伊豆国三嶋宮東西御読経所並三昧堂、塔本八幡宮、国分寺領等役夫工米事、任先例被免除之処、及違儀(異)云々、太不可然、所詮可停止催促之旨、可被相触大使之由候也、仍執達如件、

応永八年十月七日

沙弥(筑前左近将監入道)（花押）

民部丞(明石章行カ)（花押）

寺尾四郎(憲清)左衛門尉殿(32)

［史料７］

伊豆国三嶋宮東西御読経所並三昧堂、塔本八幡宮、国分寺領等役夫工米事、任先例被免除処ニ、大使依及異儀、御奉書如此、所詮、自今以後、可令停止催促由候也、仍執達如件、

応永八年十月廿三日　　　　　　左衛門尉憲清《寺尾》（花押）

三嶋宮衆徒御中(33)

史料６は、鎌倉公方足利満兼（持氏の父）の命を奉じた鎌倉府奉行人の奉書で、伊豆国三嶋宮の東西御読経所と三昧堂、塔本八幡宮、国分寺領に対する役夫工米の免除を伊豆守護代寺尾憲清（上杉氏被官）に命じたものである。以前より役夫工米は免除されているのに、大使が徴収しようとしていることが記されているが、史料７において寺尾憲清が催促停止の命を執達したことが分かる。役夫工米の徴収に守護使が従事したことは百瀬氏により明らかにされているが(34)、今回の件では守護使は寺尾憲清の命を受けて大使の催促停止に動いたものと思われる。

このように大使による役夫工米の徴収だけでなく、その停止にも守護使を末端とした守護権力が深く関わったのであるが、問題とされなければならないのは、かかる守護権力が鎌倉公方権力と齟齬をきたさなかったのかということである。史料４・６に見る通り、役夫工米の免除権は鎌倉公方が有していた。春原庄内永福寺領の場合、「徳富」と言われた別当領において役夫工米が免除され、一方、某郷供僧分として内宮料御神宝要脚が納入されている事実から何が読み取れるであろうか。それはすなわち、永福寺別当領において大使による役夫工米の催促行為が、反対に永福寺が鎌倉公方に要請することで永福寺領某郷供僧分としての内宮料御神宝要脚の催促停止が命じられる可能性である。これは同一庄内、同一寺領内ということから十分考えられることである。この春原庄内永福寺領の役夫工米の免除ま

たは徴収に上杉氏の派遣する守護使がどう関わったかは知り得ないが、大使と結託するならば鎌倉公方の意向に反することになるという可能性をここで指摘しておきたい(35)。

次に永福寺と足利持氏との関係であるが、これも鶴岡八幡宮とほぼ同じことが言える。つまり、八幡宮と同じく永福寺も宗教面から持氏の鎌倉府政権を支えていたのであり、その見返りとして持氏は、永福寺領武蔵国春原庄内別当領においては役夫工米を免除したと考えられるのである。

永福寺については、『殿中以下年中行事』に次のような記載がある。

［史料8］

如此之後右筆折紙ニ三ヶ條記之。一ヶ条ハ皇大神宮伊勢ノ御事也。一ヶ条ハ八幡宮鶴岡之御事也。一ヶ条ハ勝長寿院之御事也（中略）仍御評定始之発言ハ。一年宛番廻テ三ヶ条何ニ意見有。上古ニハ勝長寿院ノ事一年。二階堂永福寺之事一年。各年ニ被載之。近代永福寺回禄以後。御堂之事毎年披露アリ(36)。

『殿中以下年中行事』は、『鎌倉年中行事』、『成氏年中行事』とも称され、その奥書日付より、享徳三年もしくは同五年に成立したと考えられている鎌倉府に関する武家故実書である。その内容は、持氏期の鎌倉府の実態を反映したものとされている(37)。

史料8は、鎌倉府の正月十一日の御評定始に関する記述の一部である。伊勢神宮、鶴岡八幡宮、勝長寿院のことが披露されたのであるが、かつては勝長寿院と永福寺のことが一年交替で披露されていた。しかし、最近になって「回禄（火災のこと）」のために永福寺が失われてからは、勝長寿院のことが毎年披露されることとなったのである。この頃から永福寺が衰退していったことはまた別に問題とされなければならないが、持氏を頂点とした鎌倉府政権が鶴岡八幡宮と同じく永福寺を重視していたことが窺い知れるのである[38]。

以上、一国平均役の賦課・免除の問題を通して、武蔵守護代大石氏を中核とした守護上杉氏と鎌倉公方足利持氏の政治的関係を見てきた。一国平均役の賦課・免除権は、守護、鎌倉公方ともに保持していたのであるが、これまで見てきたように府中六所宮役や役夫工米の賦課・免除をめぐって両者間で対立、あるいはその可能性があったことを指摘できたと思う。

三、持氏と武蔵国人層の関係

上杉禅秀の乱以降の持氏期における武蔵国守護職は、上杉氏が保有していたが、上野・伊豆といったその他の守護国とは性質が異なっていた。つまり、第一に、武蔵は上野・伊豆と異なって守護に補任する文書や守護職相伝を認める文書がないこと、第二に、時の関東管領が武蔵守護を兼帯したこと[39]、第三に、守護権に属するはずの闕所地処分権が、鎌倉公方に帰属していたことなど[40]がこれである。

このように武蔵は上野や伊豆と同じく、上杉氏の守護国であってもその性質はそれらと異なっていたのであるが、闕所地処分権の問題などから考えてみても武蔵においては鎌倉公方の支配権が相対的に強く及んだと考えられるのである。

小国浩寿氏は、足利持氏の分国支配を守護政策の面より検討しており、上杉禅秀の乱後、持氏は武蔵・相模・安房・上総四国の「御料国」化という公方の権力基盤の構築を試みたことを指摘している[41]。「御料国」の徴証として、次の三点を挙げている。

①　上杉一族のなかでも傍流に位置する小山田上杉定頼を起用して相模・安房・上総の守護としたこと。

②　持氏が賦課する「政所方公事」の一部である「日供炭油」は、公方権力の中枢機関である政所の日常的な活動を支える経常費であったとする。そしてその公事が武蔵・相模・上総・安房に厳密に賦課・催促されたこと。

③　武蔵では正長元年、鎌倉府（鎌倉公方家）奉行人連署奉書によって、遵行命令が守護を介さずに直接守護代の大石隼人佑に下されていること。

小国氏は武蔵について、上杉氏よりも公方持氏の支配が強く及んだとするが、阿部哲人氏はむしろ守護上杉氏の支配を高く評価し、それに鎌倉公方権力が規制されたことを指摘しているのである。阿部氏は、武蔵における守護支配について、同国が鎌倉府直轄国（料国）であることに留意しつつ考察している。それは使節遵行のあり方の変遷に注目し、次の六つの段階に分けたものであった[42]。

①　足利基氏期（文和二～貞治五年）。

②　足利氏満が幼少のため関東管領が文書発給を行う代行期（応安元～応安八年）。

③　鎌倉公方→両使という命令系統の時期（康暦二～永徳三年）。

④　守護代を中核とする遵行体制の確立期（至徳二～応永二五年）。

⑤　管領上杉憲実幼少期（④の体制を継承。応永二六～応永二九年）。

⑥　憲実判始から永享の乱まで（④の体制を継承。応永三一～永享一二年）。

本稿の対象としている時期は、主に阿部氏の分類する⑤⑥の時期に当たる。氏はこの時期においては、守護代が使節遵行における中心的役割を果たした事実より、鎌倉公方権力が関東管領＝守護権力に大きく規制されたとするのである。

たしかに、④の段階に至って武蔵における守護権力は確立したと言え、それは使節遵行の面にとどまらず、本稿で述べた通り、一国平均役の賦課・免除権が朝廷から守護権力を末端とした武家に移行したことからも理解できるのである。ただ、守護代大石氏を中核とした守護権力に持氏が規制されたと見るか、持氏がかかる守護権力を自己の基盤に積極的に取り込もうとしたと評価するかは難しい問題である。(43) 従って、不十分ながら本稿で述べてきたことと、小国・阿部両氏の所論を踏まえつつ、以下にこの時期における武蔵支配の実態について私なりの見通しを立てておきたいと思う。

関東管領兼武蔵守護の上杉憲実が幕府の意向を重視する上は、足利持氏と憲実の対立は、避けられないものであった。武蔵支配という問題に即して言えば、それは国内の国人層をどちらが把握できるかということに現れてくる。上杉禅秀の乱の時、持氏方として参じた国人層として江戸氏、豊嶋氏、武州南一揆の姿があり、戦後、持氏は禅秀一類から没収した土地を彼らに分け与えている。(44) 江戸氏は持氏の奉公衆であったことが推測されており、(45) 南一揆も持氏への軍事的奉仕とこれによる所領給与を媒介として、持氏との結びつきを強めていった。(46) 彼ら国人層と持氏との関係の実態を示す史料を次に掲げる。

［史料９］

長々御在陣御辛労奉察候、殊其口事肝要之処、就面々御座、一方御心安事候哉、御忠節之至候、其子細注可申候、恐々謹言、

七月廿六日　　　　　　　　　　　　持家（一色）（花押）
江戸大炊助（憲重）殿[47]

［史料10］

於甲州田原陣、致忠節之由、刑部少輔持家（一色）所注申也、尤以神妙、弥可励戦功之状如件、
応永卅三年八月十一日　　　　　　　（花押）（足利持氏）
江戸大炊助（憲重）殿[48]

甲斐は鎌倉府の御分国であったが、その勢力を同国に伸張しようとする幕府としばしば利害の衝突する地であった。甲斐守護の武田信満の子、武田信長は応永三三年に自らの勢力拡大のため、甲斐の国人領主、逸見氏と戦い、これを破った。逸見氏の残党は鎌倉府に援助を求め、これに対し、足利持氏は近臣の一色持家を大将として甲斐に信長討伐の兵を差し向けた[49]。史料９・10はこれに関するものである。

黒田基樹氏は、江戸氏一族が自立した国人領主・鎌倉府奉公衆・宅間上杉氏被官に分立していたことを明らかにした上で、「こうした一族の分立的状況こそが、室町期における江戸氏の領主的特徴であるとともに、それは当該期における国人層に共通するものでもあった」と述べている。史料９・10に見る、信長討伐に従った江戸憲重については、その政治的地位は明確でないとしている[50]。確かにその通りであるが、史料９の「就面々御座」という文言は、江戸憲重を中心とした一族の族的規模の大きさを思わしめ、自立的国人領主であったと推測することもできるかもしれない。

史料９・10を通して見ると、憲重の戦功は信長討伐の大将である一色持家によって持氏に注進され、持氏がこれを賞していることが分かるが、この戦功に基づいて憲重に所領の安堵・給与が行われたと予想される[51]。これは江戸氏の

場合であるが、豊嶋氏・南一揆も同様に、持氏との間に軍事的統属関係と土地授給関係を結んでいた、すなわち封建的主従関係が成立していたと言える。

特定の二者間に封建的主従関係の成立を見るにあたり、私が最も重視したいのは二者間における「契約性・双務性」という要素である。それは卑近な言葉で言い換えれば、結合関係のルーズさである。史料9の一色持家の憲重を下にも置かない文面はこれを示しているのではないか。ここから逆に、憲重の自主的意思に基づく戦線離脱の可能性を読み取ることができるのである。「就面々御座、一方御心安事候哉」と持家が言ったのは、その可能性が否定されたからである。鎌倉末、南北朝期から軍勢催促状や感状、着到状や軍忠状が急増したのも、結合関係の契約性・双務性、したがってルーズさの裏返しであると判断してよかろう。より一般化して言えば、封建的主従関係とは、かかる文書の発給・受給によって常に確認・更新されねばならぬ関係だったのである。

持氏と江戸氏・豊嶋氏・南一揆の関係は、およそこのようであったが、このことから南武蔵（東京都、神奈川県の一部）の国人層は武蔵守護上杉憲実ではなく、持氏が把握していたと考えられる[52]。また、これと関連して、表1にみる鶴岡八幡宮領も南武蔵に集中していたことがわかる。つまり、概して持氏は北武蔵（埼玉県）に比べ、南武蔵を自己の権力基盤としてより強固に把握していたと言えよう。これに対し、守護代―守護使という守護支配機構を通じて、上杉憲実は使節遵行権と一国平均役の賦課・免除権を実質的に押さえていた。これらの状況を考えると、武蔵は伊豆・上野と同じく上杉氏の守護国であっても、それらと相違して持氏と憲実の支配が錯綜する国であったと言うことができるのである。

おわりに

以上、足利持氏専制の特質について、武蔵国を中心に一国平均役の賦課・免除、および国人層の把握の問題を通して考察した。本稿では、府中六所宮役、役夫工米の賦課・免除に関して、鎌倉公方権力と守護権力との間に対立、またはその可能性があったことを指摘した。特に、守護権力の具体的形態として、守護代大石氏と府中六所宮の密接な関係に注目した。その大石氏が使節遵行権と一国平均役の賦課・免除権を実質的に押さえており、これに鎌倉公方の武蔵支配は規制されたと考えられるのである。つまり、持氏が専制を推し進め、守護上杉憲実との対立を深めれば深めるほど、自己の武蔵における支配基盤は矮小化したと捉えることができるであろう。ただ、一方で持氏は江戸氏・豊嶋氏・武州南一揆といった南武蔵の国人層を自己の軍事的基盤とした。これは持氏専制の積極的側面であったと位置づけることができる。

幕府を後ろだてとした憲実が持氏を滅ぼすにいたる永享の乱の基本的要因は、以上述べた武蔵支配の実態にはっきり示されていたのである。

註

（1）永原「東国における惣領制の解体過程」（『日本封建制成立過程の研究』岩波書店、一九六一年所収。初出は一九五二年）。このような永原氏の見解に対し、小国浩寿氏は鎌倉公方足利基氏と平一揆の関係の分析を通じて、鎌倉府成立当初から、鎌倉公方基氏と関東管領上杉憲顕との間に矛盾が潜在していたことを明らかにし、これ（両権力の矛盾）はその後の鎌倉府体制を規定し続けたとする（「鎌倉府基氏政権期の守護政策と平一揆」『鎌倉府体制と東国』吉川弘文館、二〇〇一年所収、初出は一九九五年）。

（2）小国「持氏期鎌倉府の守護政策と分国支配」（註1著書所収、初出は一九九一年）。阿部「鎌倉府料国武蔵国にみる守護支配─遵行体制を手懸りとして─」（『文化』六二巻一・二号、一九九八年）。

（3）市村「鎌倉公方と東国守護」（『歴史公論』八一号、一九八二年）。同「鎌倉府体制の展開と結城・小山一族」（『北下総地方誌』創刊号、一九八四年）。

（4）佐藤「鎌倉府についての覚書」（『中世東国の支配構造』思文閣出版、一九八九年所収、初出は一九八八年）。

（5）小国氏前掲論文（註2）。

（6）風間「足利持氏専制の周辺─関東奉公衆一色氏を通して─」（『国史学』一六三号、一九九七年）。

（7）杉山「室町期の箱根権現別当と武家権力」（『鎌倉』九九号、二〇〇四年）。

（8）阿部氏前掲論文（註2）。

（9）拙稿「十五世紀前半における武州南一揆の政治的動向」（『駒沢大学史学論集』三五号、二〇〇五年）。

（10）佐藤「足利持氏の花押について」（註4著書所収、初出は一九八三年）。

（11）阿部「鎌倉公方足利持氏期の鎌倉府と東国寺社─鹿島社造営を素材として─」（『歴史』八八輯、一九九七年）。

（12）田辺「足利持氏伊豆国支配の一断面─駿河国への接近と関連して─」（『三浦古文化』四九号、一九九一年）。

（13）百瀬今朝雄「段銭考」（『日本社会経済史研究　中世編』吉川弘文館、一九六七年）。市原陽子「室町時代の段銭について（Ⅰ）（Ⅱ）─主として幕府段銭を中心に─」（『歴史学研究』四〇四・四〇五号、一九七四年）。

（14）「浄光明寺文書」（『神奈川県史資料編3　古代・中世3上』─五〇五三号。以下、『神』と略す）。

（15）「鶴岡八幡宮文書」鎌倉府奉行人連署奉書（『神』─五八二四号）。『神』は「大石々見守」を大石憲重とするが、憲重は正長二年二月十五日に死去したとされ、この者は別人の可能性がある。あるいは、憲重の子の憲儀であろうか（『福生市史　資料編中世・寺社』─七二～七五号）。大石氏の系譜関係を扱った研究に、岩崎学「武蔵守護代大石氏に関する二、三の考察─信重・憲重を中心に―」（『史学研究集録』第十四号、一九八九年）、湯山学「山内上杉氏の守護代大石氏再考―「木曽大石系図」の史料批判―」（『多摩のあゆみ』七三号、一九九三年）がある。これらは八王子市下柚木伊藤家に伝来する「木曽大石系図」を、大石氏関係文書、諸記録を用い、批判的に検討して詳細である。
(16)　鎌倉府奉行人の明石氏・雑賀氏については、湯山学「鎌倉御所奉行・奉行人に関する考察―鎌倉府職員の機能と構成」（『鎌倉』五一号、一九八六年）を参照。
(17)　府中六所宮の祭礼については、小野一之「府中六所宮祭礼の近世絵画史料」（『府中市郷土の森紀要』第十三号、二〇〇〇年）、大國魂神社（監修）・桜井信夫（文）『大國魂神社の歳時記』（ネット武蔵野、二〇〇二年）などを参照。
(18)　『武蔵村山市史資料編　古代・中世〈中世中期・古文書編〉』一三一号。
(19)　正長二年四月八日、武蔵惣社大般若経施入発願文（『福生市史　資料編中世・寺社』一七五号）。
(20)　この点に関しては、時代はさかのぼるが神社の瓦の分析からも指摘されている。すなわち、十三世紀末～十四世紀前半期における府中六所宮と二ノ宮神社の瓦が同笵関係にあるという事実などは、「在庁官人層を媒介とした物社と国内主要神である二宮神社の緊密さを物語るとともに、六所宮や国衙が周辺寺社に対する強い求心力を有していた」ことを示す、とするのである（あきる野市教育委員会『二宮考古館資料整理報告書　武州二宮神社と古代・中世の瓦』二〇〇四年）。
(21)　沙弥聖顕請文（『群馬県史　資料編5』一正木文書四七号）。
(22)　岩崎前掲論文（註15）。
(23)　府中六所宮の「六所大明神」が記載された請文として他に、応永一五年九月一〇日、沙弥道栄箕匂某請文案と応永一五年九月一一日沙弥崇忠長尾憲英請文（皆川文書、『神』一五四〇六・五四〇七号）がある。この案件については、阿部氏前掲論文（註２）参照。
(24)　「鶴岡八幡宮文書」吉良治家寄進状（『神』一四七五五号）。「鶴岡神主家傳文書」吉良治家書下写（『神』一四七五六号）。
(25)　荻野三七彦編著『関東武士研究叢書第四巻・吉良氏の研究』三一～三二頁（名著出版、一九七五年）。
(26)　山田『鎌倉府と関東―中世の政治秩序と在地社会』一二一頁（校倉書房、一九九五年）。

(27)「鶴岡八幡宮文書」永享六年三月一八日、足利持氏血書願文（『神』―五八九二号）。
(28) 風間氏前掲論文（註６）。
(29)「相州文書所収足柄上郡最明寺文書」足利持氏御判御教書写（『神』―五六五四号）。
(30)「臼田文書」内宮料神宝要脚請取状（『新編埼玉県史　資料編５中世１古文書１―七六〇号。以下、『埼』と略す）。
(31) 百瀬氏前掲論文（註13）。
(32)「三嶋神社文書」鎌倉府奉行人連署奉書（『神』―五三〇〇号）。
(33)「三嶋神社文書」伊豆守護代寺尾憲清奉書（『神』―五三〇一号）。
(34) 百瀬氏前掲論文（註13）。
(35) 史料５の出典は臼田文書であるが、これは常陸国の江戸崎羽賀に居城を構えた臼田氏に伝来する文書である。臼田氏は信濃国の海野氏の支流で、信濃国伴野庄内の臼田郷を本領としていた。南北朝期、足利直義方の上杉憲顕を支持した関係で、嘉慶元年、臼田直連は上杉憲定から常陸国信太庄布佐郷を与えられている（『茨城県史料・中世編Ⅰ』の「臼田文書」解説の頁）。以後、臼田氏は上杉氏の被官となっていくのだが、そうした関係を前提とするならば、史料５における大使の内宮料御神宝要脚徴収に臼田氏が関与した可能性があるのではないか。
(36)『群書類従』第二二輯・武家部・三一二頁。
(37) 阿部能久「『鎌倉年中行事』と関東公方」（『戦国期関東公方の研究』思文閣出版、二〇〇六年所収）。阿部氏は、同書が持氏期の儀礼を書き留めたものであることを認める一方で、享徳の乱以降に関する事柄の記述も散見されることを指摘している。
(38) 阿部氏同上論文（註37）。阿部氏は、鶴岡八幡宮・勝長寿院・永福寺といった寺院を鎌倉公方が特に重視している理由として、自らが頼朝以来の東国武家政権の継承者であることを誇示するためであったことを挙げている。
(39) 田辺久子「南北朝期の武蔵国に関する一考察」（『金澤文庫研究』一八巻九号、一九七二年）。田辺氏は、関東管領が武蔵守護を兼帯するという慣習のために、武蔵守護職に関しては幕府から安堵状が発給されなかったとしている。そしてこれを一つの根拠として武蔵を「鎌倉府の料国」と評価しているのである。

(40) 勝守すみ『関東武士研究叢書6　長尾氏の研究』二八一頁（名著出版、一九七八年）。
(41) 小国氏前掲論文（註2）。
(42) 阿部氏前掲論文（註2）。
(43) 持氏は応永二六年、武州南一揆に対して武蔵守護代（大石信重ヵ）に「同心」して旧上杉禅秀与党を追討するよう命じている。これなどは、南一揆の勢力範囲にあたる多摩川流域における大石氏の指導的立場を持氏が積極的に取り込んだ事例ではないか。
(44) 「鎌倉大草紙」（『群書類従』第二〇輯・合戦部・六七三〜六七六頁）。
(45) 山田氏前掲著書（註26）一六九頁。
(46) 拙稿（註9）。
(47) 「牛込文書」一色持家書状（『埼』一七五四号）。史料10より、本文書の発給年は応永三三年と思われる。
(48) 「牛込文書」足利持氏御感御教書（『埼』一七五五号）。
(49) 以上の点は、渡辺世祐『関東中心足利時代之研究』第三編第十一章（新人物往来社、一九九五年、初刊は一九二六年）に負った。
(50) 黒田『扇谷上杉氏と太田道灌』一二四〜一二五・一三〇〜一三一頁（岩田書院、二〇〇四年）。
(51) 武田信長討伐より三年近く前になるが、憲重の申請に応じて、持氏は豊嶋郡櫻田郷内の沽却地の下地を沙汰付している（「牛込文書」応永三〇年一一月二一日、前遠江守有秀打渡状（『埼』一七四一号））。
(52) 江戸氏の所領は豊島郡東部を中心に、荏原郡・多東郡・橘樹郡へと展開している（黒田氏註(50)前掲書、一二七・一二八頁）。また、豊嶋氏の所領は豊島郡の西部から北部の一帯であり、さらに足立郡にまで展開している（黒田氏註(50)前掲書、九九頁）。

【付記】本稿は、二〇〇六年六月一七日の駒沢史学会大会、同年七月一五日の再興中世前期勉強会にて報告させていただいた内容をもとに執筆したものである。当日は、多くの方々から貴重なご意見をいただいた。ここに感謝申しあげたい。

Ⅳ

鎌倉公方足利持氏期の鎌倉府と東国寺社
―鹿島社造営を素材として―

阿部哲人

はじめに

中世社会において東国の占める位置は決して小さくない。それは鎌倉幕府の倒壊後においても変わりはなく、武家政権の中心が畿内へ移っても、東国における情勢は中世社会に大きな影響を与えた。室町幕府の地方統制機関として成立した鎌倉府もまたその意味で重要な役割を担った。その研究では鎌倉府と室町幕府との関係を明らかにするという議論を経て、鎌倉府における支配構造の問題へと具体的な関心を移しながら活発な議論が展開され、その具体的様相が明らかにされつつある。本稿はかかる鎌倉府の支配構造の具体的様相を明らかにせんとする問題関心のもとに、応永末年から永享年間にかけて鎌倉府の関与した常陸国一宮鹿島社造営を素材として鎌倉府の東国寺社を挺子とした支配政策の一側面を考察せんとするものである。

鎌倉府の支配構造については既に先学によって鎌倉府と東国領主層との関係や鎌倉府の権力基盤、そして鎌倉府財政論などの研究が活発に行われている(1)。かかる中で鎌倉府と東国寺社との関係については、特に鎌倉寺社を鎌倉府の直接の基盤と位置付け、その祈禱などの宗教的活動は鎌倉府支配を支える支柱の一つであり、その所領は鎌倉府の直接の経済基盤であると指摘される(2)。一方、鎌倉以外の地方寺社に関しては、下野日光山についてその社領における農民闘争との関連で鎌倉府との関係が指摘される(3)。そこでは東国寺社、とりわけ鎌倉寺社を中心として基本的に鎌倉府体制を支える領主層と位置付け、鎌倉府の支配構造の中で重要な位置を占めると評価している。しかし、鎌倉府体制における鎌倉府の支配論理の中での東国寺社の位置付けについては未だ検討の余地があると思われ、その具体的役割や鎌倉以外の地方寺社の位置付けなどが問題として挙げられる。

かかる視点に通じる問題として、鎌倉府財政論において東国寺社の造営要脚の調達からその具体像を探る試みがなされている(4)。鎌倉府は鎌倉をはじめ東国寺社の造営に関与することが多く、それは鎌倉府の重要な政策の一つであったといえよう。そこには鎌倉府財政の問題同様に、その政治的な意図を看取することも可能であろう。それが鎌倉府の支配と密接な関係を有することは言を俟たない。そこで本稿では鹿島社造営を素材に、鎌倉府の支配政策としての意義を考察することで、鎌倉府体制における東国寺社の位置付けにアプローチしていきたい。

具体的な課題は以下の通りである。第一に造営過程を整理し、造営事業全体での鎌倉府の関与のあり方を明らかにする。第二に鎌倉府の事業遂行の機構、すなわち造営機構を指摘する。第三に当該政権である鎌倉公方足利持氏の支配政策におけるこの造営の意義を、当時の鎌倉府をめぐる状況との関連で考察する。そして最後に以上の考察から鎌倉府体制における東国寺社の位置付けについて言及したい。

一、鎌倉府と鹿島社造営

本章では、はじめにで述べた第一の課題について考察する。

史料①

□[1]謹言上、

右、当社、元弘年中御造営已後、以人々宿願、度々奉成御修理計也、大破之段勿論也、然而以兼日御宿願・御敬信ぉ、御修理事思食立、国奉行被仰付完戸安芸入道・小高掃部助両人仁、以一国平均段銭、可奉致御修理之由、被仰出之間、雖被致催促、致其沙汰郷村少分、無沙汰郡庄多之、一国平均之段銭、其聞大儀也、雖然依未進・無沙汰、不事行歟、然間御造営間、可借進□□(憲親カ)知行分一所之由、以余社潤色被仰出者也、但余社事者、依有御造営料所被仰付者歟、当社事者、為御造営料所御寄進之地無之、而　当社領事者、在々所々御神事料所也、就中憲親知行分、或　右大将家御代、為異国降伏御神事・御祈禱料所御寄進地、或為毎日御供料所御寄進地□□□(在之歟カ)永安寺殿御代、為小山下野守義政御追罰、御祈禱事□代被仰出之間、奉致精誠之処、則御退治訖、仍為御祈禱賞一所御寄進早[2]、爰去応永廿八年、常陸・下野御敵等蜂起之間、為御追罰御発向刻、奉致御祈禱精誠、御敵悉於有御対治者、一所可有御寄進之□□□(憲親カ)忝毛令拝領御内書、奉抽懇祈之処、即時両国御敵等御退治事、偏　当社威験御祈禱感応也、然間以兼日御宿願・御敬信専一ぉ、於　当御代一所御寄進地在之、仍為毎日御供料所令備進御供、毎日不闕仁奉致御祈禱精誠者也、為如此節々月々日々御神事、御祈祈禱之料所処、一所被借召者、可令退転異国

降伏御神事・御祈禱哉、又者可令闕如毎日御供哉、以如此御祈禱料所奉成御修理事　神慮如何、宜預御賢察者也、
忝　当社仁王始　神武天皇元年辛酉被立初宮柱以来、御造営御修理之間、御神領ぉ借進事、先規曾以無例証者也、
且云　神慮、且云奉為　天下、傍以不可然者也、此段一社同心、以連署令言上訖、所詮□□（憲親カ）知行分事、預無為御
裁許、全御神領、弥為奉致　天下安全、御武運長久御祈禱精誠、恐々言上如件、

永亨六年八月　日[5]

これは鹿島社が永享六（一四三四）年八月鎌倉府へ提出したとみられる申状であり、鎌倉府による造営財源調達策の一つである鹿島社大禰宜の所領への造営料所設定という処置に対し、その免除を申請したものである。まずこの史料によって南北朝期以降の鹿島社造営の実態と、今回問題とする造営への鎌倉府の関与について指摘したい。その傍線部(1)から前者については元弘年間の造営を最後に、この時点まで本格的な造営がなされなかったことが分かる。南北朝期以降は「人々宿願」（鹿島社関係の人々ということであろう）による造営のみで、そこに鎌倉府の関与は見出されない。つまり鎌倉府はその成立以降、鹿島社造営に本格的に関与することがなかったようである[6]。ところがかかる中で兼日、鎌倉公方足利持氏の御宿願・御敬信によって御修理が決定され、一国平均段銭によって修理すべきことが命じられたのである。すなわち鎌倉府によるこの鹿島社造営への関与は一国平均段銭賦課に始まったことが明らかである。さてこの賦課時期はいつか。

正長二（一四二九）年と考えられる十月九日付の沙弥某奉書は「鹿島社御修理要脚段別銭」の再催促を徳宿郷地頭に求めたものである[7]。この段別銭は前述の一国平均段銭に該当し、発給者は在地におけるこの段銭の徴収担当者と思われる。さてこの史料中に「重御教書如此」とあり、この段階で前述の段銭の徴収命令が再度鎌倉府から発給された

ことが分かり、この段銭賦課がこれ以前であることは明らかである。ここで着目されるのは応永三十二（一四二五）年正月付の常陸国留守所下文の存在である。(8) これは真壁郡窪郷に対して官物の内から「鹿島社拝殿御遷宮用途物」の弁済を命じたものであり、准絹十疋以下の用途物が賦課されている。ここに応永三十二年の時点で鹿島社造営事業が着手されていることが分かる。

史料②

（端裏書）「鳥名木右馬助状　応永卅三七廿六」

目安

鳥名木右馬助国義謹申

右子細者、手賀出羽守号蒙仰鹿島御造営奉行、国義知行分仁申懸過分公事、剰致国義身上満天支配可仕由、伺申上意之由、承及候間、驚存、以参上所申上也、（中略）

応永卅二年七月　日(9)

これは応永三十二年七月付けの常陸国の在地領主鳥名木国義が、手賀出羽守が「鹿島御造営奉行」に補任されたとして鳥名木氏に過分の公事を賦課し、さらに国義をその支配下に収めようとしていることから、手賀出羽守を訴えた申状である。ここで注目されるのは「鹿島御造営奉行」なる役職である。この奉行の職権は在地における「公事」の賦課徴収にあることはこの史料より明白であるが、この「公事」とは何か。

後述するが、永享八（一四三六）年に真壁朝幹が関郡地頭に対して鎌倉府の賦課した鹿島社の造営財源である「棟別二疋」を催促している。(10) この時の朝幹の立場は「鹿島社御修理奉行」と述べられており、その奉行職に基づいた職権行使であったことが分かる。(11) そしてこの棟別銭は鎌倉府の賦課によると考えられるから、この奉行職は鎌倉府が設定したといえる。かかる奉行職の設定、およびその名称こそ異なるが、基本的にその職権を同じくする点から考えると、確証は得られないものの、この「鹿島御造営奉行」とは鎌倉府の賦課を徴収するための使節ではなかっただろうか。すると手賀氏が鳥名木氏に賦課した「公事」とは前述の段銭にあたる可能性を指摘できる。

また、応永三十二年において鎌倉府と鹿島社との間に何らかの交渉が存在する。

史料③

(1)当社御寄進地、無為御入部大慶候、仍　上様へ御馬一疋鹿毛御進上、即被納候、目出候、可申成御書候之処、依
京都　御方御所御事、無伺事時分候、追可申出候、(2)次重御申子細、即達　上聞候、上意之趣、委細申御代官候間、
令省略候、恐々謹言、

三月九日　　前備中守満康(東)（花押）

謹上　鹿島大禰宜殿御返事(12)

その詳細は不明ながらも、この史料の傍線部(2)より交渉の存在は明らかである。また、この発給者である鎌倉府奉行人東満康は、後述の如く今回の造営事業において鎌倉府の命令を現地へ執達する人物である。するとこの交渉とは造営に関する可能性が考えられる。

以上のように、留守所下文より応永三十二年におけるその造営事業の遂行は明らかであり、史料②および③より鎌倉府の造営事業への関与が窺われる。この想定に誤りがないとすれば、応永三十二年に、もしくはそれを遡ることそう遠くない時期に、一国平均段銭の賦課が実施されたものと考えられる。したがって鎌倉府の造営事業への着手の時

期は応永三十二年頃であったとみられる。

さて応永三十二年の正月に国衙が鹿島社拝殿御遷宮用途物を賦課していることから、この造営事業は鎌倉府の独占事業ではなかったことが明らかである。以下、この造営事業における鎌倉府の占める位置について、鎌倉府の具体的な役割を通して考察していきたい。

史料①でみたように鎌倉府はまず一国平均段銭を賦課するが、この徴収は必ずしも順調には進まなかったことが、同じくその傍線部(1)より分かる。かかる状況において永享六（一四三四）年六月に鎌倉府はその代替財源調達のために既存の鹿島社領内に造営料所を設定することを鹿島社に要求する。(13) しかし、この策は史料①が示すように鹿島社内部の反対に遭い、結果的にその設定の有無は不明である。

史料④

(1)棟別銭取納時、可相副使由被仰出候処、就神事無隙由被申候上者、於棟別事者、可有御免候、国奉行取沙汰、要脚ぉ神□被預申、御造営方へ下行之時者、両使代官請取ぉ取置、可有勘定由　上意候、(2)次御修理御急有度候間、如以前国中御要銭ぉ可被仰付候、冨有人体・領主名字、国奉行相共可被註申由　上意候、当社御修理面々可被畏存候処、毎度莵角辞申候、難御心得由被仰出候、被応　上裁候者可然候、恐々謹言、

（永享七年）七月五日　　（東）前備中守満康（花押影）

謹上鹿島□□殿(14)

史料⑤

（端裏書）「注進案、依破写置之」

注進
　鹿島太神宮諸神官等謹言上
(3)右為　当社御修理要脚、当郡棟別銭御寄進、一社所畏存也、仍如度々言上、於宮本郷御手洗河下者、依為　当社
荒籬之内、鎮座以来諸公事一切無之者也、其上神官之屋敷・名田等多之、爰鹿島民部太（大）輔者、当社云大宮司、又
号惣官、驚（警）固社頭、奉守護神事仁也、於彼知行分者、毎日之供祭料、収納粗（租）穀、卯月・霜月大神事料物等出之、
其外年中細々之神役不可勝計、是皆　天下安全、御武運長久之精祈也、然ニ毎度令当参、致在陣奉公之間、雖為
当社事、至臨時之所役者、曽以不勤之旨、先立雖令言上、重而被仰出之条、一社愁訴至也、既降臨以来不易
法於、限今度被破者、云御神事退転之基、難測神慮之間、一社同心ニ企参上、雖可歎申、先捧連署者也、然者至
御手洗河下者、任社例被閣之者、一社弥奉渇仰上裁、可励御祈禱之忠勤者也、
(4)一棟別銭十疋宛事、人々歎申者也、所詮以壱疋宛、如先度言上、被仰付国中平均者、御修理可輙歟、
(5)一御要銭事、以前依被仰出致沙汰間、重役之由、皆以歎申者也、
（裏書）「若此条偽申候者
鹿島三所大明神・八幡大菩薩御罰於、可罷蒙者也、以此旨可有御披露候、恐惶謹言
（以下、神官十五名による署名略）
永享七年八月　日
進上　備中守殿（東満康）(15)」

史料④は永享七年の発給と考えられる文書であり、鎌倉府奉行人東満康が鹿島社の神官に宛てたと思われる書状で

ある。そして史料⑤は内容的にこの史料④と関連ある内容を持つ鹿島社神官十五名による訴状であり、その宛所は史料④の発給者の東満康である。この両史料から鹿島社領内への造営料所設定以後の鎌倉府の具体的な造営への関与が知られる。

まず史料④の傍線部⑴に注目すると、そこでは棟別銭の徴収についての鎌倉府から鹿島社への指示が示されている。具体的には、徴収に当たり鹿島社の使者を同行させるべきことが原則であるが、神事の都合によりそれが免除となり、その上での要脚の受け取り方法が指示されている。さて、ここで棟別銭が新たに登場してきている。これが如何なるものかは史料⑤から理解できる。史料⑤傍線部⑶では「当郡棟別銭御寄進」とあり、これが鹿島郡に賦課されたものであることが分かり、その額は十疋であったことが同史料傍線部⑷に示されている。そしてこれが新たに鎌倉府によって賦課されたものであることは、史料⑤が鎌倉府に対する訴状であり、かつその傍線部⑶に「御寄進」と表現されていることから明確である。ここに鎌倉府は造営料所の設定策に続いて、鹿島郡平均棟別銭十疋の賦課を行ったのである。そして史料⑤傍線部⑷で鹿島社が以前のような一国平均での賦課を申請していることは、この時点で当初賦課された一国平均段銭徴収を既に鎌倉府は放棄し、それに代わる財源政策を展開していることが理解できる。

では、この棟別銭賦課の時期を考えたい。史料①にみた鹿島社領への造営料所の設定に対する鹿島社側の免除申請が永享六年八月に行われるが、その中には棟別銭のことは一切見えない。一方、この史料⑤が鎌倉府の新たな造営要脚賦課に対する減免要求を行っていることを考え合わせると、永享六年八月以前に棟別銭の賦課が行われたとすれば、史料①中にその減免に関わる内容を見出せてもおかしくはない。それが見えないことは、恐らく棟別銭賦課が永享六年八月以降であるからだろう。あるいは造営料所設定に代わる策であったとも考えられる。そして永享七年七月五日付の史料④では既に棟別銭のことがより具体的に、それも鹿島社の要求を鎌倉府が容れる形で示されていることから、これ以前に賦課されたことは言うまでもない。したがってこの賦課は永享六年八月以降同七年七月以前であったと考えられる。

次に、史料④に再び戻り、その傍線部⑵をみよう。そこでは造営財源として「御要銭」を賦課するために常陸国の富有人とその領主の名字を調査すべきことが命じられている。この「御要銭」とは、峰岸純夫氏が指摘されたように有徳銭を指すと解釈できる。[16] 鎌倉府は鹿島社造営要脚として棟別銭と併せて有徳銭を賦課しようとしたのであった。この結果作成されたのが、永享七年に比定される八月九日付「常陸国富有人等注文」である。[17] よってこの賦課は当然永享七年八月以降であるが、実際の賦課の有無は確認できない。

さらにこの史料④傍線部⑵で注目されるのは、「如以前国中御要銭ぉ可被仰付候」とあることである。この「御要銭」は、これら二つの史料の対応関係より有徳銭を指すと考えられる。つまり永享七年七月以前のある時点で既に有徳銭賦課がなされていたのである。そしてその賦課は、史料⑤傍線部⑸で「御要銭事、以前依被仰出致沙汰」とあることから一定の成果を挙げたと考えられる。だからこそ再度の有徳銭賦課を鎌倉府は試みたといえよう。残念ながらこの有徳銭賦課の時期を確定、および一定期間のうちに絞り込むことは難しい。一応、永享七年七月以前とのみ指摘できるに留まる。なお本稿では以降、行論の都合上、この永享七年七月以前に賦課された有徳銭を、有徳銭αと表現し、永享七年七月以降に賦課が計画された有徳銭を、有徳銭βと表現することにする。

最後に鎌倉府がこの鹿島社造営事業の中で提示した政策は、常陸国一国平均の棟別銭である。永享八年閏五月三日付で関郡地頭に宛てて鹿島社御修理奉行真壁朝幹が発給した催促状には、「棟別二疋充、以一国平均被成　御教書

表　鎌倉府賦課臨時役

	賦課時期	臨時役の種類	備考
A	応永32年頃	一国平均段銭	未進・無沙汰多く、失敗
B	永享６年６月	鹿島社領への造営料所設定	鹿島社の反対→撤回？
C	永享６年８月～同７年７月	鹿島郡平均十疋棟別銭	鹿島社の減免・対象拡大要求
D	永享７年８月以前	有徳銭α	成果を挙げたと思われる
E	永享７年８月以降	有徳銭β	実際の賦課の有無不明
F	永享７年８月～同８年閏５月	一国平均棟別銭	成果については不明

畢」とある。(18) 恐らくこの催促状発給を遡ること、そう遠くない時期にその賦課がなされたと思われる。史料④の傍線部(2)において鹿島社は鹿島郡平均十疋の棟別銭を一国規模の賦課に拡大することを鎌倉府に要求していた。するとこの一国平均棟別銭の賦課はその要求を容れたものであり、鹿島郡平均棟別銭に代わる財源策として鎌倉府が賦課したことは明確である。そして、その賦課時期は永享七年八月以降永享八年閏五月以前となろう。

以上、鎌倉府の具体的関与についてみてきたが、その結果、鎌倉府は造営事業の中で財源の確保、特に臨時役賦課に関わっていることが明確となった。国衙もまた財源の賦課を行っているが、それは国衙領に設定された造営役所に対するものと考えられ、鎌倉府の賦課とは性格を異にすると考えられる。(19) 上に示す表は以上の鎌倉府によって賦課された臨時役を整理したものである。(20)

ところでかかる鎌倉府の鹿島社造営の関与について鎌倉幕府のそれとの比較からその性格を見てみたい。伊藤邦彦氏によると、鎌倉幕府は造営奉行人を任命することで造営に公式に関与し、公家や国衙と共にその執行機関の一部を構成すると指摘される。そして公家や国衙の関与から造営事業は宣旨によって開始されることを、さらに造営奉行人の職権を役所の地頭御家人の統率と、それへの催促を加えるものと推察される。(21) かかる指摘を受けて鎌倉府の体制に目を向けると国衙の関与が明確であることから、鎌倉府もまた執行機関の一部を構成する存在であったといえ、次章で検討する鎌倉府の任命した国奉行は、鎌倉幕府の任命した造営奉行人に該当すると考えられる。また公家の関与を今回の造営関連史料の中に見出すことはできないが、国衙の関与する点より推して、それを強ち否定できないのではないかと思われる。(33)以上より、この鹿島社造営における鎌倉府の位置は鎌倉時代の鹿島社造営における体制の継承であるといえる。しかし、かかる体制ではあるが、その中での鎌倉府の財源策はその主体性のもとに実行されたとみられる。史料①の傍線部(1)ではこの造営において鎌倉府が主体的役割を果たすことへの期待が窺われ、まだ各々の財源策の展開は、鎌倉府によって主体的に実施されていることが、各史料から明らかである。さらに財源問題が造営の中で大きな位置を占めていたと思われる点からも、鎌倉府の役割の大きさが窺われる。また、永享元（一四二九）年に足利持氏が国衙の中心人物であった大掾氏を鎌倉雪ノ下に討ち、大掾氏の勢力を弱体化させたことによって、鎌倉府の造営事業に占める位置はさらに主体的なものへとなっていったのではないかと思われる。したがって、この造営において鎌倉府は鎌倉期的体制を大枠としながら、その中で独自の支配政策を遂行したといえる。

二、鎌倉府の鹿島社造営機構

本章では前章に見た臨時役の賦課・徴収を実行する鎌倉府の機構について検討する。以下、前章で提示した表を参考にしながら論述していきたい。

まずは如上の政策を鎌倉府において立案し、現地へ実行を指揮する人物についてみていきたい。表中Bの鹿島社領への造営料所設定の奉書、および鹿島郡平均棟別銭徴収の方法と表中Eの棟別銭β賦課台帳の作成を命じた史料④の発給者は鎌倉府奉行人東満康であった[23]。また、史料⑤の鹿島社による申状の宛所も満康である。ここに満康は鹿島社と鎌倉府との間の窓口ともいうべき役割を担っており、鹿島社の要求を鎌倉公方へ上申し、その仰せを鹿島社へ執達する役割を担っていたことが分かる。そして具体的な財源策の立案にも満康が中心となって行われたと考えられる。この満康に関して次の史料を見てみたい。

史料⑥

（端裏書）「御教書案文」

熊野堂造営要脚上総国段別銭十疋事、所被寄当社造営方也、厳蜜充取之、可終修造之功、但造畢以後、以其余分、可令修理箱根社、然者駿河入道・備中前司相談之、可終造営之功也、可令存知其旨之状如件、

応永廿四年十一月廿七日　　（足利持氏）御判

箱根山別当御房[24]

これは応永二十四（一四一七）年十一月に相模国箱根社内の熊野堂造営財源として上総国へ段銭が賦課されたことに伴う史料であり、この段銭の余分の運用について駿河入道と備中前司と箱根山別当が相談し、箱根社の修理に充てるべきことが命じられている。この備中前司はその官途から東満康に、駿河入道は二階堂行崇に比定される。さらに行崇は当時政所執事であるから[25]、満康は政所奉行人であったと解せる。すると鎌倉府政所は、この史料にみえる造営財源の運用・処理に関与していたといえ、恐らく財源確保の過程にも関与したであろう[26]。そして鹿島社造営の場合も同様に、政所において財源政策の立案がなされ、満康は政所奉行人としてその中心にあったと考えられる[27]。

次に常陸において財源政策を実行する機構の考察に移ろう。そこで注目されるのが国奉行である。この国奉行は鎌倉府に任命され、一国平均段銭の賦課と密接な関係にあることは史料①の傍線部(1)から明白である。以下、その職権・性格などの考察を通して造営機構での位置付けを明らかにしていきたい。

前章で挙げた史料④の傍線部(1)では、国奉行が表中Cの鹿島郡平均棟別銭の徴収に関与したことが示され、前述の段銭賦課に当たって任命されたことと考え合わせると、財源徴収をその任としたことが明らかである。また表中E有徳銭βの賦課に当たり、鎌倉府はその台帳作成を国奉行と鹿島社とが共同で行うべきことを史料④傍線部(2)で指示し、その結果、前述の富有人注文が作成され、鹿島社大宮司中臣則隆と大禰宜中臣憲親の連署書状を副えて鎌倉府に注文が提出された[28]。その連署書状にはこの注文を国奉行と鹿島社とが申談じて作成したことが、さらに注文には国奉行の裏封が加えられたことが記されている。ここに国奉行は政策立案の前提となる調査を行っているのである。

ところで小森正明氏は、この時作成された富有人注文に富有人と共に記載される領主の性格について鎌倉府奉公衆や関東管領上杉氏被官などの鎌倉府関係者が多いことを指摘される[29]。また、如上の性格以外の領主も全体に鎌倉府と関係の深い領主であったと判断できる。例えば、佐竹右京大夫は当時の常陸守護佐竹義憲であり、親鎌倉府派の立場であることは周知のことであろう。また塩谷越前守について小森氏は鎌倉府奉公衆の可能性を指摘されるが、塩谷氏についてはその徴証は他になく、必ずしもそう評価しきれるかは疑問であるが、少なくとも親鎌倉府派の領主であると考えられる[30]。そして建長寺領の存在などが指摘できる。ここで賦課対象とされた富有人は鎌倉府との関係の深い領主の支配下にあり、確実な徴収が期待できる対象が選抜されていると考えられる。常陸国の富有人の存在がこの注文に記載された者のみに限定されるとは考え難く[31]、また現に鎌倉府の臨時役賦課で唯一成果を挙げたのが有徳銭αであったことを想起すると、現地の実情を踏まえて富有人の選抜が行われたと考えられる。以上のような点から国奉行は鹿島社と共同して財源政策を、その立案の前提から実現まで、確実に実行することを期待された、現地における鎌倉府側の最高責任者と評価できる。

かかる期待はその人事にも具体的に現れる。史料①よりこの造営当初に任命されたのは宍戸安芸入道と小高掃部助であり、その後、永享七年の段階では筑波越後守と小高掃部助という構成になっている[32]。交替の時期や経緯等は明確でないが、二名により構成されていたことが分かる。彼らはいずれも常陸本貫の領主であり、宍戸氏は鎌倉期に常陸守護を勤めた家であり、筑波氏は文字通り筑波郡を本拠とした小田氏の流れをくむ家である[33]。またこの両氏は当時鎌倉府の奉公衆であった[34]。小高氏は行方郡小高郷に本拠を持つ常陸大掾氏一族であると考えられる[35]。かかる常陸本貫の武士の採用は鎌倉幕府の体制を継承した側面であり、かつ現地の実情に精通していることを考慮してであろう[36]。そして鎌倉府奉公衆の登用は鎌倉府の政策実現の確実化の意図と、持氏の権力基盤の反映であろう。

次に国奉行の鎌倉府からの命令受給について、鹿島社宛の鎌倉府発給文書を手懸りに考えてみたい。残存史料では国奉行宛の文書は管見に触れず、いずれもが鹿島社に宛てられている。しかし、だからといって国奉行に文書が発給されなかったとは言い難い。表中Bに見た鹿島社領への造営料所設定を鹿島社へ命じた鹿島大禰宜宛東満康奉書は年月日の記されたものであったが[37]、史料④では満康は書状形式を用いる。後者は宛所が明確でなく、前者とは受給者が異なる可能性も指摘でき、これらの文書様式の相違はそれに基づく礼的秩序の反映ともみられるが、必ずしもそうとは言えないように思われる。それはその命令執行主体の相違に求められると考える。造営料所設定では鹿島社に主体的行動が求められる。一方で史料④にみえる臨時役の賦課・徴収の実行主体は国奉行であったと考えられる。もしこの想定に誤りがなければ、恐らく国奉行宛の鎌倉府の臨時役の賦課・徴収を命じる満康署判の書下年号による奉書が発給されたであろう。よって国奉行は鎌倉府の命令系統の中で、鎌倉府発給文書を直接受給する位置にあって、政策の実行を担った最高責任者に位置づけられていたと考えられる。

また、国奉行の下にはさらに臨時役の徴収機構が組織されていたとみられる。表中Fの一国平均棟別銭徴収では鹿島社御修理奉行として真壁朝幹が関郡の徴収を担当している[38]。これは郡を単位として財源が徴収されたことを意味し、鎌倉府は郡を徴収単位としてその郡毎に奉行を設定し、在地での徴収を行ったのである[39]。中には複数の郡を兼任するものもいたであろうが、原則的に一郡一名をもって徴収を担当したのではあるまいか。そしてこの一国平均棟別銭の他にも最初に賦課された一国平均段銭（表中A）の徴収においても同様の奉行が組織されたと考えられる。それは史料②に見えた「鹿島御造営奉行」に該当し、正長二年に徳宿郷地頭宛に催促の奉書を発した人物もかかる奉行の一人であっただろう[40]。なお、かかる奉行職は一国平均規模の賦課に際して見られるものである[41]。ただしその人事の全容や具体的な命令指揮系統などは史料的制約から明確ではないが、恐らく彼らは国奉行の下に組織され、直接的にはその指揮下において郡単位で活動したと考えられる。

以上、鎌倉府の鹿島社造営機構についてみてきたが、それを図示して、最後に簡単にまとめておこう。鎌倉府は鹿島社の申請を容れながら、具体的な政策の立案・その現地への執行を鎌倉府政所奉行人東満康が中心となって行った。そして、その政策を現地で実行する機構は国奉行を中心に編成された。国奉行は鹿島社との協力の上に政策立案を支え、そして鎌倉府の命令を受けて自ら、あるいは郡単位に編成された「鹿島社御修理（造営）奉行」を統率・指揮し、政策を実行したのであった。

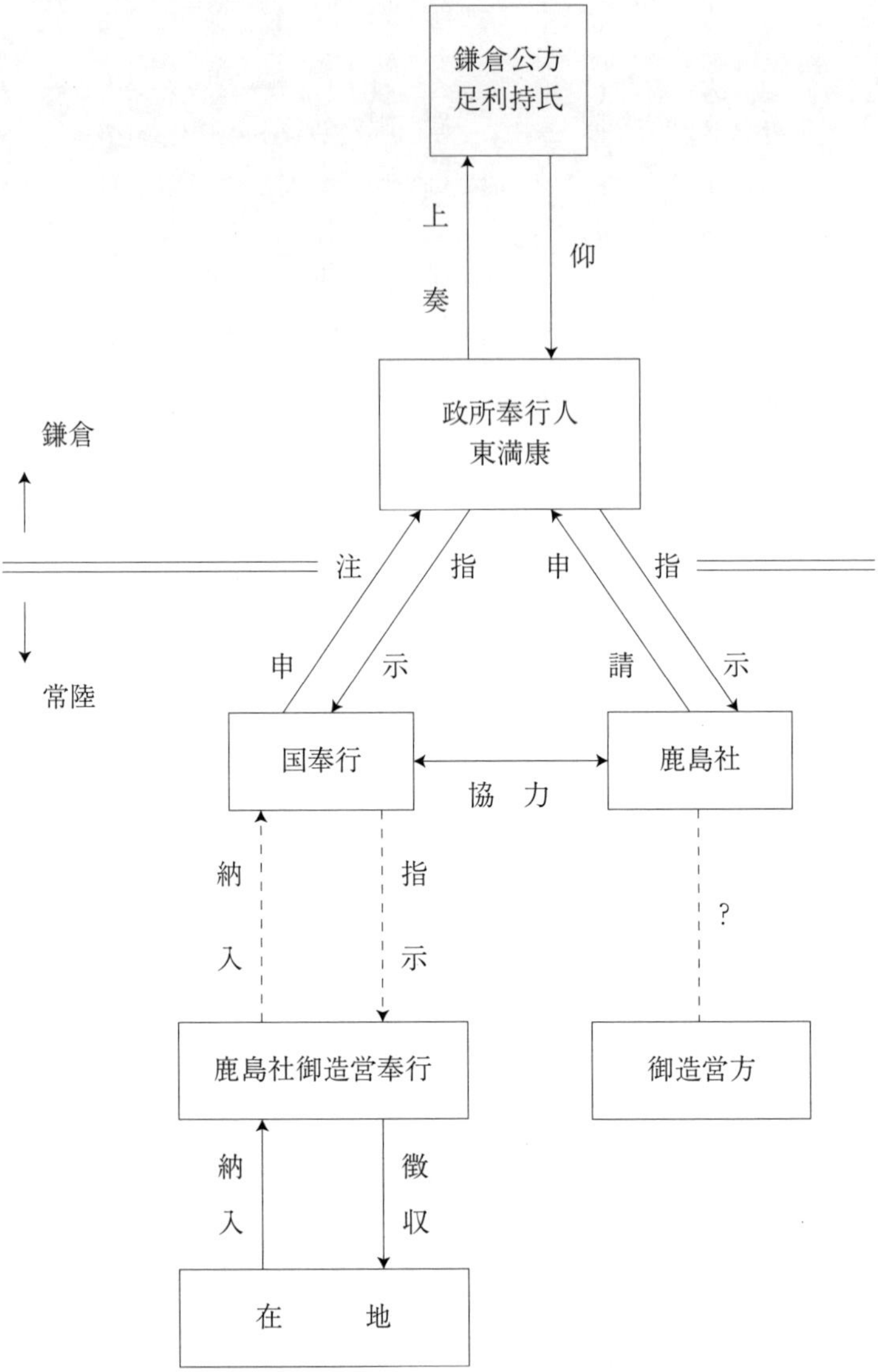
鎌倉公方
足利持氏
上奏
仰
政所奉行人
東満康
鎌倉
常陸
注申
指示
申請
指示
国奉行
鹿島社
協　力
納入
指示
?
鹿島社御造営奉行
御造営方
納入
徴収
在　　地

三、鎌倉府の鹿島社造営の意義

本章では今回問題としてきた鹿島社造営の鎌倉府支配における意義を検討していきたい。鹿島社造営は『延喜式』において二十年に一度の式年遷宮が定められており、鎌倉時代においても鎌倉幕府の一定の公式関与のもとにその造営事業は遂行されてきた[42]。しかし第一章で見たように鎌倉幕府滅亡以降、室町幕府・鎌倉府の武家政権がその造営事業に参加することはなかった。このことはなぜこの時期に到り鎌倉府、時の鎌倉公方足利持氏はこの造営に関与したのかという疑問を生じさせる。つまりこの造営が鎌倉府にとっての何らかの意義を有したと考えられる。そこで鎌倉府の造営関与の時期に着目して、以下この問題を考察していきたい。

既に第一章でみたようにこの造営には、応永三十二（一四二五）年頃に鎌倉府が関与し始めたと考えられる。これ以前の常陸に関する状況でまず目に留まるのは応永三十年の鎌倉公方足利持氏の常陸出兵である[43]。結論的にいうと、この出兵は常陸各地に存在した反鎌倉府勢力に大きな打撃を与えるものであったと評価できる。これら反鎌倉府勢力は応永二十三年に勃発した上杉禅秀の乱以来、鎌倉府に対する武力蜂起を繰り返し、ひとたび武力蜂起を鎌倉府によって鎮圧されてもしばらくして再度蜂起するというように根強い抵抗を続けており、彼らはまた京都の室町幕府と結びついた所謂「京都扶持衆」と呼ばれる存在であった。具体的には常陸守護佐竹氏一族の山入氏、額田氏、稲木氏、長倉氏、山県氏や、常陸大掾氏、その一族の小栗氏、真壁氏らがそれに当たる[44]。これに対して持氏は常陸守護佐竹義憲や上杉定頼らを派遣し、その鎮定に当たらせ、また応永二十九年閏六月には鎌倉比企谷の邸に山入与義を囲み、自害させるなど徹底的に彼らの討伐を行ったが、彼らの反鎌倉府行動は止むことはなかった。そのような中で持氏は自ら常陸に出兵し、彼らの討伐に乗り出したのである。その結果、小栗氏や真壁氏、額田氏らが没落し、大掾氏もまたその勢力を衰退させていくことになったのである。そして、以後の常陸情勢において反鎌倉府派の行動が消えたわけではないが、その抗争は主に常陸北部、つまり奥七郡を中心に佐竹義憲とその一族山入祐義の対立を軸として展開されていくのである。かかる状況から判断してこの持氏の応永三十年の常陸出兵は、特に常陸南部における反鎌倉府勢力を圧倒するものであったと評価できる。

次に注目される出来事は応永三十一年二月の鎌倉府と幕府との和睦成立である。そもそもこの和睦成立の前提となった両府の対立は、上杉禅秀の乱以降、応永三十年の持氏の常陸出兵に至るまでの一連の京都扶持衆に対する徹底的な鎌倉府の軍事行動によるものであり、中でも応永三十年の持氏の常陸出兵による徹底壊滅の与えた影響が大きい。かかる持氏の軍事行動が、京都扶持衆である反鎌倉府勢力を支援してきた幕府と直接的な関係悪化をもたらしたわけである。(45)したがって、この和睦成立は鎌倉府の支配政策に何らかの影響を与えたと思われる。

如上の出来事が鎌倉府によるこの鹿島社造営事業への関与と密接な関係を持つと考えられる。それはこの造営事業が鎌倉府の支配体制の立て直し、再編成された支配秩序の確認の契機であったということであり、具体的には一国平均段銭の賦課によって従来の支配関係の確認、戦後処理において新たに所領を獲得した領主の支配関係確立を図ったのである。史料②において手賀氏が鳥名木氏を支配せんとした事例はかかる契機を具体的に示すものといえよう。すなわち鎌倉府は応永三十年の反鎌倉府勢力討滅を経て再編成された常陸支配を確実なものとするために、そして幕府との間に横たわった懸案を解消する方策の一つとして、軍事行動に加えて、もしくはそれに代わる支配政策として常陸国一宮という伝統的権威である鹿島社造営事業に関与したのである。鎌倉府がその成立以降長らく鹿島社造営事業に関与しないという状況にあったにもかかわらず、ここでそれに初めて関与したのはかかる意図をこの造営事業の中に見出していたからであり、まさに鎌倉府と造営を為し遂げんとする鹿島社との利害関係の一致がここに成立したが故であったろう。そして、鎌倉府はこの政策を通して鹿島社を鎌倉府体制に明確に位置付け、支配基盤の一つにせんとする意図を持っていたのではあるまいか。それは鹿島社がその神事などを通して常陸国一国に編成してきた秩序の包摂をも意味したであろう。ここに鎌倉寺社に留まらない東国の地方寺社を支配基盤として取り込んでいこうとする鎌倉府の政策意図を見出したい。

そして第二章で見たような機構はかかる政策意図のもとに編成されたものであった。国奉行のもとに鹿島社御造営（御修理）奉行として常陸の領主層を編成した機構は、鹿島社造営を貫徹するという目的に加えて鎌倉府支配を在地まで貫徹させるために具体的に再編成された体制であったと評価できる。常陸守護を中心とした体制を採らなかったのは、応永三十年以降も継続した守護佐竹氏と山入氏との戦闘の影響を指摘できる。これはすなわち応永三十年以降の常陸の軍事状況を鑑みた上での現実的体制であったといえる。さらに国奉行の人事は、南北朝期に見られたような常陸国内の勢力分布にも規定されていた点も指摘できる。それは常陸大掾氏一族および小田氏一族から任命されていたが、この両氏は南北朝期において奥七郡の佐竹氏とともに各々の独自の勢力圏を鎌倉府によって認められていた。(46)よってこの造営機構は常陸の現状や地域管轄の原理に配慮した形で構築された体制であったと評価できる。

さらに足利持氏が公方専制の方向を指向したことは周知のことであるが、国奉行への鎌倉府奉公衆の登用や政策立案の中心が政所奉行人東満康であったことは、この政策がその方向性の上にあることを裏付ける。公方専制の具体的現象の一つである上杉禅秀の乱以降の持氏による反鎌倉府勢力に対する徹底的な軍事行動の延長上に実施された政策である以上、当然のことともいえる。そしてその方向性は反鎌倉府勢力であった大掾氏に対して大きな影響を与えた。

永享元（一四二九）年十二月に足利持氏が大掾満幹父子を鎌倉雪ノ下の大掾氏邸に討った事件は如上の鎌倉府の政治的意図を背景として生じた事件であったと思われる。大掾氏の権力基盤は常陸国衙支配にあり、鹿島社との関係も、その一宮という性格からしても、深いものであったことは容易に理解できる。例えば大掾氏は鹿島社大使役を一族輪番のもとに務めることで一族統制を行い、それを自らの国衙支配の基盤としていた。[47] また、南北朝期における「以人々宿願、度々奉成御修理計也」と史料①傍線部(1)とあるような鹿島社造営において国衙、すなわち大掾氏の役割は無視すべからざるものがあったであろう。そのような中でこの造営に鎌倉府が関与することは国衙と鹿島社との関係に変化を齎し、大掾氏の国衙支配に鎌倉府支配の影響が及ぶのは必至であったと思われる。ここに鎌倉府と大掾氏の間に軋轢が生じ、前述の事件という形で具現化したのではなかっただろうか。ここに禅秀の乱以降、反鎌倉府の立場にあった大掾氏もまた鎌倉府に完全に屈したのである。以後、常陸国衙を中心とする大掾氏の地域権力としての独立性は弱まっていったと考えられる。[48] この造営事業を通して常陸南部、特に大掾氏勢力圏への鎌倉府権力の浸透が一定度、強まったと考えられる。

しかし、第一章で見たようにこの一国平均段銭徴収は財源確保策としては成功せず、結局放棄されるに至る。ここから鎌倉府が意図した支配秩序は必ずしも有効には機能しなかったということになる。第一章に挙げた表から以後の鎌倉府の財源確保策の展開を見ていくと、その財源が確実に徴収され得る方向に展開していく傾向が看取されると思われる。鹿島社領への造営料所の設定や鹿島郡への棟別銭賦課は鹿島社の影響力の強い地域であり、有徳銭は鎌倉府との結びつきの強い領主の支配下にあった有徳人のみが賦課対象とされている。もはや一国規模での臨時役賦課はその徴収の全うを期待出来ず、それによった支配秩序は一国規模で機能するものではなかったといえる[49]。かかる限界は公方専制の方向性による鎌倉公方の権力基盤の矮小化と通じる問題であり、かつ常陸国の地域勢力関係にも規定されたものであったと考える[50]。また一方で、有徳銭の成果は、その対象地を鑑みるに、御料所を介した古河公方支配への方向性として位置付けられるのではないかと思う[51]。

結びに代えて

以上、応永末年より永享年間にかけての鹿島社造営への鎌倉府の関与が如何なる政策によるものであったかをみてきた。要約すれば、公方専制を志向していた鎌倉府は、応永三十年以降の鎌倉府をめぐる状況変化に対応した常陸国の支配体制の再編成を鹿島社造営を通して行おうとしたといえよう。鹿島社の権威を利用し、一国平均段銭の賦課・徴収を通して、国奉行を中心として徴収体制を編成し、それをもって常陸の支配体制の再構築を意図したのであった。そして、それは鎌倉府が積極的に地方寺社をその体制の中に取り込んで行こうとする動きであったといえよう。そして、その財源策の展開には、鎌倉府支配の矮小化と古河公方権力への方向も見出せる。なお、この造営のその後の経緯は明確ではないが、恐らく永享の乱へと向かっていく過程で鎌倉府の関与も見られなくなっていったと思われる。

ところで第二章で提示した史料⑥は、相模国箱根社内の熊野堂造営のために上総国に賦課された一国平均段別銭の運用をめぐるものであった。この段別銭賦課がなされた時期は必ずしも明確ではないが、史料⑥の発給された時期とそう離れた時期ではないと思われ、史料⑥の発給された応永二十四（一四一七）年十一月前後に賦課がなされたであろう。この応永二十四年は上杉禅秀の乱が終結した年であり、禅秀によって鎌倉を追われていた鎌倉公方足利持氏が鎌倉への復帰を果たしたのはその一月であった。鎌倉へ戻った持氏が以後、禅秀与党の徹底壊滅に力を注ぐのは周知のことであり、専制的な、関東支配の再構築が進められていくのである。中でも上総国は上杉禅秀の守護任国であり、乱終結後においても未だ上総本一揆などの禅秀与党が存在しており、応永二十五年以降、持氏は徹底的にこの禅秀与党の討伐を展開する。(52) その一方でかかる一国平均段銭が賦課されているのである。このことはこの段銭賦課が禅秀の乱の戦後処理の一環として実施されたことを意味するであろう。その徴収体制の具体像は明確でないが、持氏は寺社造営事業に伴う一国平均段銭の賦課・徴収を通した支配体制の再編成を政策として採用していたと考えられる。

かかる持氏の寺社造営を介した支配政策の中に、鎌倉府体制に鎌倉寺社以外の地方寺社をも取り込み、支配基盤として位置付けて行こうとする姿勢が見出されるのである。しかし、その一方で財源徴収の困難さに見出される鎌倉府体制の限界も忘れてはならないと思う。

本稿では鎌倉府による鹿島社造営を通してその政策意図、鎌倉府体制における寺社の位置付けについてのささやかな考察を行ってきた。鎌倉府の諸役賦課の問題については鎌倉府の国制上の位置、鎌倉府財政やその現実の徴収のあり方等、様々な問題が存在する。(52) これらの問題には一切触れることが出来なかったが、今後多角的な視点から考察を加え、より具体的な鎌倉府像を見出していきたい。

註

（1）主なものを挙げておきたい。室町幕府と鎌倉府との関係を扱ったものとして渡辺世祐氏『関東中心足利時代之研究』（新人物往来社、一九九五年復刊、初出一九二一年）、伊藤喜良氏「初期鎌倉府小論」（『文化』三三―四、一九六九年）、「鎌倉府覚書」（『歴史』四二、一九七二年）、「室町期の国家と東国」（『一九七九年度歴史学研究別冊』、一九七九年）、田辺久子氏「鎌倉府における所務沙汰権の変遷」（『史論』二九、一九七五年）、小要博氏「関東府小論」（『日本中世の政治と文化』吉川弘文館、一九八〇年）、小林保夫氏「南北朝期・室町期の京と鎌倉（上）（下）」（『堺女子短期大学紀要』一七、一八、一九八二年）。鎌倉府の権力構造については永原慶二氏「東国における物領制の解体過程」（『日本封建制成立過程の研究』岩波書店、一九六一年）、佐藤博信氏『中世東国の支配構造』（思文閣出版、一九八九年）、『古河公方足利氏の研究』（校倉書房、一九八九年）、『続中世東国の支配構造』（思文閣出版、一九九六年）、峰岸純夫氏『中世の東国』（東京大学出版会、一九九〇年）、山田邦明氏『鎌倉府と関東―中世の政治秩序と在地社会』（校倉書房、一九九五年）、市村高男氏「鎌倉公方と東国守護」（『歴史公論』八一、一九八二年）、「鎌倉府体制の展開と結城・小山一族」（『北下総地方誌』創刊号、一九八四年）、湯山学氏「鎌倉御所奉行・奉行人に関する考察」（『鎌倉』五一、一九八六年）、小国浩寿氏「持氏期鎌倉府の守護政策と分国支配」（『地方史研究』二二九、一九九一年）、「鎌倉府基氏政権期の守護政策と平一揆」（『文学研究論集〔明治大学大学院文学研究科〕』三、一九九五年）、井原今朝男氏「幕府・鎌倉府の流通経済政策と年貢輸送」（永原慶二氏編『中世の発見』吉川弘文館、一九九三年）、綿貫友子氏「中世後期東国における流通の展開と地域社会」（『歴史学研究』六六四、一九九四年）、風間洋氏「鎌倉府の関所支配について」（『鎌倉』七五、一九九五年）等。

（2）山田邦明氏「室町期関東の支配構造と在地社会」（註（1）所引同氏著書所収）。

（3）佐藤博信氏「東国寺社領の構造と展開」（註（1）所引『中世東国の支配構造』所収）。山田氏は註（2）論文中で日光山領の性格を鎌倉寺社と同様とみなされる。

（4）註（1）所引風間氏論文。

（5）「鹿島神宮文書」一三八（『茨城県史料中世編Ⅰ』）。なお以下、『茨城県史料』引用の際は単に『茨』と略し、同時に引用史料集の巻号のみを示す。

（6）鹿島社の造営は『延喜式』において二十年に一度の式年遷宮が定められていた（巻三神祇三臨時祭）。また鎌倉幕府の鹿島社造営の在り方を検討された伊藤邦彦氏によると、鎌倉幕府はその執行機関の一部を構成すると指摘される。具体的には幕府は造営奉行人を任命することで公式に関与するが、一方で公家や国衙も関与した。そして公家や国衙の関与から造営事業は宣旨によって開始されることを、さらに幕府任命の造営奉行人の職権を役所の地頭御家人の統率と、それに催促を加えるものと推察される（「鎌倉幕府の性格に関する一、二の問題」『東京都立工業高等専門学校研究報告』一〇、一九七四年）。

（7）「塙又三郎氏旧蔵文書」四（『茨Ⅰ』）。

（8）「一木文書」九（『茨Ⅲ』）。

（9）「鳥名木文書」一二（『茨Ⅰ』）。

（10）「健田須賀神社文書」四（『茨Ⅲ』）。

（11）「税所文書」三四（『茨Ⅱ』）。

（12）「塙不二丸氏所蔵文書」七九（『茨Ⅰ』）。この史料が応永三十二年のものであることは、その傍線部(1)が手懸りとなる。そこでは鹿島社が鎌倉府からの寄進地に無事入部できたことが示される。ところで史料②の傍線部(2)より、足利持氏期における永享六年までの鎌倉府からの鹿島社への寄進は一箇所であることが分かる。これは応永三十一年十月十日の常陸国真壁郡白井郷真壁安芸守跡の寄進を指すと考えられ（「賜蘆文庫文書二十七所収鹿島文書」『神奈川県史資料編3』五七三〇号）、史料①傍線部(2)の記述通り当該期の鎌倉府からの寄進地はこれ以外に管見に触れない。そしてこの寄進の打渡が行われるのが翌年の二月五日である（「塙文書」『神奈川県史資料編3』五七三五号）。するとこの史料③の発給日はちょうどこの白井郷内の寄進の打渡しの直後に当たり、史料③の傍線部(1)の内容と時間的経緯が符合する。したがって史料③は応永三十二年のものと判断できる。

（13）「塙不二丸氏所蔵文書」七八（『茨Ⅰ』）。

（14）「鹿島神宮文書」一六六（『茨Ⅰ』）。なお発給年の比定は小森正明氏「常陸国有人注文の基礎的考察」（『茨城県史研究』七一、一九九三年）による。以下断らない限り、鹿島社造営関連文書の年次比定は小森氏論文による。

（15）「鹿島神宮文書」九五（『茨Ⅰ』）。

(16)「年貢・公事と有徳銭」(『日本の社会史』四、岩波書店、一九八六年)。以下、二つの有徳銭については、註(14)小森氏論文にも指摘される。

(17)「続常陸遺文」四(『関城町史』史料編Ⅲ三八号)。

(18)註(10)に同じ。

(19)鎌倉時代の事例であるが、青木文彦氏「鎌倉幕府と東国寺社」(『埼玉地方史』三二、一九九四年)において下総国一宮香取社の造営要脚の賦課のあり方が具体的に指摘されている。鹿島社についての具体的事例は明らかではないが、恐らく香取社の如く国衙領への役所の設定も存在したと考えられる。

(20)具体的な造営の実務に関してはよく分からない。史料④傍線部(1)に「御造営方」なる部局が見え、徴収された鹿島郡平均棟別銭がそこに下行される点から見て造営の実務を担当したと考えられるが、その構成や職権等の具体相をはじめ、鎌倉府との関連も不明である。

(21)註(6)所引伊藤氏論文。

(22)当時の国衙(留守所)と公家とは、一定のつながりを持っていたことが示唆される史料がある。鎌倉府が一国平均棟別銭を賦課した際に引用した註(11)所引史料は、その徴収担当者であった真壁朝幹が翌年の鹿島大使役の免除を国衙の税所氏に要請したものであった。この時朝幹は「国・社家御同心ニ申御沙汰候者、畏入候」と述べており、この免除は国衙(留守所)レベルではなく、そこから上申された上で決定されることが明らかである。ところでこの鹿島大使役は、元来鹿島社の七月大祭に、朝廷より勅使が派遣されるものであったが、平安朝のある時期より常陸国衙の大掾官がその代官として勤仕するようになり、鎌倉期以降は常陸大掾七流による巡役となっていた(水谷類氏「鹿島大使役と常陸大掾氏」『茨城県史研究』四二、一九七九年)。因みに乾元二(一三〇三)年の年次を持つ「正月青馬之事併七月御祭大使役之事案」によれば、大掾官がその代官を勤仕するようになった際に「常陸大-掾被レ許二内昇-殿一、賜二官途一為二重役二」とある(「鹿島神宮文書」四『茨Ⅰ』)。かかる大使役の性格を鑑みると、この上申は公家になされたのではあるまいか。この想定に誤りがなければ室町期にいたっても常陸国衙は公家との関係を維持していることになり、鹿島社造営についても国衙が公家との関係の上に活動した可能性を指摘できる。

(23) 註（15）に同じ。
(24) 「金沢文庫文書」（『神奈川県史資料編3』五五五一号）。
(25) 田辺久子氏「鎌倉府政所執事二階堂氏について」（『日本歴史』四五〇、一九八五年）。
(26) 註（1）所引風間氏論文では、円覚寺造営財源である関銭の徴収に鎌倉府が介在することが指摘される。
(27) 註（1）所引市村氏「鎌倉公方と東国守護」において足利持氏期の鎌倉公方の権力基盤としての東満康の存在、および政所の重要性が高まることが指摘される。
(28) 「鹿島神宮文書」九六（『茨Ⅰ』）。
(29) 註（14）所引小森氏論文。
(30) 小森氏の塩谷氏に関する評価の論拠は『鎌倉大草紙』の応永三十年の持氏の常陸出兵の記述に登場する、小栗氏に同意して落ち行く宇都宮持綱を討った塩谷駿河守である（『群書類従』第二十輯、六七七頁）。この塩谷駿河守と、富有人注文にみえる塩谷越前守は同族であるとする点は異論ないが、この記述のみから奉公衆とはいえないと思う。なお、江田郁夫氏はこの塩谷駿河守は宇都宮一族と解されている（「応永・永享期の宇都宮氏─宇都宮持綱について─」『歴史』七二、一九八九年）。
(31) 例えば信太庄佐倉郷浦渡宿の有徳人が挙げられよう。湯浅治久氏「中世東国の都市的な場と宗教」（峰岸純夫氏・村井章介氏編『中世東国の物流と都市』山川出版社、一九九五年）、山木隆志氏「常陸国信太庄の知行構造」（『茨城県史研究』七七、一九九六年）等がその活動を指摘される。
(32) 註（28）に同じ。
(33) 宍戸氏については佐藤進一氏『鎌倉幕府守護制度の研究』（東京大学出版会、一九七一年）、筑波氏については山田邦明氏「鎌倉府の奉公衆」（註（1）所引同氏著書所収）。
(34) 註（33）所引山田氏論文。
(35) 太田亮氏『姓氏家系大辞典』（角川書店、一九六三年）、『茨城県の地名』（平凡社、一九八二年）小高村（行方郡）の項。
(36) 因みに伊藤邦彦氏の研究（註（6）所引論文）を参考に鎌倉時代の造営奉行人を挙げておきたい。建久四（一一九三）年…伊佐為宗・小栗重成・八田知家（『吾妻鏡』同年五月一日条）、後に小栗重成に代わって馬場資幹（『同』同年七月三日条）、弘長三（一二六三）年…小田左衛門尉（『同』七月十三日条）、元亨三（一三二三）年…山川判官入道・小田貞宗（『鹿島長暦』）となっている（ただし、『吾妻鏡』は国史体系、『鹿島長暦』は『古事類苑』によった）。なお任命の条件として常陸国の大名であることが『吾妻鏡』建久四年七月三日条に示される。

(37)　註（13）に同じ。

(38)　註（10）（11）に同じ。

(39)　因みに鎌倉府は郡を支配単位の一つとしていたようである。鎌倉府料国である武蔵国では至徳二（一三八五）年に円覚寺造営要脚一国平均棟別銭が賦課された際に、寺家雑掌と共に現地で徴収に当たる使節を「郡使」と表現しており（「円覚寺文書」『神奈川県史資料編3』四九八五号）、また応永十五（一四〇八）年には鎌倉府の命令によって在地に調査に赴いた使節が「郡使」と名乗っている（「皆川文書」『新編埼玉県史資料編5』六六〇、六六一号）。ここに鎌倉府が郡を支配単位としていたことが窺われる。

(40)　註（7）に同じ。

(41)　表C鹿島郡棟別銭は史料④から国奉行が直接徴収の任に当たったのであろう。有徳銭は領主を介して賦課・徴収がなされたことが指摘されるが（註（14）所引小森氏論文）、そこにかかる奉行が介在したのか、あるいは国奉行との直接のつながりの上に実施されたのかは明確ではない。

(42)　註（6）に同じ。

(43)　以下の禅秀の乱以降の常陸情勢に関する記述は註（1）所引渡辺氏著書、『茨城県史中世編』（一九八六年）によった。

(44)　京都扶持衆については田辺久子氏「京都扶持衆に関する一考察」（『三浦古文化』一六、一九七四年）参照。なお、「鹿島社御修理奉行」としてみえた真壁氏は、応永三十年以降庶子によって再興された家である（小森正明氏「中世後期東国における国人領主の一考察」『茨城県史研究』六二、一九八九年）。

(45)　註（1）所引渡辺氏著書。

(46)　註（1）所引市村氏論文「鎌倉公方と東国守護」。永和年間の円覚寺造営要脚の徴収において、大掾氏は吉田・真壁・南郡などの、小田氏は庶子分を含めた一族の徴収権を認められていた。永和年間の常陸国におけるこの要脚の徴収は守護佐竹氏が奥七郡を、さらに前述の両者の勢力圏という形で区分されていたことになる。ところで今回の鹿島社造営事業において国奉行が現地での中心となったことは既にみたところである。ここに守護佐竹氏の関与はみられず、その位置付けは明確ではない。ただ一国平均役の徴収に当たっては佐竹氏はその勢力圏に国奉行の直接指揮を受けずにその権限を行使したと思われる。前述の如き国奉行人事にみる勢力圏の反映は当然守護佐竹氏の権限をも保証したであろう。恐らく奥七郡に対する一国平均役の徴収命令は鎌倉府より佐竹氏に宛てて文書が発給されたと考えられる。その意味では第二章にみた在地までを含む機構とは常陸南部に限定して捉えるべきものかもしれない。ただし、国奉行の職権をトータルでみれば、明らかに造営事業遂行の中心に位置し、またこの造営の意義自体は一国平均役を梃子とする点で常陸国一国全体の支配の問題として捉えられる。

(47) 鹿島社大使役については、註(22)所引水谷氏論文参照。南北朝・室町期における常陸国衙の問題については島津久紀氏「中世の常陸国衙」(『歴史』三二、一九六六年)、義江彰夫氏「中世前期の国府」(『国立歴史民俗博物館研究報告』第八集、一九八五年)、小森正明氏「中世における常陸国衙の一断面」(『書陵部紀要』四〇、一九八八年)等、大掾氏については松本一夫氏「常陸国における守護及び旧族領主の存在形態―南北朝・室町前期の佐竹・大掾氏を中心に―」(『国史学』一四〇、一九九〇年)参照。

(48) 永享元年に大掾父子が討たれた後、大掾氏には佐竹義憲の子義倭が入嗣し、憲国と名乗るが、後に頼幹が大掾氏を継ぐに及んで、憲国は太田に帰り旧名に復した(『茨城県史中世編』)。なお頼幹は満幹の弟秀幹の子に当たる(「常陸大掾氏系図」『群書系図部集』第四)。

(49) 註(1)所引風間氏論文において円覚寺造営要脚が一国平均役から関銭へと変化する画期を応永年間初期に見出さる。かかる一国平均役賦課に見える変化を如何に捉えるべきかは今回の問題とも併せて今後の課題である。また表Fの一国平均棟別銭の賦課が如何なる意図・基盤の上になされたのかも同様に今後の課題である。

(50) 公方専制における鎌倉公方の権力基盤の矮小化については佐藤博信氏「鎌倉府についての覚書」(註(1)所引『中世東国の支配構造』所収)参照。また、後者については地域の勢力関係に規定された国奉行の人事は、そのまま政策実行上の規制として反映されたと考える。この造営機構における奥七郡の佐竹氏の位置付けは明確でないが、一国平均役の賦課・徴収において国奉行の直接指揮下に置かれたとは考えにくく、また有徳銭賦課台帳たる有徳人注文は奥七郡を対象としない（註（14）所引小森氏論文）。ここに奥七郡の戦闘状況を顧慮するにしても、国奉行を中心とした造営機構の限界を見出せる。

（51）古河公方の御料所に関する問題については、市村高男氏「古河公方の御料所についての一考察—『喜連川家料所記』の基礎的分析—」（『古河市史研究』七、一九八二年）、「古河公方の権力基盤と領域支配」（『古河市史研究』一一、一九八六年）参照。

（52）註（1）所引渡辺氏著書。

（53）特に一宮造営の関与のあり方から佐藤博信氏が、註（50）所引論文において指摘された「天子ノ御代官」の問題へのアプローチが可能ではあるまいか。また、徴収からは榎原雅治氏が「山伏が棟別銭を集めた話」（『遥かなる中世』七、一九八六年）や「中世後期の地域社会と村落祭祀」（『歴史学研究』六三八、一九九二年）等で提示された論点へのアプローチが可能なのではないかと思う。

【付記1】脱稿後、小森正明氏「寺社の造営からみた東国社会—一四・一五世紀を中心として—」（『書陵部紀要』四八、一九九七年）を得た。鎌倉府による寺社造営事業を網羅的に検討され、鎌倉府の財政や造営に従事する職人の問題、さらに東国の経済状況などについて重要な指摘がなされている。学ぶべき点の多い貴重な成果であるが、本稿に活かすことができなかった。

【付記2】本稿の再録にあたり、一部表現を改めた箇所があるが、論旨に変更はない。

V　瀬戸神社に来た足利持氏

盛本昌広

金沢八景駅の近くにある瀬戸神社は中世の六浦・金沢地域の歴史を考える上で重要な存在である。瀬戸神社の宮司であった佐野大和氏は『瀬戸神社』で神社の歴史を詳述しているが[1]、佐野氏も述べているように中世史料は少ない。その中で鎌倉公方が四月八日に瀬戸神社を参詣するという『鎌倉年中行事』の記載は注目されるが、従来は参詣の事実を裏付ける史料は紹介されていなかった。しかし、鎌倉公方の瀬戸参詣が実際に行われていたことを示す史料が存在する。

（端裏書）「永享七　三　廿五」

何にても珍候ハん美物、八日より内ニ給候者、為悦候憑存候、

追啓

御祈禱御教書御請文、早々可被進候、次　当社御修理事、両郡棟別可然由、被仰けると、大炊助申候、然者早々御注進可然候、次来月八日瀬戸御神事、上様御参社候、愚身勤仕候、大儀無是非候、鱒荒巻事申て候、御尋候て給候者、可為御志候、重恐々謹言[2]、

この文書は塙不二丸氏所蔵文書の中の一通であるが、『茨城県史料中世編I』では某書状礼紙という文書名が附さ

れている。礼紙とは相手に対して礼儀を示すために、本紙に重ねて折りたたむ白紙のことで、本紙に書けなかった本文や追而書が記されることもある。(3) この文書は「追啓」とあることからわかるように追而書が礼紙に書かれたもので、本紙は現在は所在不明となっている。

差出人と充先は不明だが、塙不二丸氏所蔵文書は本来は鹿島神社の大禰宜中臣家に伝来した文書であるので、(4) 充先は大禰宜と思われる。一方、差出人は後述するように鎌倉府の関係者であろう。端裏書の「永享七年三月廿五日」は大禰宜が書状を受け取った日付を意味する。

この点を踏まえた上で、書状の内容に検討を加えていこう。内容は大きく三つに分かれる。まず、差出人は「御祈禱御教書御請文」を早く進上することを命じている。「御祈禱御教書」の発給主体は永享七年当時の鎌倉公方足利持氏となるが、その実例を次に挙げておこう。

天下安全祈禱事、近日殊可致精誠之状、如件、

応永廿四年二月十六日　（花押）

鹿島大禰宜殿(5)

応永二四年（一四一七）の前年十月には上杉禅秀の乱が勃発し、この年正月には禅秀は鎌倉雪ノ下で自殺したが、禅秀の与党はなおも各地に残存し不安定な状況であったために、持氏は大禰宜中臣憲親に祈禱を命じたのであろう。祈禱終了後には巻数（祈禱の際に詠んだ経典の題名や度数が記されたもの）が送られ、持氏は巻数を受け取ったことを示す文書を寺社宛に発給する。この文書は一般に巻数請取状と呼ばれるが、称名寺に持氏が出した文書も残されている。

於瀬戸社頭、本地護摩数日被修、巻数給候、目出候、尚以於寺家可被致祈禱精誠候、恐々謹言、

八月十二日　　　　持氏（花押）

称名寺長老(6)

持氏が称名寺長老に瀬戸社頭で本地護摩を行うことを命じ、称名寺から巻数が持氏に送られ、巻数請取状が発給されている。この文書は称名寺と瀬戸神社が密接な関係にあったことを示す点で従来から注目されているが、応永二七年（一四二〇）には称名寺の僧侶が瀬戸で修正会を行っている点と合わせて、考えていく必要がある。(7)

以上から足利持氏は大禰宜中臣憲親に「御祈禱御教書」を発給し、差出人は憲親に祈禱の実行を誓約する請文の提出を迫っていたことがわかる。鹿島神社は武神として源頼朝以来将軍家を始めとする関東の武士の信仰を集めていて、鎌倉公方もその信仰を受け継いでいた。持氏による憲親への祈禱命令は応永二四年以降も継続して行われていて、応永三四年には「祈禱之賞」として「年記沽却地」が充行われている。(8)これは憲親が売却した土地が返却されるという一種の徳政令であり、両者の密接な関係を示すものである。

次に二つ目の内容に移ろう。差出人は鹿島神社の修理は「両郡」に棟別銭を賦課するのがよいという持氏の意思を伝えている。この時期には鹿島神社の修理費用の賦課方法をめぐって、神社と鎌倉府の間で対立が発生していた。前年の永享六年八月にこの件に関して大禰宜中臣憲親は申状を捧げている。(9)これには持氏が一国平均段銭を賦課することを命じ、それに従って賦課をしたが未進する郷村が多かったので、持氏は憲親の所領一箇所を修理料所に充てることを命じたとある。しかし、憲親は神官の所領を修理料所とした先例はないと力説して反対の意思を示している。この申状が効を奏したと思われ、持氏の案は撤回され、両郡に対する棟別銭の賦課に切り換えられた。両郡とは鹿

島神社の神郡である鹿島・行方を指すと思われる。ところが、棟別銭を収納する際に神社から使者を添えるという持氏の案に、神社側は反対したために、使者の派遣は免じられた。そして、棟別銭に加えて「国中御要銭」も賦課することになり、賦課対象となる「富有人躰・領主名字」を注進することが命じられた(10)。この結果、作成されたのが永享七年八月九日付の「常陸国中富有人等注文」であり(11)、この注文に記された者に対して、「国中御要銭」が賦課されることになった。

だが、この案にも反対の声が上がり、同年八月に大禰宜中臣憲親らは連署して、神宮内への棟別銭の賦課の免除と棟別銭十疋（百文）の賦課を人々が嘆いているので、国中平均に一疋の賦課を訴えている。さらに「国中御要銭」も人々が「重役」であると嘆いているとも述べている(12)。このように、鹿島神社の修理費用の賦課方法は二転三転し、持氏の命令も神社の反対により貫徹しなかった。

これは直接的には憲親や神官の働きかけによるものだが、人々が嘆いているという言葉に象徴されるように、真の原因は負担の増加に反対する動きが常陸国内に広がったことにあり、その結果が憲親や神官の嘆願を生んだのである。室町期には西国の荘園では守護役免除闘争が行われ、一定の成果を収めていたが、東国でも同様の闘争が存在していたことをこの事例は示していて、持氏の権力は決して強固なものではなかったのである。翌永享八年には棟別銭を一国平均に各家毎に二疋を賦課することを命じる御教書が発給されているが(13)、実際には徴収は困難を極めたであろう。

以上からこの書状の充先は大禰宜中臣憲親であり、端裏書の日付も内容から見て正しいことが判明した。ところで持氏の意思を差出人に伝えた大炊助は何者であろうか。応永一七年（一四一〇）五月には大炊助と民部丞の連署による奉書が発給され、鶴岡八幡宮の末社熱田社領相模国出縄郷に対する役夫工米の催促が停止されているが(14)、書状中の大炊助と同一人物かあるいは父の可能性があり、持氏の側近的存在と思われる。

次に三つ目の内容を検討しよう。端裏書には三月二五日とあるので「来月八日」とは四月八日となる。これは『鎌倉年中行事』の瀬戸神社参詣の日付と一致するので、「上様御参社」とは足利持氏の瀬戸神社参詣を意味する。「愚身勤仕」とあるので、差出人は持氏に従って参詣を行う予定で、憲親に鱒荒巻や珍しい美物を送るように依頼している。『鎌倉年中行事』によれば、瀬戸社頭で「御酒数十献」を行い、神社の前の弁才天で御酒を飲むとあるが、この際には酒の肴も出されたはずである。「鱒荒巻事申て」の主語は大炊助と思われるが、持氏は大炊助に酒の肴に鱒荒巻が欲しいことを漏らし、それを差出人が聞いたのではないだろうか。

憲親から鎌倉府の関係者には以前から鮭や雁などの美物が贈与されていた。応永一九年（一四一二）に常陸国行方郡内小牧村をめぐり、憲親と小牧泰国の間で相論が起き、鎌倉府に訴訟が持ち込まれた際には、憲親は沙弥濫誉（佐々木基清・当時御所奉行）・関東管領上杉禅秀・鎌倉府奉行人明石利行に書状を送って訴訟に関する協力を依頼したが、その際には基清に鮭と雁、上杉禅秀に雁、明石利行に鮭荒巻二を贈っている[15]。鮭・雁は美物にふさわしい品物であり、憲親による美物の贈与は鎌倉府関係者には有名で、持氏も知っていたであろう。

鹿島神社の大宮司職には「立網・引網」が付属していたが[16]、北浦・霞ヶ浦・現利根川水系には網を利用した漁業を行う人々が存在し、鹿島神社から付与された漁業権の代償として公事の上納を行っていたと見られる。現利根川水系は近代以前には鮭が遡上する最南の川で、以前は盛んに鮭漁が行われていた。鮭と鱒は一般的には体長が鮭は七〇センチ位、鱒は六〇センチ位、鮭は頭が大きく、鱒は小さいといった点などで区別されるが[17]、中世では両者の区別が明確であったとは言えず、同じ種類のものが鮭・鱒両様に呼ばれていた可能性もある。

いずれにせよ、現利根川水系で採られた鮭や鱒が憲親から持氏に贈られ、それが瀬戸神社の酒宴の席で賞味されたに違いない。追而書では八日以前に贈ってほしいと重ねて述べていて、憲親の贈る美物は熱望されていた(18)。

註

(1)『三浦古文化』第三十五号（一九八四年）では瀬戸神社特集が組まれている。
(2)『茨城県史料　中世編Ⅰ』所収。同文書　八〇号。
(3)佐藤進一『古文書学入門』（法政大学出版局　一九七一年）。現在でも白紙を添えて手紙を出す習慣が残っているが、これは中世の書札礼の名残である。
(4)註（2）解説。
(5)註（2）所収　鹿島神宮文書　三五七号。
(6)『神奈川県史　資料編　古代・中世3上』金沢文庫文書　五九七三号。
(7)同右　金沢文庫文書　五六〇五号。この文書は『神奈川県史』の活字のみを見ると、応永八年にも瀬戸の講堂で修正会が行われたように読めるが、『中世鎌倉の年中行事』（金沢文庫　一九九三年）は原文書では瀬戸の文字を抹消して、講堂に書き換えていて、この年は称名寺の講堂で修正会が行われたことを指摘している。
(8)註（2）所収　鹿島神宮文書　七三号。
(9)註（2）所収　鹿島神宮文書　一三八号。
(10)註（2）所収　鹿島神宮文書　一六六号。
(11)『続常陸遺文』四所収。『続常陸遺文』は近世後期に土浦の商人色川三中が編纂した文書集である。
(12)註（2）所収　塙不二丸文書　九五号。
(13)註（6）健田須賀神社文書　五九一九号。永享八年閏五月に民部丞朝幹は関郡地頭（結城氏朝）に棟別銭の催促を行っている。

関郡は常陸国西郡南条のことで、弘安二年（一二七九）の大田文では西郡南条の文字の右上に関と記載され、百八丁五段三百歩の公田が存在する。

(14)『神奈川県史　資料編　古代・中世3上』鶴岡神主家伝文書　五四二七号。

(15)註（2）所収　塙不二丸文書　六三～六七、六九号。この訴訟の詳細に関しては、山田邦明『鎌倉府と関東』第四章　鎌倉府における訴訟手続（校倉書房　一九九五年）が詳しい。

(16)鹿島神宮文書　五号。摂政左大臣家（九条教実）政所下文。教実は鎌倉中期の人。

(17)末広恭雄『魚の博物事典』講談社学術文庫　一九八九年。

(18)美物の確保が贈与の依頼という手段で行われていたことも興味深い。

【補注】享徳の乱後に上野国の赤堀亀増丸は足利成氏から上野・下野国内の寺領を恩賞として預け置かれた。その内訳を示す注文の中に「同国（上州）大室庄之内多田郷内瀬戸領」とある。この瀬戸領とは瀬戸神社のことであり、これ以前に寄進を受けていた。持氏と瀬戸神社の関係からすれば、持氏が寄進者である可能性がある。この注文は群馬県立歴史博物館所蔵赤堀文書で、『群馬県史　資料編7　中世3』一六二〇号として収録されている。また、『群馬県立歴史博物館所蔵　中世文書資料集』（群馬県立歴史博物館、二〇〇八年）に写真が掲載されている。なお、本文では差出人は持氏に従って参詣を行う予定と述べたが、「愚身勤仕」とあるので、参詣の差配を行う役目にあり、それゆえ美物の贈与を求めているのである。

第２部

足利持氏と室町幕府

I

上杉禅秀の乱後における室町幕府の対東国政策の特質について

島村圭一

はじめに

室町期の東国支配は、元弘三年（一三三三）十二月、足利尊氏が成良親王を奉ずる尊氏の弟直義を鎌倉に派遣し、直義が建武政権から関東十ケ国（武蔵・相模・上野・下野・常陸・上総・下総・安房・甲斐・伊豆）の成敗権を付与されたのに始まった。そして、暦応元年（一三三八）前後、幕府の支配機構の整備にともなって地方機関の整備も行われ、鎌倉府も地方機関として成立したと推測されているが、鎌倉府独自の権限行使の動きがみられず、鎌倉府が名実ともに成立するのは、直義追討のために鎌倉に入った尊氏が、文和二年（一三五三）七月にそれまで鎌倉で行使していた権限の大部分を残して上洛していたことによると考えられている(1)。

鎌倉公方は足利尊氏の次男基氏の子孫が代々世襲し、その補佐役たる関東管領は貞治二年（一三六三）以来上杉氏一族が補任されていた。そして、鎌倉府には評定衆・引付衆・政所・侍所・問注所などが置かれ、司法権・警察権などを掌握して強力な統治権を持つようになった(2)。さらに、明徳二年（一三九一）には陸奥・出羽の二国が鎌倉府の管轄下となり、鎌倉府は十二ケ国に強力な支配権を有する政権となった。

このような強大な権力を有する鎌倉府の存在は、室町幕府にとってはその存立を脅かすものとなりかねない。それは、康暦元年（一三七九）の康暦の政変による幕府の混乱に乗じて、鎌倉公方足利氏満が反幕府行動を起こそうとしたことや、応永六年（一三九九）の大内義弘の反乱（応永の乱）に鎌倉公方足利満兼が関与していたことをなどを見れば明らかである。さらに、応永二十三年（一四一六）に勃発した上杉禅秀の乱を鎮圧した鎌倉公方足利持氏は、禅秀の与党を厳しく討伐し、権力の強化をはかった。その後、幕府と鎌倉府の対立は顕著となり、永享の乱・結城合戦によって、鎌倉公方持氏は滅亡するに至った。

室町幕府は、このような鎌倉府との関係の中で、東国に対してどのような政策を展開したのであろうか。本稿において、十五世紀前半、特に上杉禅秀の乱以後の室町幕府の東国に対する具体的な動きを検討し、室町幕府の対東国政策の特質の一端を明らかにしたい。

一、京都扶持衆の設置

応永二十三年（一四一六）十月、前関東管領上杉氏憲（禅秀）が、鎌倉公方足利持氏に叛した上杉禅秀の乱は、幕府の命を受けた駿河守護今川範政らの援軍などにより、翌二十四年一月の禅秀の自害で終結するが、この乱の最中に、幕府から御教書を受けたり、幕府に何らかの注進をしたりしていた東国の領主層の存在が注目される。

『満済准后日記』(3)（以下『満済』とする）には「宇都宮方へ御内書今日渡遣」（応永二十三年十一月三日条）、「宇都宮御返書趣令二披露一」（同年十二月十五日条）、「自二管領一宇都宮結城両人へ御教書送給」（同年十二月十七日条）、「昨夕宇都

宮注進。今日披露御悦喜」（応永二十四年一月十一日条）などの記事がみえる。御教書・御内書や注進の内容は明らかでないが、禅秀の乱に関わるものだと推測できる。この時期の宇都宮氏らは、幕府と密接な関係をもっており、彼らは関東の情勢を幕府に報告し、幕府の命を関東の諸将に伝えるという役割を担っていたと考えられる。このように、鎌倉府の管轄下にあった彼らが、東国の動きを幕府に注進し、幕府からは御教書・御内書を受けているが、幕府はどのような意図を持って、東国の領主層と関係を結んでいたのであろうか。これらの動きを検討することにより、幕府の東国に対する政策の一端を窺うことができるだろう。それでは、以下、これら東国の諸氏と幕府との関係を検討してみよう。

　これらの諸氏に最初に注目した渡辺世祐氏は「かく義持が宴楽に耽り優遊閑日を送る丈けに満元・満家等一層深く関東の勢力を恐れ十分警戒を加え持氏に対して不平なる諸氏山入与義の一族、小栗・武田・篠河の足利満貞・白河結城・石川・宇都宮等を駆て皆幕府に懐柔せしめて密にこれ等と気脈を通ぜり。幕府よりはこれ等の人々を称して扶持の衆と称し特に親密なる関係を結べり」と、関東の動きを警戒した幕府重臣の細川満元・畠山満家らが鎌倉公方持氏に不満を持つ東国の諸氏を懐柔し、密接な関係を持ったと指摘した[4]。以来、この時期に幕府と密接な関係を持っていた東国の諸氏は、「京都扶持衆」・「京都御扶持衆」などとよばれている[5]。なお、『満済』応永三十年（一四二三）六月五日条に「佐竹入道京都異レ他御扶持処」、同年七月五日条に「上総入道息共。幷京都様御扶持大丞真壁以下者共」とあり、応永三十年七月十日付の足利義量御教書[6]には「佐竹刑部大輔・常陸大掾・小栗常陸介・真壁安芸守等事、有二京都御扶持一之処」とあるので、山入祐義、大掾満幹、小栗満重、真壁慶幹らが京都扶持衆であったことがわかる。さらに、宇都宮氏や白河結城氏らも前述のような動きから京都扶持衆と考えられるので、室町幕府は、宇都宮・山入・大掾・小栗・真壁・白河結城などの関東分国内の諸氏を京都扶持衆として組織したということができる。

それでは、京都扶持衆はいつごろ設けられたのであろうか。「京都扶持」という語の史料上の初見は『満済』応永三十年六月五日条であるが、この記事は、前年の応永二十九年閏十月に山入与義が関東管領上杉憲実の甥房実の攻撃を受け、与義が自害した事件(7)について鎌倉府を非難しているものであり、与義は、応永二十九年にはすでに「京都異他扶持」を受けていたことがわかる。したがって、京都扶持衆は、応永二十九年以前に設けられていたと考えられるが、より具体的に応永二十九年以前のどの時期に京都扶持衆が設けられたのか、考えてみたい。京都扶持衆となった諸氏の多くが、禅秀の乱で禅秀方に与していたことが注目され、幕府は、禅秀の乱において鎌倉公方足利持氏に叛する立場をとったものと、積極的に関係を持ったということができる。そうであったとすると、幕府は禅秀の乱後の早い時期に、それ以前から密接関係を持っていた宇都宮氏などとともに東国の反鎌倉府勢力を、京都扶持衆として組織したと考えてよいだろう。

次に、京都扶持衆に対する「扶持」の内容と京都扶持衆の具体的な動きを見てみよう。「扶持」とは、一般には所領・所職を安堵して臣下とすることであるが、鎌倉府の分国内では、所領・所職の安堵権は鎌倉府に委ねられていたので、幕府からの直接の安堵はなかったようである。しかし、後述する宇都宮持綱の上総守護補任が幕府からの積極的な働きかけによって実現したように、京都扶持衆に対する所領・所職の安堵が有利に行われるための幕府からの援助があったようで、これが「異他扶持」などと表現される行為だったと考えられる。また、軍事的には、京都扶持衆のうちのある者が鎌倉府に攻められると、他の京都扶持衆に合力させるという形での援助がなされていた。このような「扶持」に対して彼らは、幕府から発せられる御教書・御内書の命を受けて行動していた。その主要な役割は『満済』にしばしばみられる幕府への「注進」であり、東国とくに鎌倉公方の動きを幕府に伝えていたようである。しかし、京都扶持衆は明確に組織されていた集団ではなかったようである。当時の史料には「京都扶持者共」などと表記されていることから、個々の幕府と関係を持っている者の総称に過ぎなかったようである[8]。すなわち、幕府がそれぞれの京都扶持衆を掌握し、京都扶持衆相互の結びつきは特になかったということができる。

それでは、このような京都扶持衆がなぜ組織されたのであろうか。室町幕府にとって、京都扶持衆設置の必要性とは何かを検討してみよう。鎌倉府は第二代鎌倉公方氏満の時代になると、それまで流動的であった管轄国も十二ヶ国に安定し[9]、それまで幕府の権限であった鎌倉府分国内の所務沙汰権を掌握し[10]、さらには、小山氏などの伝統的豪族層を圧伏しながら支配権を強化した。第三代満兼は、奥羽の支配を強化するために弟満貞を陸奥国稲村に、同じく満直を同国篠川に下向させた。さらに、佐竹・千葉・小山・結城・長沼・宇都宮・小田・那須などの諸氏を「関東八屋形」とし、支配体制を固めようとした[11]。この間に氏満は、康暦の政変の混乱に乗じて幕府に叛しようとし、満兼は、応永の乱に関与しており、その支配権を強化しつつあった鎌倉府が、室町幕府に対抗しようとする動きがみられるようになった[12]。そして、このような傾向は持氏の時代になっても変わることはなかった。さらに、鎌倉公方持氏に叛した上杉禅秀とその与党が討伐されたことにより、関東における持氏の力は相対的に強まり、幕府はより一層鎌倉公方の動きを警戒する必要に迫られたである。そこで幕府は、京都扶持衆を設けて、鎌倉公方の分国である東国に親幕府的な勢力を形成しようとしたものと考えられる。

以上のように、幕府は禅秀の乱に勝利した鎌倉公方持氏の動きを警戒し、禅秀の乱で反持氏行動をとった者や、それ以前から幕府と深い関わりを持っていた東国の領主層と結びつき、彼らを「京都扶持者共」などとして掌握したということができる。幕府はこのように鎌倉府の分国内に親幕府勢力を育成し、必要に応じて彼らに東国の動きを注進させ、あるいは反鎌倉府的行動をとらせ、その権力を強大化させていた鎌倉府を牽制させていたのである。一方、京都扶持衆となった東国の領主層にとってみれば、幕府と結びつくことにより、自己の勢力を確保し、その存在を安定させることを意図したということができよう[13]。しかし、このような京都扶持衆の存在は、幕府と鎌倉府の対立の火種となる危険をはらんでいたということができる。

二、宇都宮持綱の上総守護補任

上杉禅秀の乱後の応永二十五年（一四一八）、宇都宮持綱は幕府の推挙を受けて、鎌倉府から上総守護に補任されているが、まず、持綱の上総守護補任の経過を『満済』で見てみよう[14]。応永二十四年八月七日条に「宇都宮状┌└上□(総カ)国御吹挙治定□□(由被カ)仰下」とあり、持綱が上総守護補任について幕府の推挙を受けていることがわかる。しかし、同年十一月十七日条には「自二宇都宮一注進状。上総国御吹挙処┌└異儀由事懸┌└了。重可レ有二御下知一由御返事┌　└鎌倉頌西堂上洛事┌　└申云々」とあり、この吹挙に何者かが異義を申し立てたため、再度推挙がなされた。その後、この件について幕府と鎌倉府の折衝が行われている（『満済』応永二十五年二月二十一日条・同三月十日条）。そして、最初の推挙から一年余を経た応永二十五年九月十五日には、「自二宇都宮方一上総国守護事。無二相違一自二鎌倉一補任由畏申。□披露。御所様御喜悦」という記事があり、持綱が上総守護に補任されたことがわかるが、持綱の上総守護補任が幕府の再三の推挙にもかかわらず一年余を経てようやく実現した背景には、守護補任権を掌握していた鎌倉府が持綱の補任に難色を示していたことがあったと考えることができる。そして、前掲の『満済』応永二十四年十一月十七日条にある「異義」を申し立てたのは、鎌倉府であったということができる。

さて、持綱の上総守護在任の事実は以下の史料から窺うことができる。

〔史料一〕

進士九郎左衛門尉重行申上総国加津社内三佐古村東西事、注進状其沙汰訖、不日臨二彼所一、縦雖二固支申一之、不レ可二許容一、可レ沙二汰下地於重行一之状如レ件、

応永二十六年十二月二十五日　（花押）（足利持氏）

宇都宮右馬助（持綱）殿(15)

〔史料二〕

地蔵院（醍醐寺）雑掌申、上総国飫富社別当職并本納・加納両郷等事、早任二去廿四年十二月廿七日　御判之旨一、可レ被レ退二恵命院法印代官一之状如レ件、

応永廿七年十二月廿日　右馬助（宇都宮持綱）（花押）

芳賀右兵衛尉（成高）殿(16)

前者は鎌倉公方足利持氏が、持綱に対して上総国加津社内三佐古村東西の所領を進士重行に打ち渡すように命じた御教書で、後者は醍醐寺地蔵院の雑掌の訴えを受けて上総国飫富社別当職と本納・加納両郷のことについて、芳賀成高に応永二十四年十二月二十七日に発せられた持氏の御教書で命じられているように恵命院法院代官を退けるよう命じた遵行状であり、これによって、持綱を上総守護、芳賀成高を守護代とみることができよう。

ところが、同じ時期に、上杉定頼が上総守護に在職していたと思わせる以下のような史料が存在する。

〔史料三〕

（鎌倉）浄光明寺雑掌申、上総国北野辺郡内堺郷幷鹿見塚・湯井郷、玉泉院末寺粟宇郷内真珠寺、同寺領等事、山野辺代官背二先例一、号二惣検断一、放二入使者於当所一、充二仰種々課役一、致二譴責一、土民等及二牢籠一云云、所行之企太難レ遁二其咎一、所詮為レ断二向後彼違乱一、厳密所レ有二其沙汰一也、不日可レ被レ註二進実否一状如レ件、

応永廿七年十二月廿一日　（足利持氏）（花押）

上杉三郎殿（定頼）[17]

この史料の解釈をめぐっては様々な見解があるが、湯山学氏はこれを定頼の守護在任の徴証とし、定頼が小山田流上杉氏の嫡流で、定頼の父定重の妹が犬懸上杉氏憲（禅秀）の母であることから、禅秀の乱後に上総守護となってもなんら不思議はないとし、幕府と鎌倉府の一国守護職をめぐる対立の妥協策として、持綱と定頼がそれぞれ半国守護として任命されたと述べ[18]、新川武紀氏も同様の見解を示している[19]。一方、山家浩樹氏は〔史料一〕の「御判」を将軍義持のものと見做すと、持綱はこれを直接施行しているので持氏は関与していないことになり、その翌日に定頼に宛てられた持氏の御教書〔史料三〕の存在は、鎌倉府が持綱ではなく定頼を守護と見做していたと考察している[20]。これに対して江田郁夫氏や渡政和氏は、〔史料三〕は実否究明のために隣国である安房の守護であった定頼に宛てられたものであって、定頼を上総守護と見做すことはできないと述べている[21]。さらに、小国浩寿氏は「幕府の口入により鎌倉公方の異議を押し切った形で上総守護となった宇都宮氏が手をつけられなかった地域は、鎌倉公方が掌握する闕所地処分権を委任される形で、上杉定頼によって守護権が行使されていたと推定される」としている[22]。

このように多くの見解があり、にわかに結論を出し難いが、まず、半国守護の問題について検討してみよう。半国守護については今谷明氏による研究があるが(23)、その研究対象とされた地域は畿内近国であり、その成果をそのまま東国にあてはめて考察することはできないだろう。東国においても『満済』応永三十二年閏六月十一日条に「於二常陸国一ハ佐竹左馬助ニ為二関東一相計了。仍又故御所当御代案堵御判在レ之。然ヲ佐竹刑部大輔ニ国事可二仰付一旨連々被二仰下一了。於二刑部大輔事一ハ対関東不義条々在レ之。雖レ然為二京都一如レ此被二仰下一上者。於二半国一ハ刑部大輔可二知行一。於二半国一左馬助可二知行一。此上ハ両佐竹和睦。在二鎌倉一候様ニ可レ被二仰付一條」とあり、佐竹義憲と一族の山入祐義にそれぞれ半国の守護職が分与されたことがわかる。しかし、これは持氏方の義憲と京都扶持衆の祐義との守護職をめぐる抗争の結果、幕府―鎌倉府間で行われた高度な政治的決定によるものとみられ、在地の状況とは全く異なる形式的分与であると指摘されている(24)。

この問題は、東国における守護のあり方を踏まえて検討しなければならない。東国においていわゆる守護領国支配を展開し得たのは、山内上杉氏の守護国であった上野・伊豆・武蔵の諸国で(25)、他の地域ではその様相を異にしていたようである。特に常陸・下野・下総の三国では守護である佐竹・結城・千葉氏のほかに小田・宇都宮・小山・那須・長沼氏らの豪族層おり、彼らは自らの知行地や一族の所領に守護と同等の権利を有し、守護はこの領域には全く介入できないといった状況であった(26)。したがって、守護が一国全体にその権限を行使できない地域において、形式的に半国を分与されてもそれを支配し得たかどうかは疑問であり、上総国の場合も、持綱と定頼のそれぞれに守護権限の行使を示す徴証があったとはいえ、それだけでそれぞれが半国守護に任じられていたとすることはできない。上総守護に補任されたとはいえ、上総に支配基盤をもたない持綱が上総一国にその権限を行使し得たとは考え難い。むしろ持綱が権限を行使し得たのは〔史料一〕などにみられるような一部の地域に過ぎず、地域によっては鎌倉府の権力を背景とした上杉定頼が守護を同等の権限を行使していたと推測できる。

次に、持綱が上総守護に補任された理由を考えてみよう。新川武紀氏は、上杉禅秀が上総守護であったため、禅秀の乱後の間もない時期に禅秀の乱の論功行賞として持綱が補任されたと述べている。(27) しかし、持綱が支配基盤を持たない上総国の守護補任が単なる論功行賞とは考え難く、前述にように強く推挙した幕府にそれなりの意図があったのではないだろうか。山家浩樹氏は補任の際に持綱と将軍義持との仲介に立っている醍醐寺座主満済の存在と、〔史料二〕に挙げた持綱の遵行状にみえる上総国における醍醐寺地蔵院の所領に注目し、満済が回復のために遵行の要となる守護に親幕府派の持綱を据えるべく画策したと推測し、さらに上総国には足利将軍家と関わりを持つ所領が多く満済がその回復を目指したものであると考察している。(28) これは、注目すべき見解であるが、所領の回復という目的を、守護補任の決定的な理由と考えてよいものだろうか。小国浩寿氏がこの見解を受けて、「京方の持綱の活動が京方所領の偏在する地域を中心に行われたとしても不思議はない」と述べているように(29)、京方所領の存在が持綱の守護権行使の足がかりとなり、その地域が持綱が守護権を行使し得た地域であったといえよう。しかし、守護補任を所領の回復の問題だけで捉えるのは疑問である。

室町幕府は上杉禅秀の乱に際には鎌倉府に援軍を発し、乱の平定に協力したものの、その後の鎌倉府の動きを警戒し、京都扶持衆を設けるなどしてその動きを牽制していることは、すでに述べた通りであるが、京都扶持衆である宇都宮持綱を上総守護に補任したことも、その政策の一環であったと考えるべきである。すなわち、上杉禅秀の乱で闕所となった上総守護に京都扶持衆の宇都宮持綱を補任させ、京方所領を足がかりに守護権限を行使させることによって、それまで犬懸上杉氏の守護国であり幕府の支配権の及び難かった上総に、その支配権を及ぼそうとしたのである。しかし、鎌倉府も自己の権力基盤を確保するため、近臣である上杉定頼を守護としようとしたため、幕府の推挙に強く抵抗したのである。応永二十四年から二十五年にかけての宇都宮持綱の上総守護補任をめぐる幕府と鎌倉府の動きは、東国にその勢力を及ぼそうとする室町幕府と、それを阻止しようとする鎌倉府の動きであったということができる。そして、持綱の守護補任後もその対立関係は解消されず、持綱が権限を行使し得る範囲は限られており、地域によっては、鎌倉府の権力を背景とした上杉定頼が守護と同等の権限を行使していたのである。

三、小栗満重の乱

上杉禅秀の乱が終結し、鎌倉に戻った持氏は禅秀与党の討伐を開始し、東国の諸将に禅秀の家人や新田氏、岩松氏など残党の討伐を命じている。それに対して、上総本一揆や山入氏、小栗氏などが叛乱を起こし、各地で禅秀の乱の余波ともいうべき戦闘が行われた(30)。中でも応永二十九年（一四二二）に勃発した小栗満重の乱は、比較的大規模に戦闘が行われ、持氏自らもその討伐に加わるほどであった。そこで、上杉禅秀の乱の余波ともいうべき、この乱に対する幕府の動きを見てみよう。

小栗氏は、常陸国真壁郡小栗御厨を本拠とし、常陸大掾氏の支族として大きな勢力を有していた。小栗満重は禅秀の乱が勃発すると禅秀方に与したが、禅秀の滅亡とともに持氏方に降った。ところが、満重は所領を削られたことに不満を持ち、応永二十五年五月に挙兵した。長沼義秀らの討伐をうけていったん降伏したが、応永二十九年に再び挙兵した(31)。

一旦は鎌倉府に降ったが再び兵を挙げた満重に、宇都宮持綱・桃井宣義らが与同している(32)。彼らの行動を具体的に示す史料は残されていないが、なぜ彼らが鎌倉府に反旗を翻した満重に与したのであろうか。彼らの挙兵した理由とそれに対する鎌倉府の対応について検討してみよう。満重の反乱に対する鎌倉公方足利持氏の対応は以下の史料から読み取ることができる。

〔史料四〕

為㆓小栗常陸孫次郎（満重）退治㆒、所㆑差㆓遣上杉三郎（定頼）㆒也、馳向可㆑致㆓忠節㆒之旨、先度被㆑仰訖、所詮不日令㆓発向㆒、可㆑抽㆓戦功㆒之状如㆑件、

応永廿九年六月十三日　（花押）（足利持氏）

小山左馬助（満泰）殿(33)

これは、小山満泰に対して上杉定頼を大将とする鎌倉府方の軍勢に加わるように求めたものであるが、鎌倉府はこのように関東の諸将を組織して小栗満重を討伐しようとした。さらに応永三十年五月二十八日には持氏自身が常陸に向かっている。それに対して幕府は、応永三十年六月に宇都宮持綱に「不㆑可㆑随㆓関東成敗㆒由」の御内書を下した(34)。これを受けた持綱は、「関東成敗」すなわち鎌倉府の命に従わず、満重に与したと考えられる。すでに述べたように、小栗満重は京都扶持衆であり、幕府は京都扶持衆である満重を援けるために同じく京都扶持衆であった宇都宮持綱に出兵を促したのではないだろうか。そして、桃井宣義らも同様な理由で満重に合力したと考えたよいだろう。このように、この反乱には幕府が深く関わっていたのである。

小栗満重に合力した宇都宮持綱は、幕府に注進するため六月十一日に使者を発した(35)。使者は敵地を避け、南会津を経て上洛しようとしたが、鎌倉府方に捕らえられたことを以下の史料から知ることができる。

〔史料五〕

（前欠）

致二合戦一之間、討死仕訖、又矢田貝兵庫助者□井左馬権頭入道若党豊田修理亮討レ之、仍満重(小栗)御対治之上者、忠節異レ于レ他也、又□宇都宮《有□実検》右馬頭持綱郎等白久但馬入道京都江為レ使懸二南山内伊北一罷上之間、搦捕討レ之、持綱御対治後、彼仁家人等懸南山内立岩落行之間、越路備中守・岡本蔵人・大山田甲斐守・矢板修理亮討レ之、進上仕之間、所詮給二御証判一、為レ備二後証亀鏡一、恐々言上如レ件、

応永卅年十一月　日

「承了(証判)　(花押)(上杉定頼)」(36)

これは長沼義秀の軍忠状であるが、これによると、南会津郡の南山内・伊北を経て上洛しようとしていた持綱の使者白久入道が捕らえられたことがわかる。しかし、白久入道の子永訴は七月四日に京都に到着し、幕府に注進している(37)。宇都宮からの注進を受けた幕府は、翌七月五日に管領邸に諸大名を集めて、対応を検討した。その内容は次の二点ある。第一は、「今度関東振舞以外事」であり、蘭室和尚を関東に派遣してことの子細を究明すべきかどうかということ、第二は、「京都扶持者共」を今後どうするかということであった。蘭室和尚派遣については、持氏はすでに京都扶持衆討伐のために進発しており、使者を派遣しても無益であるということになり、京都扶持衆に対しては御教書を発し、扶持するということになった。そして、その結果は宇都宮氏の使者永訴を通じて、宇都宮持綱、結城光秀

に伝えられた(38)。

幕府はこの決定を経て、以下のような御教書を発した。

〔史料六〕

「（懸紙ウハ書）市河新次郎（義房）殿　沙弥道端（畠山満家）」

佐竹刑部大輔（山入祐義）・常陸大掾（満幹）・小栗常陸介（満重）・真壁安芸守（慶幹）等事、有㆓京都御扶持㆒之処、関東様御発向云々、早為㆓彼等㆒合力相㆓催随逐与力人等㆒、令㆑談㆓合細川刑部少輔（持有）幷小笠原右馬助（政康）㆒、可㆑被㆓忠節㆒之由、所㆑被㆓仰下㆒也、仍執達如㆑件、

応永卅年七月十日　　沙弥（畠山満家）（花押）

市河新次郎（義房）殿(39)

これは、信濃国人市河義房に対し、鎌倉公方の攻撃を受けている山入祐義・大掾満幹・小栗満重・真壁慶幹らの京都扶持衆を細川持有・小笠原政康と談合して援助するように命じたものであるが、このような御教書が東国の諸氏に発せられたと考えられる。一方、五月二十八日に鎌倉を発した持氏は、武蔵国を経て六月二十日に下総国古河に陣をとり、七月一日に結城に入り、五日に常陸国伊佐に到着した。そして、七月八日には小栗城に向い、八月二日に小栗城を落した(40)。この戦いで、小栗満重・桃井宣義は討死し、山入与義は自刃し、若干の「京方軍勢」も討たれたようである(41)。

さて、幕府に使者を送って以後の宇都宮持綱の動きは明かではないが、「喜連川判鑑」や『宇都宮興廃記(42)』によると、応永三十年八月に、宇都宮氏一族の塩谷駿河守に滅ぼされたようである。そして、前述〔史料五〕の長沼義秀軍

忠状によると、持綱の家人越路備中守らは南会津で討ち取られたことがわかる。

以上のように、この小栗満重の乱では、京都扶持衆の小栗満重が鎌倉府に対して反乱を起こし、同じく京都扶持衆である宇都宮持綱・桃井宣義らが幕府の命をうけて満重に与している。しかし、幕府は、彼らに対して直接軍事的な支援をすることはなかった。これまでみてきたように、室町幕府は、その権力を強化しつつあった鎌倉府の分国内に親幕府勢力である京都扶持衆を形成し得たが、その分国内には直接に政治的・軍事的な力を及ぶすことができなかったのであり、これは、幕府が東国を直接支配していないという当時の支配構造の性格を示すものである。そして、このような支配構造の下で京都扶持衆を設けたり、その一員である宇都宮持綱を上総守護に補任させたりしても、その活動にも自ずと限界があったのである。

小栗満重の乱において、室町幕府は、鎌倉公方に叛した満重を支援するため、他の京都扶持衆に援軍を出すことを命じたが、幕府が直接軍事行動をし得ないまま、親幕府勢力の敗北に終わった。これによって、幕府は、東国に形成した親幕府勢力の多くを失う結果となった。そして、それまでのような間接的な牽制策には限界があるため、鎌倉府討伐へと傾いて行ったようであり、その動きは、先ず各地社寺における神仏への祈禱という形であらわれている[43]。さらに、九月四日には「関東治罰御旗」が下され[44]、いよいよ一触即発といった状況を呈して行ったのである。さらに幕府は、主だった京都扶持衆が滅ぼされた後、篠川公方足利満直との関係を深めた。『満済』応永三十一年正月二十四日条によると、前年の冬には、幕府は満直に内々に御内書を発し、それに対して満直は関東への出陣の由を伝え、さらに、「武蔵上野白旗一揆」からそれに応じる請文が出され、他の一揆からも請文が出されたという。

このような状況下で、次第に孤立化していった持氏は、応永三十年十一月二十九日に勝西堂を上洛させ、和睦への動きを見せた[45]。翌三十一年二月三日には鎌倉府からの誓文が進上され[46]、二月五日に和睦が成立した[47]。しかし、実際の和睦にはさらに時間を要したようで、五月には鎌倉府の使節として芳照西堂が上洛し、義持と対面している[48]。そして、持氏が武蔵府中高安寺の陣所を引き払って鎌倉に戻ったのが京都に伝えられたのは、十月十四日のことであった[49]。

小栗満重の乱をはじめとする一連の争乱で、鎌倉公方足利持氏が京都扶持衆を討伐したことなどによって、その関係が緊迫化していた幕府と鎌倉府は、和睦するに至ったのであるが、両者間に存在する矛盾が根本的に解決されたわけではなく、東国の支配権をめぐる室町幕府と鎌倉府との対立の火種は依然として残されていた。応永三十一年の和睦後も両者の関係は決して良好ではなく、足利義教の六代将軍就任後には、さらに関係が悪化した[50]。関東管領上杉憲実ら尽力によって永享三年（一四三一）に和睦が成立したものの、この和睦を積極的に進めたのは上杉憲実であって[51]、将軍義教と鎌倉公方持氏との関係は良好となったとはいえず、室町幕府と鎌倉府の対立関係は、根本的に解決したとはいい難い。そして、永享の乱という武力衝突に発展するのである。

おわりに

以上、上杉禅秀の乱後における室町幕府の東国に対する政策の特質について検討した。室町幕府は、次第にその権力を強化し、幕府の脅威となりかねない鎌倉府の動きを牽制するために京都扶持衆を設け、さらに京都扶持衆の一員である宇都宮持綱を上総守護に補任させるために尽力した。これにより、幕府は、直接政治的・軍事的な力を及ぼし得ない鎌倉府の分国内に親幕府勢力を形成しようとしたのである。

しかし、小栗満重の乱などによって、京都扶持衆の多くが鎌倉府の追討を受けた際には幕府は直接軍事的支援をすることはできなかった。これは、幕府が東国を直接支配していないという支配構造の限界を示すものであり、親幕府勢力の形成という政策では、この限界を乗り越えることは不可能であった。したがって、室町幕府と、東国に独自の支配権を展開していた鎌倉府との対立は、永享の乱のような武力衝突を避けることはできなかったといえよう。

註

（1）小要博「関東府小論」（豊田武博士古稀記念会編『日本中世の政治と文化』吉川弘文館、一九八〇年所収）、佐藤博信「鎌倉府についての覚書」（『中世東国の支配構造』思文閣、一九八九年所収、初出は一九八八年）ほか。
（2）渡辺世祐『関東中心足利時代之研究』雄山閣、一九二六年、一九七一年に新人物往来社より復刊。
（3）『続群書類従　補遺二』。
（4）渡辺前掲書、二六四―二六五頁。
（5）これらの諸氏について、当時の史料には「京都様御扶持」・「京都御扶持者共」（『満済』応永三十年七月五日条）などとあり、「京都扶持衆」あるいは「京都御扶持衆」などという記載はないが、本稿では、研究者の間で一般に用いられている「京都扶持衆」という用語を使用することにする。なお、京都扶持衆に関する研究は、渡辺氏の前掲書のほか、田辺久子「京都扶持衆に関する一考察」（『三浦古文化』第一六号、一九七四年）、渡政和「京都様の御扶持について―いわゆる「京都扶持衆」に関する考察―」（『武蔵大学日本文化研究』第五号、一九八六年）、遠藤巌「京都御扶持衆小野寺氏」（『日本歴史』第四八五号、一九八八年）、杉山一弥「室町幕府と下野「京都扶持衆」」（『年報中世研究』第三〇号、二〇〇五年、のちに『室町幕府の東国政策』思文閣出版、二〇一四年に収載）、同「室町幕府と常陸「京都扶持衆」」（前掲『室町幕府の東国政策』）などがある。
（6）「市河文書」（『信濃史料　第七巻』）五五一頁。
（7）「喜連川判鑑」（『続群書類従　第五輯上』）。

（8）『満済』応永三十年七月五日条。
（9）『神奈川県史　通史編Ⅰ　原始・古代・中世』一九八一年ほか参照。
（10）田辺久子「鎌倉府における所務沙汰権の変遷」（『史論』第二九集、一九七五年）。
（11）江田郁夫「関東八屋形について」（『室町幕府東国支配の研究』高志書院、二〇〇八年所収）
（12）渡辺前掲書、前掲『神奈川県史　通史編Ⅰ　原始・古代・中世』ほか参照。
（13）この問題については、別稿（「宇都宮等綱に関する一考察」『太平台史窓』第一一号、一九九二年、のちに江田郁夫編著『下野宇都宮氏』戎祥光出版、二〇一一年に収載）で検討した。
（14）持綱の上総守護補任に関する論稿は、湯山学「禅秀の乱後における房総三国の守護―上杉定頼の動向を中心として―」（『千葉県の歴史』第一二号、一九七六年、のちに『湯山学中世史論集１　関東上杉氏の研究』岩田書院、二〇〇九年に収載）、山家浩樹「上総守護宇都宮持綱」（『日本歴史』第四九〇号、一九八九年、のちに前掲『下野宇都宮氏』に収載）、江田郁夫「応永・永享期の宇都宮氏―宇都宮持綱について―」（『歴史』第七二輯、一九八九年、のちに前掲『室町幕府東国支配の研究』に収載）、渡政和「上杉三郎定頼に関する考察　鎌倉府体制下での位置付けを中心に」（『文化史泉』第一集、一九八九年）、小国浩寿「持氏期鎌倉府の守護政策と分国支配」（『地方史研究』第二二九号、一九九一年、のちに『鎌倉府体制と東国』吉川弘文館、二〇〇一年に収載）などがある。
（15）「京都大学所蔵古文書纂」（『真岡市史　第二巻　古代中世資料編』）三七二頁。
（16）「尊経閣文庫所蔵文書」（『真岡市史　第二巻　古代中世資料編』）三七三頁。
（17）「浄光明寺文書」（『神奈川県史　史料編３古代・中世（３）上』）五六二八号、九〇一頁。
（18）湯山前掲論文、一一―一二頁。
（19）『栃木県史　通史編３・中世』五三二―五三四頁。
（20）山家前掲論文、九頁。
（21）江田前掲論文、五三頁、渡前掲論文、九三頁。

(22)　小国前掲論文、七頁。
(23)　今谷明「守護領国制下に於ける国郡支配について」（『室町幕府解体過程の研究』岩波書店、一九八五年所収、初出は一九八二年）、同「和泉半国守護考」・「近江の守護領国機構」（『守護領国支配機構の研究』法政大学出版局、一九八六年所収）。
(24)　松本一夫「常陸国における守護及び旧族領主の存在形態―南北朝・室町前期の佐竹・大掾氏を中心に―」（『國史学』第一四〇号、一九九〇年、のちに『東国守護の歴史的特質』岩田書院、二〇〇一年に収載）八七頁。
(25)　上杉氏の守護領国支配については、杉山博「守護領国制の展開」（『岩波講座日本歴史　中世３』岩波書店、一九六三年）、峰岸純夫「上州一揆と上杉氏守護領国体制」（『中世の東国　地域と権力』東京大学出版会、一九八九年所収、初出は一九六四年）、勝守すみ『長尾氏の研究』名著出版、一九七八年等を参照。
(26)　市村高男「鎌倉公方と東国守護」（『歴史公論』第八一号、一九八二年）八九―九〇頁。
(27)　新川前掲書、五三五頁。
(28)　山家前掲論文。
(29)　小国前掲論文、四頁。
(30)　『鎌倉大草子』、「喜連川判鑑」、渡辺前掲書、二四一―二六二頁。
(31)　同前および『茨城県史　中世編』一九八六年、二二九―二三〇頁。
(32)　『鎌倉大草子』、「喜連川判鑑」。
(33)　「松平基則氏所蔵文書」一六（『栃木県史　史料編・中世二』）一六三―一六四頁。
(34)　『満済』応永三十年六月五日条。
(35)　『満済』応永三十年七月四日条。
(36)　「皆川文書」八四（『栃木県史　史料編・中世一』）一八四頁。
(37)　『満済』応永三十年七月四日条。
(38)　『満済』応永三十年七月五日条。

(39) 「市河文書」(『信濃史料　第七巻』) 五五一頁。
(40) 烟田朝胤軍忠状「烟田文書」(『結城市史　第一巻　古代中世史料編』) 三六七頁。
(41) 『看聞御記』(『続群書類従　補遺二』) 応永三十年八月二十日条。
(42) 『宇都宮興廃記』(『宇都宮市史　第二巻　中世史料編』) 一〇二頁。
(43) 『満済』応永三十年七月十八日条・同二十二日条、『看聞御記』応永三十年八月八日条・同九日条・同十一日条。
(44) 『満済』同日条。
(45) 『満済』同日条。
(46) 『満済』同日条。
(47) 『満済』同日条。
(48) 『満済』応永三十一年六月三日条・同八日条。
(49) 『満済』同日条。
(50) 前掲『神奈川県史　通史編Ⅰ　原始・古代・中世』ほか参照。
(51) 田辺久子「鎌倉府執事二階堂氏について」(『日本歴史』第四五〇号、一九八五年) 七五頁。

Ⅱ

「京都様」の「御扶持」について
―いわゆる「京都扶持衆」に関する考察―

渡　政和

はじめに

室町時代の前期から中期にかけて、鎌倉を中心として関東八州（相模、武蔵、安房、上総、下総、上野、下野、常陸）と伊豆、甲斐の各国は、「関東御分国」と呼ばれ、鎌倉公方を中心とした鎌倉府体制の中に組み込まれ、必ずしも室町幕府の統制下に置かれているとは限らなかった。特に、第四代鎌倉公方足利持氏の時代は、応永二十四年の上杉禅秀の乱とそれ以降の応永三十一年までの時期、そして正長元年から永享三年にかけての時期という二度の幕府との大きな対立を経て、永享十一年の永享の乱によって鎌倉公方が自害に追い込まれるという戦国時代の幕開けの時期とも呼べる関東内乱の様相を呈していた(1)。この時代を考える上で、最も特徴的な存在として京都扶持衆という、関東分国内における反鎌倉府勢力を上げることができる。

京都扶持衆に関しては、渡辺世祐氏が初めて提唱し(2)、最近では田辺久子氏によって研究がなされている(3)が、本稿では改めて京都扶持衆の存在形態を明らかにし、関東分国内における存在意義を考えてみたい。

一、語句について

最初に「京都扶持衆」という語について考えてみたい。

渡辺氏は、「これらの人々を称して扶持の衆と称し[4]」たとされており、田辺氏も応永二十四年頃、「京都扶持衆のことばも出来たのではないかと想像[5]」されており、当時から「京都扶持衆」と呼ばれていたかの如く受け取れる。しかし、管見の限りでは「京都御扶持者共」とか「自京都御扶持之輩」としている例[6]はあるが、「京都扶持衆」という例を確認する事は出来なかった。さらに、この語は渡辺氏が使用する以前においても確認する事は出来ない[7]。とすると、この語は渡辺氏が便宜上使用した語であり、渡辺氏によって造り出された語であったと考えられる。おそらく「者共」という文字を人々といった意味における「衆」という文字に置きかえたものであり、「京都扶持者共」といった意味における歴史学上の学術用語であり、当時から使用されていたとする歴史的用語として用いる事は出来ないのである。また、一般的に「衆」という文字からくる様々な意味を満たしているかどうか疑問であり、簡単に京都扶持衆と呼ぶ事は誤解を招く事になりかねないのであり、「京都扶持者」とする方が適切である。しかし、現時点においては、「京都扶持衆」という語が広く用いられており[8]、この語をもって印象づけられており、以上の事を理解した上で、学術用語として使用するならばあまり問題はないと考えられるため、本稿においても「京都扶持者」と考えられる人々の事を便宜上「　」付きで「京都扶持衆」と呼ぶ事にする。

二、人物比定

それでは「京都扶持衆」と比定出来る人物がどのくらい存在したかを見てみよう。

まず、『満済准后日記』に、「依鎌倉殿去年(応永二十九年)佐竹上総入道京都異他御扶持処、不事向遣大勢被切腹了」[9]（傍点筆者註以下同）とあり、佐竹（山入）上総入道常元（与義）が「京都扶持衆」である事が判明する。さらに「上総入道息共、并京都様御扶持大丞、真壁以下者共、悉為令退治、五月廿八日鎌倉殿已進発武州」[10]とあり、

佐竹刑部大輔、常陸大拯、小栗常陸介、真壁安芸守等事、有京都御扶持之処、関東様御発向云々、早為彼等合力、相催随逐与力人等、令談合細川刑部少輔(持有)并小笠原右馬助(政康)、可被致忠節之由、所被仰下也、仍執達如件、

応永卅年七月十日　沙弥(畠山満家)（花押）

市河新次郎(義房)殿[11]

とある事から山入与義の子刑部大輔祐義、常陸大掾満幹、小栗常陸介満重、真壁安芸守秀幹が「京都扶持衆」である事が確認される。

次に、永享三年、鎌倉府より「那須、佐竹、白河以下京都御扶持者共、可加対治旨加下知、已合戦及度々了」[12]とあり、那須氏資と白河結城氏朝が「京都扶持衆」である事が確認され、さらに「京都御扶持ノ儀ニ依テ、奥者共悉致無二忠節也」[13]とあり、「奥者共」である葦名氏、塩松氏、伊達氏[14]、岩城氏、岩崎氏、標葉氏、相馬氏、楢葉氏[15]が「京都扶持衆」である事がわかる。そして「佐々河事、別而御扶持上者、可被得其意事」[16]とあり、篠河公方足利満直が「京

都扶持衆」である事が確認できる。

また、『看聞御記』には、応永三十年の足利持氏による「京都扶持衆」討伐に関して、伝聞としながらも「関東事、今月(八月)二日夜討有合戦、佐竹、小栗、桃井京方打負、小栗桃井討死、佐竹ハ切腹云々、但没落両説未定也[17]」とある。ここに出てくる佐竹とは山入祐義、小栗とは満重の事であり、この二人と同じように「京方」として桃井氏が存在しており、桃井左馬権頭入道宣義が「京都扶持衆」である事が確認できる。

宇都宮右馬頭持綱は、「宇都宮依京都御左右可進退由申入之也[18]」とあり、他方、「不可随関東成敗」ようにとの御内書が出されており[19]、「京都扶持衆」である事は確実である。また、持綱の子藤鶴丸に関しても、応永三十一年以降、幕府に対して度々注進をしており[20]、正長元年以降、幕府からも特別な配慮がなされていたと考えられ[21]、「京都扶持衆」としての一側面をうかがう事が出来る。

武田氏は、「関東進止国ヲ知行シナカラ在京奉公時ハ、関東分国一国被召放義ニ相当ル也[22]」とあり、幕府の保護下にあったと考えられる。また、応永二十五年、幕府は信濃国守護小笠原右馬助政康に対して、武田陸奥守信元を「自然事可加扶持也」と御内書を出している[23]。これは、上杉禅秀の乱に際して、武田信満が禅秀の外舅である事により禅秀に加担したために鎌倉府方に追われ、都留郡木賊山にて自害、三郎信重と信元が高野山に逃れた事によるのであり[24]、甲斐国内には逸見・穴山氏といった国人が反武田氏勢力として存在しており[25]、特に逸見氏は鎌倉府側勢力として武田氏に対抗していたと考えられ[26]、これらの勢力に対して、甲斐国守護としての体面を保つ方向で幕府が扶持するという「京都扶持衆」としての武田氏の姿を想像出来る。

以上の人物が「京都扶持衆」であったと考えられるが[27]、彼らのすべてが同一時期に同一形態として存在していたわけではなく、各々「京都扶持衆」としての存在期間及びその扶持形態を考える必要がある。以下、出来得る限り、「京都扶持衆」として存在した期間を比定し、その扶持形態を考えてみたい。

三、存在時期と扶持形態

（A）佐竹（山入）与義

応永二十九年、与義が鎌倉府によって誅伐され、自害に及ぶまで「京都扶持衆」があった事は既に確認した。(28) この時期について、渡辺氏は応永二十九年十二月二日とされているが、(29) 同年十一月二日に「佐竹上総入道為関東沙汰被誅也」(30) とあり、これ以前でなければならない。また、当時の交通事情等を考慮に入れるならば遅くとも閏十月下旬と考える事が妥当であり、(31)『喜連川判鑑』には与義退治を閏十月十三日からとしており、(32) これらを併せて考えるならば、応永二十九年閏十月二十日頃と比定するのが最も妥当であろう。

次に「京都扶持衆」化の時期を考える前に扶持形態を考えてみたい。

応永二十五年十月、「常陸守護佐竹上□」(33) とあり、この人物が山入与義と考える事ができ、当時常陸国守護であった可能性が高い。(34) その後、幕府からは持氏に対して「常陸国守護職事、可被申付佐竹上総入（道脱カ）候由、雖度々申候、未無其儀候、無心元候、所詮早速被仰付候者、可為本意候」(35) と御内書を出しており、幕府からの積極的な働きかけによって守護職に補任させようとしている。これが「京都扶持衆」としての扶持形態であった。(36) 当時常陸国守護としては佐竹嫡流の佐竹義憲がおり、鎌倉府は義憲を守護として承認している。(37) にもかかわらず、幕府は庶子家である山入与義に守護職を拝領させようとしている。これは応永十四年、佐竹義盛が嫡子のないままに逝去した事により、佐竹家々臣小野崎通綱、江戸通高等が佐竹支族の横暴を防ぐために関東管領上杉憲定の次男龍保丸を義盛の娘と結婚させて養嗣子とし、佐竹を名乗らせ、十三代家長としたため(38)と考えられ、これに対し、山入氏を始めとする佐竹一門の家臣は「義憲ハコレ藤姓ニシテ異姓ナリ、新羅ノ源姓佐竹氏族国中ニ多シ、ナンゾコレヲ不立シテ異姓ヲ可立(39)」かとして義憲追放のため、応永二十九年に兵を起こしたとされており、鎌倉府による佐竹家相続への介入が山入氏の反発を呼び起こし、応永十五年より度々挙兵したとされている。このように与義が「京都扶持衆」化された原因としては、佐竹家内部の分裂と鎌倉府の介入による山入氏の排斥と義憲の常陸国守護職補任に対して、与義が直接幕府へこれらの処置について申し出た事によると考えられる。そして、応永十五年の反乱に対して山入氏の処罰がなされていない事からすると、この頃までに山入氏の申し出が幕府に受け入れられ、山入氏の処置が両府間で交され、与義には常陸国守護職が拝領されていったと考えられる(40)。つまり、山入氏を中心とした佐竹一門の不満に対して厳然たる態度で処分に臨めなかった鎌倉府の権限行使の限界性に「京都扶持衆」を生みだす素地があったのである。

　最後に「京都扶持衆」と認められる時期を要約してみたい(41)。

〔要約〕

　応永十五年？―応永二十四年十月―応永二十九年閏十月

(B)佐竹(山入)祐義

　応永三十年六月「常陸国守護職佐竹刑部大輔佐(祐)義ニ被宛行、御判被出之(42)」とあり、幕府の計として常陸国守護となっており、山入与義と同様の扶持形態を有していた。これは応永二十九年以降の与義退治等「重畳関東御振舞不儀」

によるとされている。[43]つまり、与義の誅伐と共に祐義が鎌倉府から誅伐される事を懸念して扶持されたと考えられ、応永二十九年十一月二日[44]をあまり降らない頃であろう。

両府の和睦成立後の応永三十二年閏六月「関東相計」で常陸国守護となった佐竹義憲と共に半国守護として知行させる事が決められ、「両佐竹令和睦、在鎌倉候様ニ」仰せ付けられ[45]、妥協点を見い出している。

その後、祐義が問題となるのは、足利義教の政界登場以降であり、正長元年八月「奥佐々河殿へ就佐竹御扶持可被下御書歟[46]」どうかを幕府内で審議しており、永享元年十一月篠河公方に「佐竹刑部大輔入道事、御扶持御悦喜候、弥被加御扶持候者、可有御悦喜事」を仰せ付けられており[47]、幕府と篠河公方との両者に扶持されている事がわかる。

永享三年三月両府の和睦条件として「那須、佐竹、白河以下京都御扶持者共、無左右為関東計不可退治」旨を「罸状」に載せて提出する事を求めている[48]。

永享七年には鎌倉府によって再び攻められており、幕府は小笠原政康に対して合力する事を仰せ付けており[49]、依然扶持されていた事がわかる。

〔要約〕

応永二十九年閏十月―応永三十二年閏六月―…正長元年八月―永享三年三月―永享七年九月↓

（C）宇都宮持綱

田辺氏は、宇都宮氏について「歴史的に幕府とのつながりの考えられる」人物としておられるが[50]、幕府側の史料に現われるのは応永二十三年十一月からであり[51]、「自管領宇都宮結城両人方へ御教書送給[52]」とあるが、禅秀の乱に対する幕府の介入と考える方が自然であり[53]、必ずしも「京都扶持衆」とする事は出来ない。

では、いつ頃から扶持されるかというと、応永二十五年に上総国守護職を拝領されるが、その過程を示すと、

応永廿四年五月廿八日条（『満済』以下同）

　参御所。宇都宮那須状□〔共カ〕懸□御推挙事□有子細由被仰出。

同年八月七日条

　宇都宮状□上□（総カ）国御吹挙治定□（由被カ）仰下。

同年十月十七日条

　自宇都宮注進状、上総国御吹挙処□（鎌倉殿カ）異儀由事懸□了、重可有御下知由御返事□（以下略）

同廿五年二月廿一日条

　参室町殿。関東御使□西□既進発□条目□条□（上カ）総国守護□甲斐国事御料所□事□方へ内々以状此
　由申遣了。（以下略）

同年九月十五日条

　自宇都宮方上総国守護職事、無相違自鎌倉補任由畏申、（以下略）

同年十月十二日条

　宇都宮上総国守護職事、（鎌倉府）無相違御領掌（以下略）

となり、この事が持綱の扶持形態を端的に表しており、犬懸上杉氏の領国を幕府が積極的に拝領させている事は、禅秀の乱における功績によるもの(54)と考えられる。

応永三十年八月までに持綱は鎌倉府によって滅ぼされているが(55)「宇都宮右馬頭持綱郎等白久但馬入道京都江為使懸

南山内伊北罷上之間、搦捕討之[56]」とあり、京都へ関東の出来事を注進するという「京都扶持衆」としての義務を遂行している。

〔要約〕

……応永二十四年八月―応永三十年八月?

(D) 宇都宮藤鶴丸

「宇都宮系図」等綱項に「母満綱女、持綱生害時四歳没落、永享十戊午年十九歳而還府[57]」とあり、等綱の幼名が藤鶴丸である事に疑いはないだろう。

応永三十一年三月、幕府に使者を送っている[58]が、幕府の対応は不明であり、この頃から「京都扶持衆」であったとするのは疑問である。

正長元年十月「自藤鶴方返事」が幕府に届いており[59]、この頃から扶持される身となったと考える方が妥当であろう。そして、その扶持形態としては、

三宝院殿へ被召
宇都宮藤鶴丸属御手、可致忠節之由申候、別而被加御扶持候者、本意之状如件、

永享元年十月廿六日　　御諱

右兵衛佐（足利満直）殿[60]

とある。さらに「自宇都宮藤鶴方注進状、并御内書御教書申入方々名字一紙注進[61]」とあり、幕府に注進し、扶持されて行く事と同時に篠河公方の扶持をも受けており、山入祐義と同形態を示している。

永享三年四月、両府の和睦の条件中に「宇都宮藤鶴丸事、如元可被沙汰付事[62]」とあり、関東分国内における宇都宮

氏の地位を回復させようとしている事がわかり、扶持形態の一端がうかがえる。この後の経過は不明であるが、系図中に永享十年還府[63]とあり、一時的には遵守された可能性はあるが、完全には守られなかったと考えられる。

〔要約〕

応永三十一年三月？……正長元年十月―永享三年四月↓

（E）常陸大掾満幹

前掲の室町幕府管領奉御教書[64]により応永三十年七月には「京都扶持衆」であった事は確認できるが、これ以前の史料は管見の限り発見できず、田辺氏の説くように禅秀の乱に際して禅秀方に組した事により「京都扶持衆」化された[65]とみる方が妥当であろうか。また、これ以降においても確認できず、扶持形態等は明確に出来ない。満幹は永享元年十二月、鎌倉府によって滅ぼされている[66]。この間応永三十一年二月までは扶持されていたと思われるが、これ以降は宇都宮藤鶴丸と同様疑問である。

〔要約〕

応永二十四年？―応永三十年七月―応永三十一年二月……永享元年十二月？

（F）小栗満重

大掾満幹と同様、応永三十年七月に「京都扶持衆」であった事[67]はよく知られている。それ以前としては、

桃井左馬権頭幷小栗常陸孫次郎（満重）等、依陰謀露顕、令没落上者、不日差遣勢、可加退治之状如件、

応永廿五年五月十日　（足利持氏）（花押）

長沼淡路入道殿（義秀）[68]

とあり、これは禅秀の乱後、余党退治として軍勢を催促している。以降、応永三十年まで度々軍勢を差遣されており(69)、こういった経過の中で京都に扶持を請う事により「京都扶持衆」化していたのであろう。

応永三十年八月二日、上杉定頼、同憲実を大将とする鎌倉府の軍勢によって小栗城は攻め落とされ(70)て滅ぼされている。

〔要約〕

応永二十五年?―応永三十年八月

(G)真壁秀幹

小栗満重等と同様に応永三十年七月には「京都扶持衆」であった事が確認されるが(71)、八月二日「以御意鹿嶋、行方、東条同心仁、向真城(壁脱)致忠節候上、無程御敵没蕗(落)(72)仕」とあり、鎌倉府によって没落させられている(73)。

次に扶持形態を知るものとして、

　真壁安芸守秀幹申、常陸国真壁郷内御庄郷々本木　安部田　大曽根　伊々田　北小幡　南小幡　大国玉　竹来等事、任当知行之旨、領掌不可有相違之状如件、

　　応永卅年二月十六日(74)　(足利義持)(花押)

とあり、室町幕府が所領を安堵したものであるが、関東分国内における所領安堵権は鎌倉公方が掌握しており(75)、これが扶持形態を端的に表わしているものである。つまり、幕府が鎌倉府を経ずに直接所領安堵する事が「扶持」と意識されていたのである。また、「真壁安芸守秀幹申」とあり、秀幹が幕府に当知行安堵を訴える事により発給された文書とする方が自然であり、幕府より積極的に当知行安堵がなされたとは考えられず、鎌倉府からすみやかな安堵がな

されていたならば、この文書が発給される必要はなかったのである。一方、鎌倉府の対応は「故安芸守秀幹者、任去応永卅年二月十六日　勝定院殿御判之旨、依仰申　京都、自関東被召上懸命地、没落仕畢」[76]とある事からすると、秀幹のこの行為はかえって鎌倉府の怒りを買う結果となり、討伐の対象となったと考えられる。[77]

次に父顕幹に対しても、

（花押）《足利義満》

真壁刑部大夫入道聖賢当知行之地事、領掌不可有相違之状如件、

応永八年十二月卅日[78]

とあり、応永十六年手継証文を秀幹に譲る際、「くはう《公方》にて申候ともせうこ《証拠》にたつましく候、しやうけん《聖賢》かちやくし《嫡子》としてゆつり候上ハ、これをいき《異議》申候ハんものハなかく身のこ《子》にあるへからす候、ふけうたるへく候」[79]とあり、鎌倉府体制下においてかなり独立性をもっており、鎌倉府からすればあなどれない存在であったと考えられ、こういった関東分国内における独自の存在形態が「京都扶持衆」化する要因となるであろう。[80]

〔要約〕

応永二十四年？—応永三十年八月……応永三十一年三月

（H）桃井宣義

小栗満重と同様、応永二十五年頃から「京都扶持衆」であったと考えられる。[81]その後も小栗輩と共に上野国佐貫庄にて鎌倉府に抵抗しており、[82]「京都扶持衆」相互の関連を考える事ができる。

応永三十年八月二日、討死したとされているが、[83]

下桃井(宣義)左馬権頭入道上杉五郎(憲秋)方へ旗候、此上者、早相催一族親類、可被致無二忠節候也、
(応永三十年)八月九日
岩松能登守　世良田兵部少輔(84)

小栗退散事、無是非候、但依不可有退屈、弥竪可蹈国、差下旗於桃井左馬入道上杉五郎両人候、上杉五郎伊豆国可打越候、信州勢共差遣上野国候、此趣可有存知、関東者大方御請候間、目出候也、
応永卅八月十八日　御判
佐竹刑部少輔殿(85)

と宣義の名がみえる。しかし、上杉五郎の行動はわかるが、宣義には旗を下した記事しかない事、『看聞御記』には二十日伝聞としている事等(86)からすると、十七日頃に討死の報告が幕府に届いたのであろう。そして宣義の戦時における扶持形態として、両府の対立の中で幕府のもとにて旗を下され、大将として他の「京都扶持衆」や地方武士を統轄し、鎌倉府に対抗する正当性を保障してもらう事であった。

〔要約〕

応永二十五年？―応永三十年八月

〔Ⅰ〕上杉憲秋

「上杉系図(87)」憲顕項に、

禅秀討死之時、赴京都免其難、七年目勝定院殿許宥赴関東、沼津、千本松原、豆州三島所々相戦、得勝利、討豆

州代官、再在京（以下略）

とあり、前述の如く、幕府より旗を下され、大将として伊豆国に攻め入った事がわかる。[88]憲秋は禅秀の三男であり、応永二十四年に在京、同三十年「京都扶持衆」退治により両府が対立する事によって「京都扶持衆」化していったのであろう。

〔要約〕

応永三十年→

（J）武田信元

応永二十五年二月、幕府は信濃国守護小笠原政康に対して、信元が甲斐国に「令帰国者、早速打越致合力、可励忠節」と御内書[89]を下しており、この頃から扶持されたものと考えられる。

応永二十六年にも小笠原氏を通して扶持を受けているが[90]、以降は不明である。

〔要約〕

応永二十五年頃―応永二十六年三月……

（K）武田信重

応永二十八年四月「甲州事、申付武田三郎入道之間、悉属無為候処、被下両使之由、其聞候、事実者、不可然候[91]」とあり、甲斐国の知行が任されている。そして、扶持形態としては、甲斐国守護職を拝領される事[92]であった。しかし、守護となりながら下国しなかったらしく、正長元年九月「甲斐先守護竹田刑部大輔入道両三年以来四国辺隠居云々、被召上如元可被下遣甲斐国辺歟事[93]」とある。これは応永三十一年の両府和睦後、山入祐義の処分と共に信重を甲斐国守護として下国する事が決定したが、信重は甲斐国人逸見・穴山氏の勢力を恐れ、下国すると「乱国ニ可罷成間、不可有正体[94]」として下国しなかった。この事に対して、幕府からその後も下国を迫られたため四国に逃げたのであり、応永三十二年八月下旬頃と考えられる[95]。

正長元年十月、幕府は駿河国の所領を与えようとしており、再び甲斐下国を進めているが[96]、実現するのは永享十年八月であり、この時にも小笠原政康に扶持を加えるように申し付けている[97]。

〔要約〕

―応永二十八年四月―応永三十二年八月……正長元年九月→

（L）那須氏資

氏資は一族間の争いにより、五郎資重が鎌倉府側へつき、太郎氏資が「京都扶持衆」化して行くが[98]、正長二年五月「自奥篠河殿、就那須事御注進在之[99]」とあり、すでに一族間の争いが問題とされていたと考えられる。

永享三年四月、両府和睦の条件中に「向後可被停止治罰之儀事[100]」とあり、依然重要な問題点となっている事がうかがえる。

〔要約〕

←正長二年五月―永享三年四月→

（M）篠河公方足利満直

正長二年九月「自佐々川以山臥御注進」があり、その中に「関東政務御内書事、故勝定院殿御代、以大慶和尚拝領了」とあり、「当御代此御書重可拝領」かどうかを審議している[101]。これは応永三十一年「旧冬内々被仰出奥ノ佐々河殿へ、被遣御内書御使僧、大慶西堂方ヨリ、所召具僧先上洛」とあり、「佐々河殿関東へ進発事、先御領掌」している(102)。つまり、応永三十年九月頃から幕府との接触を持ち、その後幕府が「関東政務御内書」を発給する事で、「京都扶持衆」化したものであり、扶持形態として関東政務を任される事であった。この事は、鎌倉府が「京都扶持衆」退治として幕府に反した事により、その主である足利持氏を討伐し、満直を鎌倉公方とする計画であったと思われる。しかし、応永三十一年二月の両府和睦により実現せず、応永年間には扶持される事はなかったようである。この後は正長元年より幕府と密接な関係があったが(103)「関東政務御内書」は出されなかったようである。

正長元年以降の扶持形態は、幕府が他の「京都扶持衆」に「随佐々河方成敗」うように申し付けており(104)、また、「伊達、葦名、白河、海道五郡者共請文」を自らのもとに集めた上で幕府に提出しており(105)、奥州における「京都扶持衆」のまとめ役として存在している。

永享十二年六月、石川氏によって滅ぼされるが(106)、その時までこの扶持形態は続いていったものと思われる。

〔要約〕

応永三十年冬―応永三十一年二月　正長元年八月―永享十二年六月

(N) 奥大名（葦名、塩松石橋、白河結城、伊達）

正長元年十月以降、幕府より御内書や御教書を受けとっており(107)、幕府に請文を提出しているが、篠河公方が大きく関与している(108)。つまり、幕府は「随佐々河方成敗」うように申し付け、篠河公方を通じて請文等の授受を行なう事により、篠河公方のもとに奥大名を集結させ、反鎌倉府集団を作り上げようとしている事がわかる。

正長二年四月「故勝定院殿御遺物」の太刀を各々に下され(109)、幕府から特別の配慮がなされている。

永享三年三月、鎌倉府の「京都扶持衆」退治において「京都御扶持ノ儀ニ依テ、奥者共悉致無二忠節也」[110]とあり、他の「京都扶持衆」が攻められた時に合力し、扶助する義務があった事がうかがえる。

以上のように奥大名は、扶持形態等に差異はなく、同時期に一括して扶持される身となったと思われる。

〔要約〕

正長元年十月―永享三年三月↓

(O) 海道五郡輩（岩城、岩崎、標葉、相馬、楢葉）

「京都扶持衆」化の時期や扶持形態については奥大名とほぼ同様であり[111]、篠河公方のもとに集結されている[112]。

〔要約〕

正長元年十月―永享三年三月↓

四、いわゆる「京都扶持衆」とは

以上、個々の「京都扶持衆」について考えてきたが、ここでは「京都扶持衆」とは何であったかを考えてみたい。前章までを整理してみると、室町幕府またはその代行者によって「扶持」を加えられる人々が「京都扶持衆」であるという事は判明するが、その扶持形態は個々別々であり、これ以上は何も解決できないように思われる。しかし、時期的に二つに区分して考えてみると明確になって行く部分もある。その区分とは、一に応永三十一年二月の両府和睦以前に「京都扶持衆」化されていった者であり、便宜上「前期扶持衆」と称する事にする。そして二には正長元年、足利義教の政界登場以降において、「京都扶持衆」とされている者であり、同様に「後期扶持衆」とする。この二つの区分は単に時期的区分だけでなく、地域的な差異も考えられ、形態も大きく違っている。以下、この区分によって「京都扶持衆」を考えてみたい。

（Ⅰ）「前期扶持衆」

「前期扶持衆」には、（A）山入与義、（B）同祐義、（C）宇都宮持綱、（E）大掾満幹、（F）小栗満重、（G）真壁秀幹、（H）桃井宣義、（I）上杉憲秋、（J）武田信元、（K）同信重、（M）篠河公方があげられるが、その多くは応永三十年までに鎌倉府によって滅ぼされ、または没落させられている。そして扶持形態もさまざまであり、（A）（B）（C）（J）（K）が守護職を拝領される事であり、（G）の所領を安堵される事であり[113]、（M）の関東政務御内書を拝領されて鎌倉公方となる事であった。これらを総合して考えてみると、彼らは幕府によって何らかの権益を保護されるものであり、各々が抱えていた問題に対して、各自が幕府へ直接申し出る事により、鎌倉府にその権利を認めてくれるように取り継いでもらう事であった[114][115]。こういった事は両府間の機能が円滑に行なわれ、幕府の一機関として鎌倉府が存在している場合には有効な手段であるが、両府間に格差が生じ、鎌倉府が「小幕府」的な存在として独自の政策を行ない、必ずしも幕府の命令に随わなくなった時、彼らは鎌倉府の成敗に随わない存在として疎んじられ、誅伐の対象となり得る。これに対して彼らは幕府に注進し、その保護を求め、幕府からは「京都様御扶持者共」として鎌倉府にその誅伐をやめるように要請し、あるいは幕府に「不儀」として鎌倉府に誅伐を加える事となっていった[116]。いわば、「前期扶持衆」は個別的扶持形態を有していたのであり、各々個人的には他の「京都扶持衆」との交流はあったと思われるが、幕府によって集団として編成されていったものでは決してなかった。そして、彼らの多くが関東の有力豪族であり、鎌倉府成立当時またはそれ以前より無視する事の出来ない存在であった事からも、これらの豪族と鎌倉府との対立を解決するために幕府が介入する事が発生の要因の一つとして上げられる。[117]

(Ⅱ)「後期扶持衆」

「後期扶持衆」としては、(B) 山入祐義、(D) 宇都宮藤鶴丸、(I) 上杉憲秋、(K) 武田信重、(L) 那須氏資、(M) 篠河公方、(N) 奥大名、(O) 海道五郡輩であるが、(B)(D)(I)(K)(L) については「前期扶持衆」と同様に個別扶持形態であるが、その内の (B)(D)(L) が「前期扶持衆」と異なる点は (M) が「扶持」について関与している事である。さらに (N)(O) にいたっては、(M) がそのまとめ役となり、幕府の代行者として、幕府または (M) 自身の働きかけによって「京都扶持衆」を集め、幕府意志伝達経路として (M) を重要視している事がわかる。[118][119] そして他の「京都扶持衆」が攻められた時には合力する義務を有しており、「衆」としての集団的構造を持っているとすれば、それは「後期扶持衆」である。一方、幕府は「関東ノ大敵ヲ置ナカラ、御敵之内ニテ不慮弓矢出来ハ、万一関東ノ得理ニモヤト覚候[120]」とあり、明らかに対鎌倉府政策の一環として意識的に組織された存在であった。

さらに「前期扶持衆」との違いは足利義教の登場とそれに対する鎌倉府の態度にあり、義教が京都足利家の家督を継ぎ将軍となる事が決定的になると鎌倉府は反幕府行動に出、永享年号を使用せず、「京都御知行所々不残一所悉押領[121]」した事等により、幕府はそれまで明確な存在ではなかった「京都扶持衆」を組織立てたのである。[122]

最後に、存在理由について考えてみると、「京都扶持衆」とは室町幕府と鎌倉府という東国における権力の二重構造から生ずる鎌倉府の存在価値の変化とその矛盾によって生み出されてきた副次的存在であったとする事が出来よう。

おわりに

以上、冗長な文章になってしまった感があるが「京都扶持衆」について考えてきた。ここで本稿で述べた事を整理してみると、

(1)「京都扶持衆」とは歴史学上の学術用語であり、歴史用語ではない事。
(2)「京都扶持衆」はその扶持形態と存在期間によって「前期扶持衆」と「後期扶持衆」とに区分できる事。
(3)「前期扶持衆」は個別的扶持であり、関東における有力武士を中心に扶持されている事。
(4)「後期扶持衆」は奥州を中心とした反鎌倉府集団と「前期扶持衆」的な個別扶持の二形態があり、その中心人物として篠河公方が存在している事。
(5)東国における権力の二重構造が「京都扶持衆」を作り出す要因となっていた事。

大まかに以上の五点を挙げる事が出来るだろうし、「京都扶持衆」全体を考える事はそれなりに意義のあった事だと思われる。しかしながら、個々の「京都扶持衆」の実体についてはまだはっきりとは浮び上がってこない。そこには当時の地域性を含めて考えなければならず、「京都扶持衆」とその周辺の武士との関係をも考えなければならないのであり、地域的にあるいは個々の「京都扶持衆」を重点的に、その前代からの関東内における意義をも含めて考えなければならないのであり、逆に親鎌倉府集団(鎌倉府奉公中等)との関係においても論じられなければならないだろうが、本稿ではまったく触れる事が出来なかった点等、まだ多くの課題を残しており、今後はこれらの課題につい

ても考えて行きたい。

註

（1）鎌倉府に関する研究としては渡辺世祐氏『関東中心足利時代之研究』（雄山閣、一九二六年、後に新人物往来社より一九七三年に復刻、本稿においては復刻版の頁数を記す）が最もまとまったものだろう。
（2）渡辺氏前掲書第三編第三章幕府と鎌倉府との関係（二六三頁以下）。
（3）田辺氏「京都扶持衆に関する一考察」『三浦古文化』十六号、一九七四年。
（4）渡辺氏前掲書二六五頁。
（5）田辺氏前掲論文四八頁。但し『神奈川県史』通史編Ⅰ京都扶持衆の項（八三七頁）では「ことば」を「概念」と置き換えておられる。
（6）『満済准后日記』応永卅年七月五日条『続群書類従』補遺一所収（以下本稿においては『満済』と略す）。『兼宣公記』応永卅年八月十七日条、他。
（7）渡辺氏は京都扶持衆に関する記述の最初には「扶持の衆」と傍点を施しており、その後の記述として「京都扶持衆」を使用している。この点から考えても、渡辺氏は「京都扶持衆」を歴史学的用語として用いたものと考えられる。これに対して、その後の歴史学者が歴史的用語と混同して使用してしまったのであろう。
（8）多くの論文、県市町村史において「京都扶持衆」と使用している事は周知の事であるが、この点について充分考える必要があろう。
（9）『満済』応永卅年六月五日条。
（10）『満済』応永卅年七月五日条。
（11）「市河文書」『信濃史料』第七巻所収。

(12)(13)『満済』永享三年三月廿日条。
(14)『満済』永享二年九月六日条に「伊達、葦名、白川以下奥大名方」とあり、「足利将軍御内書幷奉書留」(正長二年)四月廿六日付某書状案に石橋(塩松)氏と共に前三氏が同等に記されており、この四氏が「奥大名」と称されていた事がわかる。
(15)『満済』正長元年十月廿五日条に「岩城《キ》、岩崎《カサキ》、標葉《シムヤ》、楢葉《ナラハ》、相馬《サウマ》」が奥大名の下に記されており、福島県海岸部の郡名にこれらの名がある事などから彼らが「海道五郡者共」と称されていたことがわかる。
(16)『満済』永享三年四月十一日条。
(17)『看聞御記』応永卅年八月廿日条『続群書類従』補遺二所収。
(18)『満済』応永卅年七月四日条。
(19)『満済』応永卅年六月五日条。
(20)『満済』応永卅一年二月五日条、他。
(21)『満済』正長元年十月廿日条、他。
(22)『満済』応永卅二年閏六月十一日条。
(23)「小笠原文書」(応永廿五年)十月廿八日付足利義持御内書『信濃史料』第七巻。
(24)高島緑雄氏「一五・六世紀における甲斐国人の動向」『地方史研究』四十六号、一九六〇年。
(25)『満済』応永卅二年閏六月十一日条。
(26)『鎌倉大草紙』『新訂増補史籍集覧』巻六所収。
(27)この他、後述する上杉憲秋が「京都扶持衆」であったと考られる。また結城上野介光秀、跡部掃部助が「京都扶持衆」であったとも考えられるが本稿では除外した。
(28)註(9)参照。
(29)渡辺氏前掲書二五六頁。
(30)『満済』同日条。

(31)「小笠原文書」永享十年十月一日付室町幕府管領奉御教書『神奈川県史』資料編3古代中世3上（以下本稿では『県史』と略す）五九五三号に「永享十年十月十日板鼻《(上野国)》へ下着」とあり、京都から上野国まで十日間を要している。これは他の「小笠原文書」と比べてもかなり短期間のものであり、通常はもっと時間がかかったのではないだろうか。

(32)『続群書類従』第五輯上所収。

(33)『満済』応永廿五年十月十二日条。

(34)この日の記事は禅秀の乱後の処置を両府間で調整しているものと考えられ、与義を守護に補任するか否かを問題にしているとは考えられない。

(35)「昔御内書符案」（応永廿八年）卯月廿八日付足利義持御内書案（『ビブリア』八十号、一九八三年所収、以下同）。但し、『県史』五六七三号では応永卅年と比定しているが与義が応永二十九年に没する事、『喜連川判鑑』に「（応永）二十八、正月、木戸駿河守ヲ以テ京都将軍家へ三位昇進ヲ被謝」とあり、「昔御内書符案」の注記にも「木戸駿河守使節之時」とあり、書出に「就昇進事」とある事、『公卿補任』応永廿七年条（『新訂増補国史大系』五五）に「従三位（中略）足利源持氏、左兵衛督（初見）」とあり、これ以降持氏の昇進はなかった事から応永二十八年と比定した。

(36)関東分国内における守護の任命は将軍の御判御教書によって行なわれており（「上杉家文書」応永廿六年八月廿八日付足利義持御判御教書など）、一応幕府によって掌握されていたが、実際には鎌倉府の承認を得なければならなかったのであり、むしろ鎌倉府より幕府へ吹挙し、それをもとに幕府が任命したと考えた方が自然であろう。なお、『満済』には関東分国内における守護職について幕府からは「拝領」としており、鎌倉府からは「補任」と記されており、この事と関係しているのかもしれない。

(37)「安保文書」応永廿四年四月十日付関東管領施行状『県史』五五一七号。

(38)江原忠昭氏『中世東国大名常陸国佐竹氏』（私家版、一九七〇年）一四一頁。

(39)『佐竹家旧記』。

(40)義憲の守護在職を示す史料としては、
応永十五年十月十七日付関東管領奉書（「鹿島神宮文書」『県史』五四一〇号）

応永廿四年三月十日付関東管領施行状〔註（37）参照〕

応永卅二年閏六月十一日条等（『満済』）

があげられるが、応永十五年から同二十四年にかけては管見の限りでは確認できない。この事と与義の守護職補任とを考えると応永十五年から二十四年までの内に与義が守護となり、禅秀の乱によって義憲が再び守護となったのであろう。さらに、応永十五年から同二十二年にかけて禅秀が関東管領に在職している事は一考を要する。おそらくこの間に与義の守護職補任がなされたのであり、禅秀が山内上杉氏の勢力拡大を牽制するために関東大名と融和政策を取り、自己の勢力下に組する事に力を注いでいたのではないだろうか。この禅秀と関東大名との関係、また山内上杉氏との関係については別の機会に考えてみたい。

(41) 要約方法には佐藤進一氏『室町幕府守護制度の研究』上例言一二頁（東京大学出版会、一九六七年）を参考にさせていただいた。

(42)(43) 『満済』応永卅年六月五日条。

(44) 註（30）参照。

(45) 『満済』応永卅二年閏六月十一日条。

(46) 『満済』正長元年八月十一日条。

(47) 『満済』永享元年十一月九日条。

(48) 『満済』永享三年三月廿日条。

(49) 「小笠原文書」（永享七年）九月廿二日付足利義教御内書『県史』五九一一号。但し『県史』では佐竹＝義憲としているが祐義のあやまりであろう。

(50) 田辺氏前掲註（3）論文四八頁。

(51) 『満済』応永廿三年十一月三日条。

(52) 『満済』応永廿三年十二月十七日条。

(53) 「有造館本結城古文書写」（『福島県史』7古代中世資料編）に次の文書がある。

（注）「応永廿四年正月七日到来自宇津宮館」

今度関東御開事、先以驚入在候、仍事子細、如風聞者、右衛門佐入道（上杉禅秀）、依構逆心候承京都上聞致、如此沙汰候之由、披露之間、就左様、篇面々被成与力候之由聞候、一端者雖似無謬候、有名無実、至誠狂式之次第候、就中風渡当国江御移之条、希代未聞也、爰上意以御合力之儀、諸人仁被成御教書、可致忠節之旨、被仰下刻、既御幡下着候上者、不承上命候事明白候哉（以下略）

渡辺氏は「氏憲与党の人々及び関東の諸氏に次の檄文を伝えしめ各自の向背去就を決定せしめぬ」（前掲書二三八頁）として、この文書を今川範政の檄文としている。発給者を今川範政とするには疑問も残るが、文中にある「御教書」が『満済』にある「御教書」と関係している事は充分考えられる事である。なお、「鎌倉大草紙」にも今川上総介（範政）の廻状として同文書を載せている。

(54) 禅秀の乱において宇都宮氏は初め禅秀方であったとされており（渡辺氏前掲書二三〇頁および二三八頁参照）、この事をめぐり両府の間の評価が違っていたのであろう。

(55) 『喜連川判鑑』（『続群書類従』第五輯上所収）応永三十年五月二十八日条に「宇都宮退治トシテ御発向、持綱逐電ス、塩谷駿河守甲州ニテ持綱ヲ討テ首級ヲ捧グ」とある。また『続群書類従』所収の「宇都宮系図」には「応永三十年癸卯八月九日於塩谷幸賀郷自害」とあるが、その実否は不明である。

(56) 「皆川文書」応永卅年十一月日付某軍忠状『栃木県史』史料編中世一。

(57) 『続群書類従』第六輯下所収。

(58) 『満済』応永卅一年三月三日条。

(59) 『満済』正長元年十月廿日条。

(60) 「昔御内書符案」足利義教御内書案。

(61) 『満済』永享元年十月廿五日条。

(62) 『満済』永享三年四月十一日条。

(63) 註（57）参照。

(64) 註(11)参照。
(65) 田辺氏前掲註(3)論文四八頁。
(66) その経緯については渡辺氏前掲書三〇七頁以降に詳しい。
(67) 註(11)参照。
(68) 「皆川文書」『県史』五五六六号。
(69) 「喜連川家御書案留書」応永廿八年十月十三日付足利持氏御判御教書案『県史』五六三六号。
(70) 「別符文書」応永卅年八月日付別符幸忠着到軍忠状『埼玉県史』資料編5中世1。「鳥名木文書」応永卅年八月日付鳥名木國義着到軍忠状『県史』五六八四号。
(71) 註(11)参照。
(72) 「烟田文書」応永卅年八月日付烟田幹胤着到軍忠状『県史』五六八五号。
(73) 秀幹の没年月日は応永卅一年三月廿七日とされている(「真壁氏系図」『真壁町史料』中世編Ⅰ所収)。
(74) 「真壁文書」『真壁町史料』中世編Ⅰ。
(75) 渡辺氏前掲書三七頁。
(76) 註(74)参照。(永享十一年)六月十四日付真壁氏親類等連署起請文写。
(77) これらの行動は秀幹が禅秀の乱に際し、一時期禅秀方についた事により、乱後鎌倉府に所領を没収され、それを不服とした秀幹が幕府にその不当性を訴えたのではないかと考えられ、応永二十四年頃かと思われる。
(78) 註(74)参照。但し、この文書は義満の将軍の上位者「国内における事実上の国王としての地位」として全国を支配する事の現われと考えられる(佐藤進一氏『日本の歴史9 南北朝の動乱』中央公論社、一九六五年 四七〇頁参照)。
(79) 「真壁文書」応永十六年卯月廿八日付真壁顕幹譲状案『真壁町史料』中世編Ⅰ。
(80) この事は大掾満幹や小栗満重にも充分考えられる事であろう。
(81) 註(68)参照。

(82) 註(69)参照。
(83) 註(17)参照。
(84) 「昔御内書符案」足利義持御内書案。
(85) 「足利将軍御内書并奉書留」足利義持御内書案。
(86) 註(17)参照。
(87) 『続群書類従』第六輯下所収。
(88) 註(84)(85)参照。
(89) 「小笠原文書」(応永廿五年)二月廿一日付足利義持御内書『県史』五五五七号。
(90) 「小笠原文書」(応永廿六年)三月十四日付足利義持御内書『信濃史料』第七巻。
(91) 註(35)参照。
(92) 『満済』応永卅年六月五日条。
(93) 『満済』正長元年九月廿二日条。
(94) 註(25)参照。
(95) 『満済』においては武田氏の記事が応永卅二年八月廿四日以降正長元年まで見当たらない。
(96) 『満済』正長元年十月廿三日条、他。
(97) 「小笠原文書」永享十年八月十七日付室町幕府管領奉御教書『県史』五九三八号。
(98) 『満済』永享三年三月廿日条。
(99) 『満済』正長二年五月晦日条。
(100) 『満済』永享三年四月十一日条。
(101) 『満済』正長二年九月二日条。注進状の内容は二条から成り、もう一条は満直に内通してきた関東大名結城入道、千葉介、小山、武蔵上野両一揆等へ「就関東対治、属佐々川手可致忠節之由、御内書可拝領」事であるが、関東大名が実際に内通してきたかは不明であり、篠河公方の虚言かもしれない。

(102) 『満済』応永卅一年正月廿四日条。
(103) 『満済』には正長元年八月以降、頻繁に篠河公方との交渉が出てくる。
(104) 「有造館本結城古文書写」(正長二年)六月二日付足利義教御内書写『県史』五八三一号。
(105) 『満済』正長二年二月廿一日条。
(106) 『福島県史』第1巻(一九六九年)七四三頁。
(107) 『満済』正長元年十月二日条、他。
(108) 註(105)参照。
(109) 『満済』正長二年四月廿六日条。
(110) 註(12)(13)参照。
(111) 違っている点は奥大名には御内書が出されているが御教書しか出されていない事と、「故勝定院殿御遺物」の太刀が下されていない事が上げられる。
(112) 但し相馬氏は正長二年の宇多庄合戦により鎌倉府のもとで白河結城氏と争っており(『福島県史』第1巻七三七頁)「京都扶持衆」として篠河公方のもとにはなかった可能性がある。
(113) 史料的には現われないが、おそらく(E)(F)(H)も同様に所領を安堵される事が扶持形態であると考えられる。
(114) つまり、幕府から御教書を発給してもらい、鎌倉府より同内容の文書を発給してもらう事により権利を保障してもらう事であったろう。次の二通は写しであり、若干の疑問点も残るがスムーズに文書発給がなされた例といえるだろうか。

(『常陸国古文書類』中巻所収文書)

新田六郎貞氏申、上野国新田郡、武蔵国榛沢郡埼西郡之内所々事、関東合戦勲功賞、且当家貴族異于他之上、殊相伝領家之上者、令領掌安堵、不可有子細候、者早可被沙汰付彼本領幷散在所々於貞氏状如件、

応永廿四年閏五月七日　　義持公御判

左兵衛督殿

上野国新田庄幷武蔵国榛沢郡埼西郡等之内散在所々事、任去閏五月七日下文之旨、関東合戦勲功之賞、且家門貴族異他之上、殊相伝領家之上ハ、早可被領掌安堵之状、不可有相違、仍執達如件、

応永廿四年六月廿三日　持氏

新田六郎殿

(115) 但し（I）は在京し、（M）は奥州におり、しかも両者が扶持されるのも他の「京都扶持衆」が退治されるという非常事態が発生したためであり、他とは若干違っているようにも思えるが、この場合も彼らが潜在的に希望している「鎌倉府」への帰還に対応して「扶持」されたのではないだろうか。

(116) 応永三十年前後の両府の対立の原因は、禅秀の乱によって一時的にせよ禅秀方に組した武士を許容する事が出来なかった鎌倉府と寛大な処置を望む幕府との対立であった。

(117) 「前期扶持衆」成立の直接的な要因としては禅秀の乱が挙げられるが、内在的な要因（禅秀の乱が意外な大乱となった要因ともなると思われるが）としては、禅秀と関東豪族との関係、いわば関東管領としての対関東大名政策に注目しなければならない。註(40)と併せて考えて行きたい。

(118) 『満済』永享三年四月十三日条に「佐々川事、京都御扶持異他」とある。

(119) 但し、関東にいる者は幕府との直接交渉があり、必ずしもこの伝達経路には含まれていない。

(120) 『満済』永享二年九月六日条。

(121) 『満済』永享三年三月廿日条。

(122) 永享三年四月に両府が和睦すると「京都扶持衆」の存在が史料上から少なくなる事はこの事と関連していると思われる。

Ⅲ　応永三一年の都鄙和睦をめぐって

―上杉禅秀遺児達の動向を中心に―

和氣俊行

はじめに

応永二三年（一四一六）に勃発した上杉禅秀の乱は、東国における鎌倉府体制を根底から揺るがすものであった[1]。同乱を幕府の支持により克服した鎌倉公方足利持氏は、乱後、鎌倉府管轄地域内の禅秀方残党の討伐を繰り返しつつ、自己の権力の強化を目指した[2]。一方、幕府は持氏のそのような行動を警戒し、持氏に討伐対象とされて危機感を抱いていた関東の諸氏を中心に「京都扶持衆」を組織し、これを扶持した[3]。しかし、持氏による禅秀与同者への討伐行動は止まるところを知らず、応永二九年（一四二二）に常陸の小栗満重（京都扶持衆）が反乱を起こしたことを契機として、幕府（都《と》）と鎌倉府（鄙《ひな》）との関係は最悪の事態を迎えることとなる。結果としてこの時は両者間の対立は決定的な段階には至らず、応永三一年（一四二四）二月には都鄙《とひ》間において和睦が成立している[4]。

本稿においては、応永三一年の都鄙和睦および、そこに至るまでの過程を、主に上杉禅秀の遺児達の動向に注目してみていく。そのような視点を設定することによって、持氏による北関東の京都扶持衆討伐が幕府の反感を増大させて関東出兵に至り、結果的には持氏側からの妥協により都鄙和睦が成立したという従来の通説的理解に対し[5]、新たな視点からの知見を加えることができるものと考える。また、あわせて当該期における都鄙両足利氏権力の権力的性格についても言及したい。

一、応永三〇年の関東出兵

本章では、禅秀の乱後から幕府による応永三〇年（一四二三）の関東出兵に至るまでの歴史的経過を先行研究(6)に依拠しつつ簡潔にまとめ、最後に関東出兵時の禅秀遺児達の動向における問題点の提示を行うこととする。

禅秀の乱終結後、幕府は乱に勝利した持氏が自己の権力を強化する道を歩むことへの警戒を強めた。それは前代以来の鎌倉公方による幕府への反抗の前例に起因しており、幕府が鎌倉府および鎌倉公方への恒常的な警戒という対関東政策を保持していたことによるものであった。

禅秀の乱後における幕府側の鎌倉公方持氏対策の一つが「京都扶持衆」の掌握である。京都扶持衆とは、持氏の禅秀残党に対する討伐活動に危機感を抱いて、幕府との関係を密接にした結果、幕府により扶持衆として認識されるに至った、主として禅秀与同者の残党および一部の北関東の豪族層で構成される関東の武家である。京都扶持衆としての彼らの主要な役割は、京都にある幕府への情報申告と、持氏の牽制であった。

持氏による禅秀与同者の残党（乱後は京都扶持衆でもあった）に対する討伐は、禅秀の乱鎮圧後に持氏が鎌倉に帰還した直後から始まった。まず、応永二五年（一四一八）五月には上野の岩松満純が捕らえられ鎌倉で誅殺された。この他、同年二月に自害した甲斐守護武田信満の後継者争いへの数度にわたる介入や(7)、禅秀を輩出した犬懸上杉氏の守護任国であった上総国において、埴谷重氏を中心とする元禅秀被官で構成された国人一揆（上総本一揆）の蜂起を鎮圧するなど、持氏は禅秀残党の討伐活動を積極的に展開した。そして都鄙情勢を決定的に悪化させたのは、応永二九年前半に始まる京都扶持衆小栗満重の鎌倉府に対する反抗であった。

常陸大掾氏の支族の出である小栗満重は禅秀与同者であったが、乱終結後、一度は鎌倉府に帰参したものの、すでに応永二五年五月には鎌倉府に対して挙兵していた。しかしそのときは満重方が降伏して事なきを得たが、応永二九年に再度挙兵に踏み切ったのである。二度目の挙兵時には、同じ京都扶持衆であり、禅秀の乱後に幕府によって上総守護職に補任されていた宇都宮持綱(8)や、同じく扶持衆である桃井宣義・佐々木基清などが与同して勢いがあり、討伐に来た鎌倉府軍を撃退して乱は翌年に及んだ(9)。この間、同年閏一〇月には鎌倉にて常陸佐竹氏の一門である山入与義が反し、鎌倉法華堂で自害させられている。

応永三〇年五月二八日、遂に持氏自身が軍勢を率いて小栗討伐のために鎌倉を発向した。持氏出陣の第一報は翌月五日の『満済准后日記』（以下『満済』と略す）にはすでに記されており、その情報伝達の早さは特筆すべきものがある(10)。なお、同日条において、幕府首脳部の決定として、宇都宮持綱に対し鎌倉府への反抗を促す御内書を発給し、また関東進止の国である常陸・甲斐両国の守護職を幕府方の人物に宛行ったことがわかる。幕府の持氏対策は非常に迅速であったのである。しかし、幕府の支持にもかかわらず、同年八月二日には満重の小栗城は落城し(11)、小栗満重をはじめとして、桃井宣義・佐々木基清、そして宇都宮持綱らの京都扶持衆らが討ち死にし、小栗の乱は持氏方の勝利に終わる。

ここに至り、幕府は小栗城の落城以前から決定していた持氏討伐に踏み切り、八月一八日、遂に常陸の山入祐義

（与義の子）に宛てて、次に示すような御内書が発給されるに至った。

〔史料一〕

一　小栗退散事、無㆓是非㆒候、但依㆑之不㆑可㆑有㆓退屈㆒、弥堅可㆑踏㆑国、差㆓下旗於桃井左馬権頭入道 上杉五郎両人㆒候、上杉五郎伊豆国可㆓打越㆒候、信州勢共差㆓遣上野国㆒候、此趣可㆑有㆓存知㆒、関東者共、大略申㆓御請㆒候間、目出候也、

応永卅

八月十八日　　御判

佐竹刑部大輔殿

（『足利将軍御内書幷奉書留』[12]）

史料一は足利義持御内書である。本文中の「旗」は武家の御旗であり[13]、それが「桃井左馬権頭入道」・「上杉五郎」の両人に授けられているのである。このことは、この両人が関東征討軍の大将として鎌倉府分国に発向したことを示しており、史料一は応永三〇年八月の幕府による関東出兵の事実を今に伝える貴重な史料の一つである[14]。これに対し、持氏側が幕府の出兵に対応していた可能性を示す史料を次に示そう。

〔史料二〕

相州西郡太井宮社領寄進事

合八拾五貫文

右、駿州就㆓御発向㆒、天地長久、朝敵退散、可㆑抽㆓懇祈㆒者也、仍如㆑件、

応永卅年卯癸霜月十一日　　　　持氏（花押影）

太井宮神主別当坊

（『諸国古文書抄』(15)）

史料二は鎌倉公方足利持氏が相模の太（大）井宮に宛てて発給した寄進状の写である。寄進は、持氏の駿州発向に際しての祈祷依頼のために行われた。この段階での駿河方面への発向は、前述の関東征討軍の下向に対応するためのものであったと考えられるのである。

このように、応永三〇年八月の幕府による関東出兵は、実際の歴史的事実として考えて相違ない。ただ、両軍の間にいかなる攻防があったのかは、良質な史料が皆無のため、よくわかっていない。しかし、すでに周知のものではあるが、実は東国側の史料である『喜連川判鑑』（以下『判鑑』と略す）(16)に応永三〇年八月の関東出兵時のものと思われる記事があるのである。以下にその部分を示そう。

〔史料三〕

寅壬二十九、（中略）上杉禅秀末子宮内少輔憲秋、治部少輔教朝先年雪下ニテ族滅ノ時、其場ヲ遁レ京都ニ上リ、忍テ将軍家ニ仕フ、此度将軍へ御暇ヲ乞テ関東ニ下リ、駿州沼津或ハ伊豆ノ三島ニ下リ、放火乱妨シ、相州ニテ在々所々代官御家人等ヲ殺害シ、京都ニ帰ル

史料三によれば、上杉禅秀の乱後、生き残った禅秀子息憲秋（憲顕）・教朝らは京都の将軍家に仕えていたが、応永二九年に至り、暇乞いをして関東に下向し、駿河国沼津や伊豆国三嶋、そして相模国にまで侵入して、放火乱妨・代官御家人殺害などの行為を行ったのち、京都に戻ったという。なお、『判鑑』には応永二九年の出来事として記され

ているが、渡辺世祐氏の考証[17]以来、史料三の記述は、史料一・二などに対応する応永三〇年の出来事とされている。従来、史料三の『判鑑』の記述に関しては、『判鑑』が後世の編纂物であることから、その信憑性については史料的価値が低い所伝として扱われる場合が多かった。[18]また史料二についても、「上杉五郎」の人物比定や、そもそも上杉五郎が武家御旗を授けられたのかどうかという問題もある。[19]次章では、禅秀の乱後生き残った禅秀遺児達の動向をふまえたうえで、これらの問題点について検討していく。

二、禅秀遺児達の動向―憲顕・教朝を中心に―

上杉禅秀自身は、反乱失敗により応永二四年に自害した。しかしそれで禅秀の出自である犬懸上杉氏が完全に滅亡したわけではなく、乱後に生き残った禅秀の遺児達がいたのである。本章では禅秀遺児達のなかでも、とくに憲顕・教朝の動向に注目し、応永三〇年の関東出兵に関するいくつかの問題点について検討する。また、あわせて、禅秀に与同して乱後に京都に逃れた上杉憲国についても注目する。

1　禅秀遺児達の動向

犬懸上杉氏についての近年の成果としては、山田邦明氏のものがある。[20]山田氏の論稿は南北朝・室町期の関東政治史において、犬懸上杉氏の存在を再評価すべき事を指摘したものであるが、同論文中において、犬懸上杉氏一門のひろがりを『続群書類従』所収の『上杉系図』[21]をもとに作成した略系図で示している。山田氏作成の略系図をもとに、さらに本稿において必要な要素を『上杉系図』から抽出し作成したのが、次に示す【犬懸上杉氏略系図】（以下、【略系図】とする）である。

禅秀の子息には憲顕・教朝・快尊・憲方・憲春に加え、禅秀の父朝宗の養子となった禅瑾、禅秀の兄弟氏朝の養子となった持房らがいた。この他、女子三人はそれぞれ関東の名族である那須・新田岩松・千葉の各氏に嫁している。【略系図】にも示されているごとく、禅秀子息のうち憲顕・教朝、そして養子に出され、在京していた持房の三人以外は、父禅秀とともに自害して果てたとされている。以後の犬懸上杉氏の歴史は、生き残ったこの三人の遺児達の系統が担うこととなる。そして憲顕・教朝の兄弟が、前章でとりあげた応永三〇年の関東出兵に際し、幕府方の先兵として関東に下向してきたとされるのである。

【犬懸上杉氏略系図】

- 朝宗
  - 氏憲（禅秀）
    - 憲顕　中務大輔 ― 憲久　五郎
    - 教朝　治部少輔 ― 政憲
    - 快尊　雪下社務、自害
    - 憲方　伊予守、修理亮、父同自害
    - 憲春　五郎、父同自害
    - 女子　那須太郎資之室
    - 女子　新田岩松治部大輔室
    - 女子　千葉介兼胤室
  - 憲春　早世
  - 氏顕　修理亮
  - 禅瑾　実氏憲男、自害
  - 氏朝　左馬助 ＝ 持房　実禅秀三男、中務少輔、六歳在京

まず問題とすべきは、史料一にみえる「上杉五郎」の人物比定である。実は先学により、「上杉五郎」＝憲顕であるとの指摘があり、それがほぼ定説化されてきた感がある。(22) しかし、次に示す史料四をみていただきたい。

〔史料四〕

（前略）去程に新御堂殿幷持仲、鎌倉に御座まし、関東の公方と仰られたまふ、しかれども近国猶持氏の味方にて召

に不ㇾ應、さらば討手をつかはすべしとて、持仲を大将軍として中務大輔憲顕、其弟伊与守憲方、武州へ発向す、憲顕はいたはる事ありて留り、予州を大将軍として十一月廿一日小机辺迄出張す、（後略）

（『鎌倉大草紙』[23]）

「新御堂殿」は持氏の叔父足利満隆、「持仲」は持氏弟の足利持仲、「伊予守憲方」は上杉憲顕の弟とされる人物である（憲方は父禅秀とともに自害、【略系図】参照）。

史料四は、禅秀の乱時、鎌倉を禅秀方が占拠して最も勢いのあった応永二三年一一月の記事であるが、それによれば、持氏方の討伐のため、「持仲を大将軍として中務大輔憲顕、其弟伊予守憲方、武州へ発向す、」とある。史料四＝『鎌倉大草紙』は、禅秀の乱時、すでに憲顕が「中務大輔」であったと記しているのである。すなわち応永三〇年の段階で、無官の「上杉五郎」として御内書に記される可能性はないことになる。ただし、『鎌倉大草紙』には史料としての信憑性の問題がある。実は、中務大輔かどうかは確定できないが、禅秀の乱時に憲顕が少なくとも任官してはいたであろうことを推測させる史料がある。それは応永二四年正月日付豊島範泰軍忠状である[24]。同史料は禅秀方に対する持氏・幕府方の攻撃に加わった豊島範泰がその軍功を上申したものである。その本文の冒頭には「右、去年十二月廿五日夜、於武州入間河、二階堂下総入道仁令同心、御敵伊与守追落畢」とあり、この「御敵伊与守」は上杉憲方に比定されている。すなわち禅秀の乱時、憲方がすでに伊与守に任官しており、しかも伊与守＝憲方という認識が東国の諸氏一般に浸透していた事実がここに判明するのである。前述のごとく、系図等にみえる長幼が正しいとすれば、憲方は憲顕の弟とされており、弟の憲方が禅秀の乱時にすでに伊与守に任官していたのであれば、その兄憲顕も当然何らかの官職に任官していたと考えた方が自然であろう。つまり「上杉五郎」＝憲顕説は成り立たないものと考える[25]。

以上のように、「上杉五郎」＝憲顕の可能性は成り立たず、該当者は他に求めなければならない。ここでもう一度【略系図】をみていただきたい。実は憲顕の子息憲久が「五郎憲久」なのである。筆者は「上杉五郎」＝憲久説を採りたい(26)。おそらくは憲顕への御旗授与は幕府にとって不都合があったのではなかろうか。すでに見てきたごとく、憲顕は禅秀の乱に積極的に加担しており、禅秀との父子関係から推測しても、憲顕は乱の首謀者の一人であったことは間違いない。今回の関東出兵に際し、たとえ犬懸上杉氏の残党を持氏対策に利用することが有効であったとしても、幕府が鎮圧した禅秀の乱の張本人の一人である憲顕に将軍家の御旗を授けることは、さすがにはばかられたのではないだろうか。そこで実質的な討伐軍の大将は憲顕であったとしても、形式上の御旗授与者は憲久とされたのではなかろうか。あくまで推測の域を出ないが、前述のごとく、「上杉五郎」＝憲顕説が成立しない以上、憲久説は積極的に評価されるべきであろう。

本節の最後に、応永三〇年の禅秀遺児達による関東出兵について、一つ指摘しておきたい。史料三によれば、憲顕・教朝らは「駿州沼津」・「伊豆ノ三島」において放火乱妨し、「相州ニテ在々所々代官御家人等ヲ殺害」して、京都に戻ったという。つまり憲顕・教朝らが軍事行動を展開した地域は、沼津を中心とした駿河国駿東郡、伊豆国府のある三島地域、そして相模国は、おそらくは同国西部地域であったと思われる。実は、これらの地域は、禅秀の乱時、持氏を庇護して駿河国に落ち延びさせた鎌倉府奉公衆大森氏の勢力圏とほぼ一致するのである。

大森氏は駿河国駿東郡を出自とする武士であるが、鎌倉府との関係を強めることにより、自己の勢力圏の拡大を図った氏族である(27)。応永一三年（一四〇六）七月には伊豆国府中関所の代官職を請負い、禅秀の乱後は、勲功により禅秀与同者である相模国人土屋・土肥氏の闕所地を拝領し、本拠を小田原に移している(28)。また、駿東郡の沼津には、本来は大森氏の宗家であった可能性もある沼津日枝神社社家の大森氏がいた。つまり、憲顕・教朝らが軍事行動を展開した地域は、大森氏の勢力範囲とほぼ一致するのである(29)。

禅秀遺児達にとって、大森氏はまさに仇敵であったはずである。大森氏は禅秀の乱に際し、持氏を匿い駿河国に落ち延びさせた。禅秀方は持氏を討てなかったことにより、クーデターを早期決着させることができなくなったのである。結果として、幕府が持氏支持、禅秀追討の方針を決定するに至り、滅亡への道を歩むこととなった。応永三〇年の憲顕・教朝らによる関東への侵攻は、武家御旗を取得したうえでの幕府公認の軍事行動ではあったが、史料三に見える彼らの軍事侵攻が行われた地域から推測すると、その主たる目的は持氏の最有力与党である大森氏への報復にあった可能性が高いものと思われる。ただし、それが幕府との予定調和的な軍事行動（侵攻地域を大森氏の勢力圏に限定）であったかどうかは、管見の限りでは史料がなく判断し難い。しかし、当時の幕府内部では「鎌倉府を擁護する和睦派と、交戦を主張する派の主導権争いが行われ(30)」ていたこともあり、鎌倉府との決裂状態は必ずしも幕府全体の総意ではなく、戦争状態の長期化を避ける動きもあったものと思われ、関東侵攻を局地的な戦闘に止めようとしていた可能性も十分に想定可能である。

2　『康富記』にみる「上杉兵庫（武庫）」

ところで、禅秀の乱後に京都において幕府に庇護されていた禅秀遺児達は、応永三〇年の関東出兵に至るまでの期間、一体どのような立場に置かれていたのであろうか。彼らのその間の動向を直接的に示す史料は、現在のところ見出せない。しかし、実は、禅秀与同者で、しかも乱の中心人物であったにもかかわらず、乱後、上洛して幕府に庇護されていた期間の動向がある程度わかる人物がいるのである。それは『康富記』[31]のなかに「上杉兵庫（武庫）」として登場する人物である。田辺久子氏の近業[32]によれば、『康富記』応永二五年一二月二五日条に「坂東上杉兵庫上洛」とみえている人物は、同二六年八月一五日付足利持氏御判御教書写[33]にみえる「兵庫助憲国并禅秀」とある人物と同一人の可能性があるという。すなわち「上杉兵庫助憲国」ということになるのである[34]。筆者も田辺氏の比定でほぼ間違いなかろうと思う。後述のごとく、禅秀の乱後、上洛して幕府に庇護された上杉憲国と禅秀遺児達の置かれていた立場はほぼ同様であったと考えられることから、本節では『康富記』にみえる在京時の憲国の動向をふまえることで、禅秀遺児達のそれを類推することを試みたい。

上杉憲国は山内上杉氏の祖上杉憲顕の子憲英の子である。父憲英は庁鼻和氏を称したが、憲国の兄憲光が庁鼻和氏を嗣ぎ、憲国自身は只懸氏を称したという[35]。憲国は前出の持氏御判御教書写に禅秀とともに並記されていることから、禅秀の乱の中心にいたであろうことが推測される（ちなみに憲国の兄庁鼻和憲光とその子憲長は持氏方であったようであり、父子ともに同乱で討死している[36]）。応永二五年の末頃、禅秀与党の最右翼たる上杉憲国が関東方の追捕から逃れて上洛したのである。次に上洛後の憲国の動向についてみていこう。

まず、『康富記』応永二六年四月二日条には、中原康富（著者）が「上杉兵庫亭」に行き、憲国と対面し盃を重ねたことが記されている。このことから憲国が京都において邸宅を与えられ、しかも面会の自由が許される立場にあったことがわかる。また、同年六月八日条では「上杉兵庫助（憲国）」が、来る一一日の月次祭に参加することが決められている。憲国は公の場にも姿を現すことが許されていたのである。次いで、翌二七年九月四日条には「上杉武庫入道殿」が高野山から下山してきたという記事があり、憲国が出家を遂げたことがわかる。さらに、同月九日条には憲国かと思われる「武庫禅門」の詠んだ句が記されており、一二・一三日条からは康富と憲国の親交が深かったことがうかがわれる(37)。また、その翌日には憲国は鞍馬寺に詣でている。出家したことにより、俗世の問題から自由な立場になった憲国が、文化的な活動に勤しむ姿がみられて興味深い。

次に憲国についての記事が現れるのは、関東出兵が差し迫った応永三〇年八月一六日条（史料一の出される二日前）である。同条によれば、この日、憲国と「里見伊勢守」とが東国に下向したとされる。憲国の下向後の同月一九日・二三日条には、「遠江守護代甲斐兄弟」や「参河守護代氏家」・「一色五郎」らが「関東乱」により各任国に下向する記事が見られ、憲国の下向も同様の性格のものであったと考えられる。そして同年九月三〇日には憲国が雇った下部「彦史郎」が上洛し、憲国が信濃国にいるという情報が康富のもとに入っている。これは憲顕・教朝らの関東（駿河国駿東郡・伊豆・相模地域）への侵攻とは別行動であったようであり、あるいは信濃方面からの討伐軍に従軍したのであろうか(38)。なお、後年の記事になるが、憲国は正長二年（一四二八）八月迄には再び上洛していたようであり、同月一五日には、将軍足利義教への拝謁を許されている（『康富記』同日条）。

以上見てきたように、禅秀の乱の中心人物の一人とされる只懸上杉憲国でさえ、関東での持氏方の追捕を逃れて上洛した後の動向には、罪科人が匿われているというイメージは全くない。むしろ、在京中の行動は公の場にも姿を現すことができるほど自由であったのである。おそらく禅秀の遺児である憲顕・教朝達の待遇も、憲国のそれと同様のものであったと考えられる。実際、彼らは応永三〇年の関東出兵に際して、幕府方の先兵として積極的に活動し、また、後年ではあるが、憲国の場合には幕府将軍にも拝謁できたという明確な徴証がある。そこには謀叛人（罪科人）

としての彼らの姿をみることはまったくできないのである。このことは当該期における都鄙両足利氏権力（幕府・鎌倉府）の権力的性格を考えるうえで、非常に重要な問題であろうと思われる。

三、応永三一年の都鄙和睦をめぐって—憲顕・教朝の処遇を中心に—

本章では、応永三一年二月に成立した都鄙和睦について、交渉過程における禅秀遺児憲顕・教朝の処遇を中心にみていく。まずは和睦交渉の経過についてみていこう。

応永三一年の都鄙和睦における交渉は、前年一一月に和睦を懇望する鎌倉府の使者（「関東使節勝西堂」）が上洛したことにより本格化する。(39)これは同年八月の幕府方による関東出兵（軍事的圧力）が一定の効果を上げて、持氏方の譲歩を導き出したことによるものであろう。しかし、『満済』応永三一年正月二四日条には、幕府与同者である陸奥の篠川公方足利満直の関東進発についての記事が見えており、この時点では、幕府の関東討伐方針に変更はなかったものと思われる。事態が急変するのは、同年二月三日に至り、関東の持氏方が誓文を進上してきたことによる。この二日後の同月五日には『満済』同日条にみえるごとく、和睦が成立するに至った。(40)なお、七日には鹿苑院において将軍義持と関東使節の勝西堂が対面している（『満済』同日条）。この後、勝西堂は同月一七日には関東へと下向したという（『満済』同日条）。

実は、この時の和睦交渉における和睦条件についての詳細が記されている京方の記録は、管見の限りでは見出すことができなかった。しかし、すでに渡辺世祐氏の指摘以来、周知となった史料ではあるが、『喜連川判鑑』に応永三一年の都鄙和睦における和睦条件についての注目すべき記事がある[41]。次にそれを示そう。

〔史料五〕

三月三日、照西堂鎌倉ニ下向、是ハ京都将軍上杉禅秀ガ子憲秋、教朝ヲ抱置レ、関東ヲネタミ玉フ、持氏憤テ京都鎌倉水火ノ相剋ニ及ブ、因茲京都ヨリ和睦ノ為メ照西堂ヲ差下サル、持氏許容ノ色無ク、五月十日照西堂帰京、九月八日、重テ照西堂下向、上杉憲秋兄弟向後知行ヲ可レ被二召放一由仰遣サレ、是ニヨツテ都鄙御和睦ノ事相調ヒ、照西堂上洛、江戸遠江守ヲ使節トシテ京都将軍へ拝礼ノ義被レ勤、

史料五によれば、京都の将軍が禅秀の遺児憲秋（憲顕）・教朝らを抱え置いたことに対し、鎌倉公方の持氏が憤り、両府の対立が決定的なものとなった。それにより、幕府は持氏と和睦するために、（応永三一年）三月三日に「照西堂」を関東に下向させたが、持氏は和睦を許容しなかったため、五月十日に「照西堂」は帰京した。九月八日、重ねて照西堂が下向、上杉憲顕兄弟の知行没収を条件に和睦が成立し、「照西堂」は京都将軍への拝礼の使節である江戸遠江守を伴って上洛した、ということである。すなわち、史料五では幕府が使者「照西堂」を鎌倉府に派遣し、禅秀遺児達の知行没収という譲歩を条件に都鄙間に和睦が成立したというのである[42]。ただし、史料五は後世の編纂物であり、その記述を無条件に信ずることはできない。よって、次に史料五の記事内容について、渡辺氏の考証を確認しながら、その史料的価値についてみていきたいと思う。

まず、『満済』などの京方の記録によれば、都鄙和睦が成立したのは応永三一年二月五日であることは、すでに前述した。これに対し、史料五では和睦の成立は同年九月八日以降としているが、前述の理由によりこれを採ることはできない。次に「照西堂」であるが、史料五は、この人物を幕府側の使者としている。しかし、『満済』応永三一年

五月晦日条には「関東使節芳照西堂参洛」とあり、「芳照西堂」と「照西堂」とは同一人物を指すようである。さらに『満済』によれば、五月晦日に参洛した芳照西堂は、将軍や満済などと対面した後、同年八月二二日には鎌倉へ向けて下向している(43)。「関東使節芳照西堂」とあるごとく、芳照西堂は二月に成立した和睦御礼のために、鎌倉府が派遣した使者であったようである。

以上のように、史料五については歴史的事実と異なる記述がいくつか見られるが、本稿において注目すべきは、史料五では、応永三一年の都鄙和睦の交渉過程において、禅秀遺児である憲顕・教朝の処遇こそが和睦成立のための主要な条件であったと記されている点である。すなわち、幕府が禅秀遺児憲顕・教朝を庇護したことが、鎌倉公方持氏との対立の発端となり、和睦交渉時には上杉憲顕兄弟の知行没収を条件に和睦が成立したというのである。しかし、繰り返しになるが、やはり史料五＝『喜連川判鑑』は後世の編纂物であり、かつ東国側の史料であるという前提があり、その記述の信憑性については、慎重な検討を要するものである。そこで、本稿においては、史料五の記述の歴史的事実としての精度を高めるために、京方の良質な史料から、史料五の記述を確認できないか検討してみた。すると、直接的に史料五と同内容を示すものこそ確認できなかったが、史料五の記述内容を間接的に示していると考えられる史料を『満済』の中で見出したので、それを次に示そう。

〔史料六〕

五日、（前略）関東事、先日告文々章聊雖レ不レ如二上意一、已重捧二誓文一被二懇望申一上ハ、御和睦不レ可レ有二子細一旨、管領右京大夫両人被レ召二御前一、内々被二仰出一、両人珍重由申入、（後略）

（『満済』）

　史料六は、『満済』応永三一年二月五日条から抜粋したものである。同条は、已に前述のごとく、都鄙の和睦が成立したことを示す重要な史料である。問題は傍線部である（傍線は筆者が加筆）。意味は「先日（持氏方が提出してきた）告文の文章には、多少将軍の意志に反するところがあるといっても」といったところであろう。応永三一年二月三日（あるいは前年一一月）に持氏方から送られてきた告文＝誓書には、京都の将軍の意に反する内容の文章が記されていたのである。史料六の傍線部以降を読めばわかるが、結果として幕府方は「不レ如二上意一」文章＝告文の内容を許容している。すなわち、この「不レ如二上意一」文章＝告文の内容こそが、史料五に見える、持氏側が和睦の条件として最重要視していた禅秀遺児達の処遇問題のことを指しているのではないだろうか。持氏が今回の和睦に際して禅秀遺児憲顕・教朝の知行放免を求めた可能性は、禅秀の乱以降、応永二七年（一四二〇）七月の段階に至っても、なお「右衛門佐入道禅秀子供以下残党」の追討を明示していたことからも(44)、その蓋然性は高いと思われる。

　これに対し、幕府方がこのような持氏方の申し出に応ずれば、それは上洛後に身分的保証を与えて庇護し、関東出兵の際にはその先兵として利用した憲顕・教朝を見捨てることとなり、幕府の沽券に関わる問題であったろうと思われる。しかし、和睦交渉の最終過程において、結果として幕府は持氏の申し出を許諾したのであり、そこには幕府側の持氏に対する一定の譲歩を見出すことができよう(45)。

　いずれにしても、応永三一年の都鄙和睦に際して、禅秀遺児達の処遇が和睦成立の為の重要なファクターとなっていた可能性があったのである。従来は、当該期において両府の対立が決定的となった原因は、持氏の京都扶持衆討伐により幕府の反感が次第に増長していったことに求められていた。しかし、本稿においてみてきたごとく、禅秀の乱以後の都鄙両足利氏権力の対立背景には、幕府による禅秀遺児達の庇護という、より直接的な問題が介在していたのである。

むすびにかえて

以上、応永三一年の都鄙和睦をめぐって、上杉禅秀の遺児達の動向に注目してみてきた。

応永三〇年八月の持氏による常陸の小栗満重討伐により幕府は関東出兵を決定するが、その際、駿河・伊豆方面からの討伐軍の中心を担ったのは、上杉禅秀の遺児である憲顕・教朝達であった。また、その討伐軍の名目上の大将の一人が、上杉憲顕の子憲久であった可能性を指摘した。そして彼ら禅秀の一門残党による軍事行動は、禅秀の乱以降、持氏の最有力与党となった大森氏の勢力圏に対して展開されたのであった。その後、同年一一月に持氏方からの和睦懇望の使者が上洛するに至り、翌応永三一年二月には都鄙両足利氏権力の間に和睦が成立するが、その交渉成立過程においては、憲顕・教朝ら禅秀遺児達の処分が重要な問題となっていたのである。従来は、鎌倉府分国内において幕府とのつながりを持つ京都扶持衆の存在が、持氏の幕府への憎悪を増大させたと考えられていたが、より直接的には、幕府による禅秀遺児および禅秀の乱に与同した上杉一門に対する庇護行為こそが、持氏の中に反幕府の意志を生じさせる主因となっていたと考えられるのである。すなわち、応永三〇年八月から、翌年二月にかけての都鄙間における対立→和睦という一連の歴史的経過は、まったく禅秀遺児達の動向に規定されたものであったと言っても過言ではないのである。このことをふまえたうえで、最後に、禅秀遺児達の動向から、当該期における都鄙両足利氏権力の権力的性格について私見を述べてみたい。

すでに述べたごとく、禅秀の乱後、生き残った禅秀の遺児達は、上洛し幕府により庇護されるに至った。しかし、その庇護の内実は、禅秀の乱の首謀者の一人であると考えられる上杉憲国においてでさえ、公の場への参加や、将軍への拝謁が可能なほど自由なものであったのである。その間、関東では持氏が禅秀子息以下の残党追討をその発給文書に明示していたにもかかわらずである。そして幕府と鎌倉府との対立が関東出兵という決定的な段階に至ると、禅秀遺児達は幕府方の先兵として関東に攻め込んだのであった。このような禅秀遺児達の歴史的境遇は、いわば鎌倉府内部での政変に敗北したのちに、「国界」[46]を越えて幕府に亡命したとでも表現すべき性格のものであったのではないだろうか。そのように考えなければ、鎌倉府における謀反人（罪科人）が、幕府の支配圏において行動の自由が公に許されていたことを整合的に考えることは難しいと思われる。すなわち、禅秀の乱後における禅秀遺児達の歴史的動向からみる限りにおいては、当該期における都鄙両足利氏権力（幕府・鎌倉府）は、全く異なる政治意志を有した二つの権力体であったと考えねばならないのである[47]。

なお、残された課題も多いが、紙幅の関係もあり、ひとまず擱筆することにする。

註

（1）上杉禅秀の乱についての研究は非常に多い。以下に管見の限り、その代表的なものだけを示しておく。渡辺世祐『関東中心足利時代之研究』（雄山閣、一九二六年、のち新人物往来社から一九七一年に復刊、さらに同社から一九九五年に改訂版が刊行）、永原慶二「東国における惣領制の解体過程」（同『日本封建制成立過程の研究』岩波書店、一九六一年）、樋口誠太郎「鎌倉公方の興亡と房総の武士―足利満隆の動向をめぐって―」（川村優編『論集房総史研究』名著出版、一九八二年）、市村高男「鎌倉府体制の展開と結城・小山一族」（『北下総地方誌』創刊号、一九八四年）・「京都将軍と鎌倉公方」（永原慶二編『古文書の語る日本史　4南北朝・室町』筑摩書房、一九九〇年）、佐藤博信「鎌倉府についての覚書」（同『中世東国の支配構造』思文閣出版、一九八九年）、江田郁夫「上杉禅秀の乱と下野」（『栃木県立文書館研究紀要』第二号、一九九八年）・「鎌倉公方連枝足利満隆の立場」（羽下徳彦編『中世の社会と史料』吉川弘文館、二〇〇五年）、落合義明「上杉禅秀の乱と東国の時衆」（『湘南史学』第一五号、二〇〇四年）など。

（2）　本稿において検討対象とするのは応永年代後半の一時期であり、東国においては「鎌倉府」の時代であった。最近、阿部能久『戦国期関東公方の研究』（思文閣出版、二〇〇六年）が出されたが、その序章において、関東府（鎌倉府）や関東公方（鎌倉公方・古河公方）といった関東足利氏の権力機関及びその首長の研究上の呼称の在り方について言及されている（同書九・一〇頁）。筆者も阿部氏の見解と同意見であり、従来から関東足利氏権力について考察する際には「関東府」・「関東公方」という呼称を使用してきたが、本稿において扱う時代は鎌倉府の時代のみであり、故にあえて「鎌倉府」・「鎌倉公方」の呼称を使用した。ちなみに筆者も拙稿「享徳の乱と応仁・文明の乱―両乱における政治的対立構造についての考察―」（『法政史学』第六二号、二〇〇四年）の註（2）において、鎌倉府等の呼称の問題について言及しており、あわせて参照のこと。

（3）　京都扶持衆の定義に関しては、杉山一弥「室町幕府と下野「京都扶持衆」」（『年報中世史研究』第三〇号、二〇〇五年）が最新の成果であろう。杉山氏によれば、必ずしも京都扶持衆＝禅秀与同者ではなく（宇都宮持綱など）、幕府による扶持の契機は多様であり、「あくまでも室町幕府と一対一の関係によって掌握された者たちであっ」たという。なお、京都扶持衆に関する先行研究については、杉山氏論文の註（2）を参照のこと。

（4）　『満済准后日記』（以下『満済』と略す）応永三一年二月五日条。

（5）　この間の経緯については、島村圭一「上杉禅秀の乱後における室町幕府の対東国政策の特質について」（『地方史研究』第二四九号、一九九四年）を参照。なお、禅秀の乱後の鎌倉府体制については小国浩寿「持氏期鎌倉府の守護政策と分国支配」（同『鎌倉府体制と東国』吉川弘文館、二〇〇一年）などを参照のこと。

（6）　註（1）渡辺氏著書・註（5）島村氏論文のほか、『神奈川県史　通史編　原始・古代・中世』（一九八一年）第三編第三章第二節「永享の乱」などを参照のこと。

(7) この間の経緯については、秋山敬『甲斐武田氏と国人—戦国大名成立過程の研究—』(高志書院、二〇〇三年)第一部に詳述されているので、参照のこと。
(8) 宇都宮持綱の上総守護就任については、前掲註(3)杉山氏論文が、やはり最新の成果であろう(先行研究については杉山氏論文の註(5)に網羅的にとりあげられている)。同論文からは筆者も学ぶ所が多い。
(9) 小栗満重の乱については、註(1)渡辺氏前掲著書第三編第二章「禅秀乱」第九〜一一節および註(5)島村氏論文などを参照。
(10)『満済』応永三〇年六月五日条。あわせて同年七月五日条も参照のこと。
(11) 応永三〇年八月日付鳥名木国義着到状(『神奈川県史　資料編3　古代・中世(3上)』所収「鳥名木文書」、第五六八四号)および同年同月付烟田朝胤軍忠状案(『神奈川県史　資料編3　古代・中世(3上)』所収「烟田文書」、第五六八五号)を参照。
(12) 桑山浩然『室町幕府関係引付史料の研究』(昭和六三年度科学研究費補助金研究成果報告書、一九八九年)所収『足利将軍御内書幷奉書留』第一号。
(13) 武家御旗については、最近、杉山一弥「室町幕府における錦御旗と武家御旗—関東征討での運用を中心として—」(二木謙一編『戦国織豊期の社会と儀礼』吉川弘文館、二〇〇六年)が発表された。同論文は武家儀礼研究の視点から、幕府による関東征討での御旗の運用について論じたものであり、応永三〇年の関東出兵についても若干ふれられている。
(14) ちなみに、このときの関東侵攻は信濃および陸奥方面からの侵攻も企図されていた(『静岡県史　資料編六　中世二』所収「小笠原文書」、第一六六二号、および『足利将軍御内書幷奉書留』第二号、『満済』応永三一年正月二四日条などを参照)。なお、本稿では駿河方面の動向に特に注目しており、紙面の都合上からも、他方面からの関東侵攻についてはほとんど言及できなかったことをここであらかじめお断りしておきたい。
(15)『静岡県史　資料編六　中世二』、第一六七二号。ちなみに本文中にある「朝敵」とは、幕府方を指している。これは鎌倉公方が「天子ノ御代官」(『殿中以下年中行事』)を自認するが故に、敵対者は「朝敵」として表現されたのであった。これについては、伊藤喜良「室町期の国家と東国」(同『中世国家と東国・奥羽』校倉書房、一九九九年に所収)および註(2)拙稿第一章などを参照のこと。

(16)『続群書類従』第五輯上所収。
(17)註(1)渡辺氏前掲著書二七四・二七五頁参照。
(18)例えば、山家浩樹「室町時代の政治秩序」(歴史学研究会・日本史研究会編『日本史講座　第四巻　中世社会の構造』東京大学出版会、二〇〇四年)の第二章(同書四七頁)においては、『判鑑』にみえる禅秀遺児等の動向を「所伝」として扱っている。ちなみに田辺久子『関東公方足利氏四代』(吉川弘文館、二〇〇二年)においても禅秀遺児達の動向に触れている(一四八・一四九頁)が、それは『判鑑』の記事を批判的に検討することなく構成されたものであり、不十分なものであると思われる。
(19)この問題点については、註(13)杉山氏論文に指摘がある。次章にて検討する。
(20)山田邦明「犬懸上杉氏の政治的位置」(『千葉県史研究』第一一号別冊中世特集号、二〇〇三年)。
(21)『続群書類従』第六輯下所収。
(22)註(1)渡辺氏前掲著書。この他、註(18)山家氏論文(四七頁)、註(13)杉山氏論文(一五一頁)なども憲顕説を採る。なお杉山氏は『看聞日記』応永三〇年八月一一日・二四日条より、このときの武家御旗は「上杉五郎」には与えられず、駿河守護の今川範政と桃井氏に与えられたとする。
(23)『群書類従』第二〇輯所収。
(24)「豊島宮城文書」(『神奈川県史　資料編3　古代・中世(3上)』第五五〇四号)。
(25)但し、史料一の御内書発給時に幕府側が憲顕の官途を把握しておらず、任官以前の「五郎」で記してしまったという可能性もある。しかし、憲顕は禅秀の乱後に上洛し、幕府に庇護されていたのであるならば、憲顕がすでに任官していたことを幕府が把握していなかったという解釈は難しいかと思われる。
(26)すでに『静岡県史　資料編六　中世二』(一九九二年)において、史料一の「上杉五郎」が憲久に比定されている(同資料編第一六六一号参照)。しかし、その後に執筆された『静岡県史　通史編2　中世』(一九九七年)第二編第二章第三節(山家浩樹氏執筆分、三六四頁)においては、「上杉五郎」には「(憲秋か)」という注が付されている。憲秋＝憲顕であることは前述のごとくであり、『静岡県史』においては、通史編の作成に際し憲久説よりも憲顕説を有力視したようである。

(27) 大森氏に関しては、佐藤博信「大森氏とその時代」(同『中世東国　足利・北条氏の研究』岩田書院、二〇〇六年)、杉山一弥「室町期の箱根権現別当と武家権力」(『鎌倉』第九九号、二〇〇四年)などを参照のこと。
(28) 『鎌倉大草紙』(『群書類従』第二〇輯所収)六七五・六七六頁参照。
(29) 沼津日枝神社社家の大森氏については、拙稿「沼津日枝神社社家大森氏についての基礎的考察」(柴辻俊六編『中世末駿東郡域の領主と在地社会』エンドレス、二〇〇四年)を参照のこと(補注1)。
(30) 註(18)山家氏論文(四七頁)より。
(31) 増補史料大成『康富記』第一巻。
(32) 註(18)田辺氏著書一三四頁参照。
(33) 「武州文書十所収多摩郡宮本氏所蔵文書」(『神奈川県史　資料編3　古代・中世(3上)』第五五九四号)。
(34) 『鎌倉大草紙』には、禅秀とともに自害した人物として「武州守護代兵庫助氏春」があげられている。後述のごとく、上杉憲国は武蔵国深谷を本拠として庁鼻和氏を称した上杉一門の出自であり、あるいは氏春が存命していたとすれば、同一人物の可能性も考えられるが、ここではとらない。
(35) 註(32)に同じ。
(36) 庁鼻和上杉氏については、久保賢司「二通の医療関係文書から—庁鼻和上杉氏の系譜と動向—」(『鎌倉』第八九号、一九九九年)および『深谷市史』(一九六九年)を参照のこと。
(37) 管見の限りでは、上杉憲国の在京時の動向に関する記述は『康富記』にしかない。一三日条などに見られるような、中原康富と憲国との親交がいつ以来のものであり、またどのような関係に基づくものであったのかを明らかにする必要があろう。
(38) 註(14)に示した「小笠原文書」(『静岡県史　資料編六　中世二』第一六六二号)によれば、信濃勢の上野発向が指示されている。あくまで推測の域を出ないが、憲国が信濃からの討伐軍に従軍していたとすれば、上野経由でかつての本領があった武蔵国深谷地域を目指していたのではないだろうか。
(39) 『満済』応永三〇年一一月二九日条。

(40)『満済』応永三一年二月三日条および五日条。このほか『花営三代記』応永三一年二月五日条、『看聞日記』応永三一年二月七日条もあわせて参照のこと。
(41)『喜連川判鑑』(『続群書類従』第五輯上三三五頁)。なお、註(1)渡辺氏前掲書二七八～二八〇頁をあわせて参照のこと。
(42) なお、『鎌倉大草紙』にも史料五とほぼ同内容の記述がみられるが、三月三日の「照西堂」の関東下向時に、京都幕府に反抗せず忠節を尽くす旨の告文を持氏が提出したとしている。日付は異なるが、『満済』によれば二月三日に持氏方が誓文を進上しており、『鎌倉大草紙』の記事はこのことを指しているかと思われる。
(43)『満済』応永三一年五月晦日条、同六月三日・八日・九日条、八月廿二日の各条を参照のこと。ただし、照西堂が鎌倉に帰着し、持氏に報告を終えた時点に和睦の成立を見るならば、史料五の『判鑑』の記述にみえる九月段階での和睦成立というのもある程度の整合性があるものと思われる。
(44) 応永二七年七月二〇日付小山満泰宛鎌倉公方足利持氏御判御教書(「松平基則氏所蔵文書」、『神奈川県史　資料編3　古代・中世(3上)』第五六一九号)より。
(45) 今回、実際に憲顕・教朝兄弟の知行放免という、幕府方の持氏方に対する和睦条件履行が、和睦成立後に実行されたかどうかを史料的に確認することはできなかった。確認できれば、史料五の信憑性を高めることができたのであるが、今後の課題である。しかし、後年のものではあるが、京に逃れた禅秀遺児たちが、その後、幕府から経済的支援を受けていたことを示唆する史料がいくつかある。例えば、康正二年(一四五六)五月一八日付南禅寺宛管領細川勝元奉書(「南禅寺文書」、『静岡県史　資料編六　中世二』第二二四六号)には「南禅寺領遠江国初倉荘代官職事、先度雖被預置上杉治部少輔教朝」とあり、康正二年より以前の段階において、上杉教朝に南禅寺領遠江国初倉荘代官職が預置かれていたことがわかる。康正二年より以前の段階がいつであるのかは明確にし得ないが、史料五・六などで検討した応永三〇年の都鄙和睦において、持氏が問題とした憲顕・教朝兄弟の知行とは、このようなものを指すのであろう。ちなみに、応永三一年の都鄙和睦以降の憲顕・教朝を中心とする犬懸上杉氏の動向については、湯山学「禅秀の乱後の犬懸上杉氏—宝積寺領駒岡村をめぐって—」(『郷土よこはま』第一〇五号、一九八七年)がある。
(46)『満済』などの当該期の古記録の記事の中に「国界」という表記が出てくることは周知の事実である。「国界」とは都鄙両足利氏権力間における境界地域を指しており、具体的には駿河・信濃・越後の三国を指しているとされる。「国堺」論に関しては、佐藤進一「守護制度上の信濃」（『信濃』第二〇編一〇号）、佐藤博信「越後応永の内乱と長尾邦景」（同『越後中世史の世界』岩田書院、二〇〇六年）、伊藤喜良「室町期の国家と東国」（註（15）参照）などを参照のこと。

（47）逆に言えば、幕府の禅秀遺児達に対する扱いは、幕府自身が幕府と鎌倉府との統一権力としての一体性を自ら放棄したことにつながるのではないだろうか、そのように考えた場合、従来、関東足利氏権力の持氏期における独立志向は、持氏の将軍職への志向性や、幕府への対抗心という点のみが強調されてきたが、幕府側の対関東政策の方向性が皮肉にも持氏期関東足利氏権力の独立志向に拍車を掛けることになったとも考えられるのである。

【付記】本稿は二〇〇五年六月一七日に行われた歴史学会月例研究会において報告した「上杉禅秀遺児等の関東侵攻―その再評価を中心に―」の内容をもとに再構成したものである。

（補注1）拙稿「沼津日枝神社社家大森氏についての基礎的考察」（註（29）参照）において、沼津日枝神社の神主職を世襲した系統の大森氏が、禅秀の乱後に相模国小田原を本拠として発展した大森氏の宗家筋であった可能性を指摘した。すなわち日枝神社社家大森氏と、小田原大森氏とは同族であり、小田原進出後も駿河国駿東郡に位置する沼津地域は、大森氏の勢力圏であったのである。
ちなみに、前掲拙稿の第四章において、大森氏が『看聞日記』などの一次史料において「大社」と記されているとして大森姓と神職との繋がりについて述べたが、正確には「大社」ではなく「大杜」と表記されていたのであった。「社」ではなく「杜」である。この場をお借りして、前掲拙稿第四章後半部の論述については誤りがあったことを明記しておきたい。そこで改めて「大杜」の「杜」という文字について指摘しておきたい。『日本国語大辞典〔第二版〕』（小学館）や『時代別国語事典〔室町時代編〕』（三省堂）および白川静『字通』（平凡社）などによれば、「杜」の字には「神社などの神域のある茂み」という意味があるという。やはり「杜」の字には神職と通ずるものがあるのである。すなわち、大森（大杜）姓自体、神職との関係が極めて強いものであったということは間違いないものと思われる。

第3部

永享の乱・結城合戦

Ⅰ

永享九年の「大乱」
―関東永享の乱の始期をめぐって―

呉座勇一

一

鎌倉時代に信濃の御家人として活動し、南北朝期に常陸に移住した臼田氏の家蔵文書「臼田文書」の中には次のような文書が収録されている。

【史料1】　憲景譲状（傍線は筆者が付した。以下同じ）

譲与所願〔領〕事

右、依当病難儀候、憲景無一子候間、縁者仁候臼田勘解由左衛門尉子息藤四郎政重仁、依有志、憲景遺跡事、代々手継証文等・同重代相伝之本領地お相副、政重方江譲与者也、

一、去永享九年大乱仁、於藤沢御陣、御屋形様江憲景奉公刻、於当知行地者、当御代（上杉憲忠カ）之安堵御判相副、譲与者也、

（二つ書きを一つ略す）

一、常州北郡大増郷・同うらへの村 なかとの村、次武蔵国入東郡古尾谷名主職、次出羽国千福亦袴郷十ヶ村、次鎌倉屋地一戸主 荏柄谷、

彼所々本領等、証文相副、政重方江譲与所実正也、若憲景子孫中仁、不可有違乱妨候、仍為後日譲状如件、

文安三年（一四四六）二月十八日　　憲景（花押）(1)

病に倒れ子息もいない憲景が、縁者の臼田政重に自分の所領を譲ることを示した譲状である。憲景の氏姓は不明で、湯山学氏は山内上杉氏の有力被官である長尾出雲守憲景ではないかと推定している(2)。臼田氏は室町期には山内上杉氏の被官となっているから、憲景も（長尾氏かどうかはともかく）上杉氏の被官と見るのが妥当である。

さて、この史料で注目されるのは、最初の一つ書きの記述である。これによれば憲景は、「永享九年」の「大乱」の際に「御屋形様」に奉公した結果（傍線部）、恩賞として当知行安堵を受けたと主張している。前述のように憲景は山内上杉氏被官と見られるので、「御屋形様」は永享九年当時の山内上杉氏の当主である関東管領上杉憲実を指すと考えられる。

問題は、「永享九年」の「大乱」という表現である。初めに【史料1】を見た時、筆者は「永享九年」は「永享十年」の誤りではないかと思った。すなわち、「永享九年」の「大乱」とは、永享十年（一四三八）に勃発し、翌年に鎌倉公方足利持氏の自害という形で終幕を迎えた関東永享の乱のことではないか、憲景は記憶違いをしたのではないか、と。

鎌倉公方の滅亡を招いた関東永享の乱は、現代人の感覚からしても「大乱」と呼ぶに相応しい大規模な戦乱であった。しかも終結直後から「永享　関東大乱」と呼ばれており(3)、同時代人も「大乱」と把握していたことが分かる。

ところが、憲景の主張を細かく分析してみると、右の見方は成り立たないことに気づいた。憲景は「藤沢御陣」で上杉憲実に奉公したと言っている。だが永享の乱の時、足利持氏と対立した上杉憲実は、鎌倉を脱出して本拠地である上野国に逃れ、その後、幕府軍（持氏討伐軍）の東海道進撃に呼応して上野から南下、武蔵の分倍河原に布陣している。[4]つまり永享十年に山内上杉勢が相模の藤沢に展開した形跡はないのである。[5]したがって憲景の「藤沢御陣」での奉公は、永享十年の出来事を憲景が永享九年に勘違いしたのではなく、実際に永享九年の出来事だったと見るべきである。

二

右の推定が正しいとすると、山内上杉氏は永享九年に何らかの軍事行動を起こしていたことになる。それはいったい、どのような性格のものだろうか。なぜ山内上杉勢は藤沢に布陣したのだろうか。

ここで思い当たるのが、宝徳三年（一四五一）に成立したという軍記物『鎌倉持氏記』に見える、足利持氏による上杉憲実討伐未遂事件である。左に該当部分を引用する。

【史料2】鎌倉持氏記（傍点は筆者が付した。以下同じ）

于時永享八年丙辰、信濃国守護小笠原(政康)大膳大夫入道与村上(頼清)中務大輔確執事（中略）…①同九年四月、上杉陸奥守憲直為(被)大将、武州本一揆可罷立旨被仰付間、諸人得其意処、②憲直大将非信濃国事、為憲実御対治御結構由、彼官人等承(ママ)山正員入耳、仍憲実契約人等、自国々上集間、入六月中鎌倉中猥騒不斜、同六日七日八日不暮夜不明式也、然③七日暮方、大御所憲実宿所有御出、兎角雖有誘御寛心中、更不排、雖然面少静分也、④憲直身上不安間、同月十五日父子藤沢罷退訖、⑤同七月廿五日、憲実嫡七歳蜜ニ上州下向、是憲実身上被思定故欤、⑥同月廿七日、一色宮内大輔(左カ)直兼三浦下向、如上意者、直兼・憲直為讒人由、憲実申間、両人既下国訖、又山内事、大石石見守憲重・長尾右衛門尉景仲依令張行、雑説多由被仰出間、景仲・憲重如申者、我等就令在国、御無為可為者、尤可下国仕由申処、憲実致思案、縦両人雖令下国、不可有無為儀旨、被相存畢、然而世上不無為、⑦同八月十三日、持氏憲実宿所御成有而、彼所存色々被仰寛、管領職如元被仰付事、再三雖被辞申、強被仰付間、当座乍領掌申、武州代官不下、施行判形不致、苦笑其年暮、…（後略）[6]

いささか長文なので、①〜⑦に分割し、それぞれの箇所の概要を以下に記す。

①永享九年四月、足利持氏は小笠原退治と称して側近の上杉憲直を大将として武州本一揆を信濃へ遣わそうとした。

②憲直の真の目的は上杉憲実討伐であるとの風聞がたち、憲実恩顧の武士も参集して六月になると鎌倉中は騒然とした。

③六月七日暮れ、持氏[7]は憲実の宿所を訪れて慰撫したが、憲実の不信感は解消されなかった。

④身の危険を感じた上杉憲直・憲家父子は、六月十五日に鎌倉を出て相模の藤沢に退いた。

⑤七月二十五日、憲実は軍事衝突も辞さずと決意を固め、七歳の嫡子をひそかに領国上野に下向させた[8]。

⑥七月二十七日、持氏の近臣である一色直兼が三浦に下向した。持氏は「直兼・憲直が讒言したと憲実が訴えるので、二人を下国させた。だが山内上杉家中の大石憲重・長尾景仲にも今回の騒動の責任はある」と憲実に伝える（持氏は、直兼・憲直を下国させる代わりに憲実も憲重・景仲を下国させるという、いわば「喧嘩両成敗」による決着を望んだものと思われる）。長尾景仲・大石憲重は「我々が鎌倉を離れれば「御無為」になるのなら、下国します」と憲実に上申するが、憲実は二人が下国しても「無為」にはならないと判断し、押しとどめる。

⑦八月十三日、持氏が重ねて憲実宿所を訪れ、管領職復帰を強請したため、憲実はやむなく了承した。だが関東管領

の職務を実質的に放棄し、両者の不和は続いた。

このように見ていくと、【史料1】の記述と、永享九年の上杉憲実討伐未遂事件の内容は、基本的に合致することが明らかである。

実は、既に百瀬今朝雄氏が、憲景譲状の「藤沢御陣」を永享九年の出来事と解釈している。ただし百瀬氏は「御屋形様とは、足利持氏との間に隙あり、永享九年六月十五日鎌倉から藤沢へ退去した上杉憲実をさしている」[9]と叙述しており、藤沢に退去したのを上杉憲直ではなく上杉憲実と理解している。これは「管領父子同月十五日、藤沢へ罷き給ひしか」という軍記物『永享記』の記述に拠ったものと判断される。

だが小国浩寿氏が論じるように、当該箇所は、『鎌倉持氏記』の記述を『永享記』作者が改変したものと思われる[10]。『永享記』は憲実賛美の傾向が強く、永享の乱において憲実が一方的な被害者であったことをそこかしこで強調している。そんな『永享記』作者にとって、憲実方の報復を恐れた憲直が藤沢に逃れたという事実は都合が悪かったのだろう。ちなみに『持氏滅亡記』は「陸奥守憲直ハ事難儀ニ及ハン事ヲ恐レテ、同月十五日藤沢へ退ク」、『鎌倉九代後記』は「同十五日、陸奥守幷其子淡路守憲家ハ、憲実ニ恐テ藤沢へ退ク」、『喜連川判鑑』は「上杉陸奥守憲直・嫡子淡路守憲家、藤沢へ隠居」と記す。やはり藤沢に逃れたのは上杉憲実ではなく上杉憲直・憲家の方であろう。

とすると、【史料1】の「藤沢御陣」とは、永享九年六月十五日に藤沢に逃れた上杉憲直を討つために築いた山内上杉方の陣と解釈すべきだろう。足利持氏方によって討伐されそうになった上杉憲実は、ただただ隠忍自重して危機をやり過ごそうとしたのではなく、むしろ積極的な軍事行動によって状況を打開しようとしたのである[11]。

三

以上の検討から、永享九年段階で、山内上杉氏が軍事行動を展開したことは明確になったと思う。しかし、それでもなお、永享九年から「大乱」が始まったという【史料1】の表現は大げさではないか、という疑念は拭えない。実は、この問題を考える上で注目すべき史料が、もう一つある。左に掲げよう。

【史料3】　上杉憲実書状

就鎌倉中雑説、度々御出陣、喜入候、殊去八月一日被馳上候処、依一途属無為候、自武州入間河帰国之由、憲明（長尾）令註（注）進候、誠以感悦無極候、恐々謹言、

九月廿一日　　憲実（花押）

小林尾張守殿[12]

小林氏は西上野の国人で上州一揆のメンバーである[13]。よって【史料3】は、上野守護である上杉憲実が、小林氏の「度々御出陣」（傍線部）に感謝の意を示すために発給した感状と考えられる。

さて、ここで問題となるのが、本史料の年次比定である。最新の史料集である『埼玉県史料叢書11　古代・中世新出重要史料一』は本文書を永享の乱に引きつけて、永享十年に比定している。

だが、【史料3】を永享十年九月の文書と見るのは、甚だ不自然なのである。それは永享の乱の経緯を簡単に振り返ってみれば、すぐに分かる。まず、上杉憲実が鎌倉山内の自邸を脱出したのが永享十年八月十四日である[14]。そして

同月二十八日に後花園天皇が足利持氏治罰の綸旨を発給する。[15] 九月に入ると相模方面で幕府軍と足利持氏軍が一進一退の攻防を繰り広げるが、[16] 二十七日の早川尻の戦いで上杉憲直が敗れ、持氏方の敗勢は決定的なものとなる。[17] 上杉憲実は十月六日に上州を出発し、十九日に分倍河原に着陣する。[18]

要するに、永享十年九月は永享の乱の真っ最中なのである。したがって、【史料３】の「無為に属し候」とは明らかに矛盾する。むしろ本文書の年次を永享九年に比定し、上杉憲実討伐未遂事件の関連史料と考えた方が、整合的に解釈できる。【史料２】と【史料３】の記述を組み合わせて、上杉憲実討伐未遂事件の経過を復元してみよう。

まず【史料３】の「鎌倉中雑説に就き、度々御出陣」という記述は、【史料２】の②に合致する。そして【史料２】の③〜⑤から分かるように、討伐されかかった上杉憲実の怒りは激しく、着々と戦闘準備を整えていった。[19]

憲実の断固たる姿勢には、さしもの足利持氏も慌てたようである。【史料２】の⑥によれば、永享九年七月二十七日には持氏と憲実との間で「無為」にするための交渉が行われた。しかし持氏方が大石憲重・長尾景仲の処分を求めたため、失敗に終わった。それどころか、【史料３】に「去る八月一日馳せ上られ候」とあるように、憲実方は軍事行動をエスカレートさせ、藤沢の上杉憲直を攻撃する構えを見せた。

事ここに至って、持氏も大石・長尾の鎌倉からの追放を諦めた。【史料２】の⑦に見えるように、同年八月十三日には足利持氏と上杉憲実の和解がとりあえず成立し、一時的に緊張が緩和した。したがって【史料３】の記述通り、同年九月には「無為」となり、上州守護代の長尾憲明の指揮下にいた上野国人小林氏は「帰国」したのである。

以上の検討から、山内上杉方の国人たちが、永享九年の時点で既に「度々御出陣」を強いられていたことが判明する。【史料１】に見える「藤沢御陣」での奉公も、そうした出陣の一つだったのだろう。だとすれば、往時を回顧した憲景が「去永享九年大乱」と表現するのは、それほど不思議なことではない。山内上杉方は早くも臨戦態勢に入っていたのである。

四

永享九年の上杉憲実暗殺未遂事件は、軍記物でしか確認できない信憑性の薄い逸話と考えられていたこともあり、従来の研究では関東永享の乱を論じる際の導入部で「足利持氏と上杉憲実の不和が顕在化した」と説明する程度で片づけられてきた観がある。永享十年六月に足利持氏は上杉憲実の反対を押し切る形で、元服を遂げた嫡子賢王丸に「義久」と名乗らせており（「義」字は足利将軍家の通字であり、将軍職を狙う持氏の野心の表れと見られる）、この一件が足利持氏と上杉憲実の激突を決定づけたと言われてきた。

だが、軍記物『鎌倉持氏記』と一次史料の記述内容を照らし合わせながら事件の概要を復元した結果、持氏方と憲実方の対立は永享九年の時点で一触即発のところまで進んでおり、まかり間違えば史実より一年早く合戦が行われていた可能性があったことが分かった。戦乱の直接的契機になったという意味で、上杉憲実暗殺未遂事件は、享徳の乱の前提である江の島合戦に比すべき重大事件と言える。

したがって、永享の乱の開始、もしくは予兆を永享九年に置く歴史認識は、その後の経緯を知る者にとって、強ち実態から外れたものではない。永享の乱、結城合戦（一四四〇～一四四一）といった戦乱をくぐり抜けた山内上杉氏被官の憲景から見れば、結果的には武力衝突に至らなかったものの度重なる出陣を強いられた永享九年は「大乱」が勃発した年だったのである。

　本稿が明らかにした事実を踏まえると、永享の乱における上杉憲実の行動についても、今までとは異なる評価を与えるべきだろう。

　前述のように永享十年八月十四日、上杉憲実は鎌倉を脱出して上野へと向かい、持氏はこれを追撃すべく自ら出陣した。(前掲註14)一方、幕府も「関東事、上杉安房守(憲実)下国之上者、不廻時日、可有発向候」[20]と東国諸将に出陣を命じている。ところが右の動員令は十三日、つまり憲実が実際に下国した十四日の一日前に出されたものなのである。ここから、憲実が事前に幕府と打ち合わせた上で計画的に上野に下向したことが分かる。[21]

　足利持氏に命を狙われて緊急避難的に鎌倉から逃げ出したのではなく、最初から持氏と戦うつもりで上州に下向した憲実の策動は、最終的に主君である持氏を討ったことも影響して、戦前には名分論の立場から非難された[22]。現在の学界でも憲実が仕掛けた罠というのが大方の理解だろう。だが、前年の段階で持氏方と憲実方の双方が兵を動かしていたという事実を勘案すると、憲実の対応は危機管理策として的確なものと思われる。

　永享九年八月に一応の和解が成立したとはいえ、軍事衝突の寸前まで行った足利持氏と上杉憲実の関係は、もはや修復不可能であり、以後は〝冷戦〟が続いた。つまり、ある意味永享の乱は既に始まっていたのである。そのような状況下にあって、憲実が持氏との決裂を想定して、幕府と連絡を取り合うのは、むしろ当然の備えである。

　逆に、幕府が上杉憲実救援のために大々的な派兵を行うことを予想せずに、不用意に鎌倉を離れた足利持氏の情勢判断は、従来考えられてきた以上に、甘いものだったと言わざるを得ない。永享九年の事件をより深刻に捉えたのは、持氏ではなく憲実であり、この覚悟の差が両者の明暗を分けたとすら言えよう。

以上のように、本稿での議論は、永享の乱の評価を大きく変える可能性があるが、同乱の本格的考察は今後の課題として、いったん擱筆することとしたい。

註

（1）「臼田文書」（『茨城県史料』中世編Ⅰ、四二四・四二五頁）。

（2）湯山学「山内上杉氏家宰職と長尾氏」（同『関東上杉氏の研究』岩田書院、二〇〇九年、初出一九八六年）二三頁。実際、憲景の花押は、山内上杉氏家宰である長尾忠政のそれに似ている。

（3）永享十一年五月二十六日唐櫃底内重宝記（「賜蘆文庫文書十所収称名寺文書」『神奈川県史』資料編3・上、一〇〇五・一〇〇六頁）。

（4）『鎌倉持氏記』（『新編高崎市史』資料編4、六四〇～六四二頁）。

（5）ただしその後、長尾忠政が先鋒として分倍河原から鎌倉に進撃する途中、同じく鎌倉を目指していた足利持氏一行と十一月二日に相州葛原で出くわし、讒臣の一色直兼・上杉憲直を退けることを持氏が約束したため、忠政は持氏に臣下の礼をとって鎌倉まで供奉している（前掲註（4）史料、六四二頁）。この葛原での遭遇を「藤沢御陣」と評した可能性もあるが、永享十年時の奉公を強調するなら「分倍御陣」とするのが普通だろう。

（6）『新編高崎市史』資料編4、六二八・六二九頁。

（7）傍線部③は「持氏」ではなく「大御所」と記している。同時代史料では、足利持氏の母である一色範直姉を「大御所」と表現するものがあり（応永二十四年閏五月二十四日足利持氏御判御教書、「上杉家文書」『神奈川県史』資料編3・上、八七二・八七三頁。石橋一展氏の御教示による）、あるいは【史料2】の「大御所」も持氏母一色氏を指しているのかもしれない。ちなみに谷口雄太「足利満兼の妻と子女」（黒田基樹編『足利満兼とその時代』戎光祥出版、二〇一五年）によれば、一色氏は足利満兼の正室ではあるが、持氏の実母ではないという。しかし本稿では、文脈から持氏を意味すると判断した。なお当該記事について『永享記』は

「公方」、『持氏滅亡記』は「大御所持氏」、『鎌倉九代後記』は「持氏」と記す。

(8)『永享記』では、憲実の行動は「猶身の上不安とて、憲実の嫡子七歳に成給ひしを、ひそかに上州江落し給ふ」と表現されている。これに従えば、憲実嫡子（普通に考えると憲忠だが、年齢が合わない。憲忠に兄がいたのかもしれない）の上州下向は、息子の命を守ろうとする憲実の親心によるもの、ということになる。しかし、『鎌倉持氏記』の記述からは、憲実が嫡子に命じて守護分国たる上野において軍勢催促を行わせようとした可能性すら想定できる（黒田基樹氏の御教示による）。つまり憲実嫡子は、元弘の乱における足利千寿王丸（義詮）の役割と同様のそれを担ったのである。後述するように、『永享記』は主君である足利持氏を死に追いやった上杉憲実を擁護する性格を強く持っているため、成立年代が古い『鎌倉持氏記』の記述の方を信ずるべきだろう。

(9)『神奈川県史』通史編1、八七八頁。

(10) 小国浩寿「永享記と鎌倉持氏記」（『鎌倉』九六、二〇〇三年）。

(11)【史料2】を読む限りでは、上杉憲実はずっと鎌倉に留まっていたように見えるが、【史料1】の記述は、憲実自身が藤沢に出馬したものと解釈できる。【史料2】の⑥の時点では大石憲重・長尾景仲への処分を要求していた足利持氏が⑦の時点では無条件で関東管領への復帰を憲実に要請していることを考慮すると、あるいは⑥から⑦までの間に、上杉憲実が藤沢に出撃し、これに驚いた持氏が憲実に対して譲歩したという可能性もある。しかし決め手はないので、憲実の出馬の有無については解答を留保したい。

(12)「小林家文書」（『埼玉県史料叢書11』古代・中世新出重要史料一、五〇四頁）。

(13) 峰岸純夫「上州一揆と上杉氏守護領国体制」（同『中世の東国』東京大学出版会、一九八九年、初出一九六四年）二一三・二一五・二二四頁。

(14) 前掲註（4）史料、六四〇頁。

(15) 永享十年八月二十八日後花園天皇綸旨写（「安保文書」『神奈川県史』資料編3・上、九九三頁）。

(16) 永享十年九月六日管領細川持之奉書（「小笠原文書」『神奈川県史』資料編3・上、九九四頁）、永享十年九月八日将軍足利義教御判御教書写（「諸家文書纂十一」『神奈川県史』資料編3・上、九九四頁）など。

(17) 前掲註（4）史料、六四一頁。

(18) 前掲註(4)史料、六四二頁。
(19) ちなみに同時期の京都では、足利持氏方と上杉憲実方が「已及合戦而、上杉勝軍之由注進」という噂が流れていた。厳密には誤報であるが、当時の関東の緊迫した情勢を伝えるものとして興味深い。『看聞日記』永享九年七月三日条を参照のこと。
(20) (永享十年)八月十三日管領細川持之書状案(「足利将軍御内書并奉書留」『神奈川県史』資料編3・上、九九二頁)。
(21) 渡辺世祐『関東中心足利時代之研究』(新人物往来社、一九九五年、初刊は雄山閣、一九二六年)四〇三頁。
(22) 前掲註(21)書、四四二・四四三頁。

Ⅱ　永享記と鎌倉持氏記
―永享の乱の記述を中心に―

小国浩寿

一

鎌倉府研究も新たな段階を迎えつつあり、そこでは、これまでの成果を土台とした、より開かれた視角と、より豊かな具体像の提示が求められている。ただ如何せん、その第一次史料の僅少さは拭い難く、さらなる読み込みと新たな史料対象の開発とともに、既成の第二次史料の、より有効かつ安定的な活用も要請される。その中で、殊に、政治史叙述に際し、明に暗に古文書・記録類を補完してきた、鎌倉大草紙(1)・永享記等の軍記類は、最も注目すべき素材の一つといえる。しかし、中世後期を対象とする軍記研究は、専ら国文学分野に属している状況で、歴史学分野でも、その成果に学びながらも、独自の基礎的作業の蓄積が急務となっている。そこで今回は、永享の乱関係軍記、中でも、歴史学分野で影響力が大きい永享記(2)と、国文学分野で近年注目されている鎌倉持氏記を取り上げ、対象軍記個々が有する、史料的価値への客観的認識の深化を図る、一作業を施すこととする。具体的には、まず、両記の書承関係を簡単に確認した後、その構造や歴史的意義を、敢えて差し置いた形で、乱についての記述を具体的に比較する。そして、その過程でそれぞれが描き出す像のズレを確認し、そこから垣間見られる両記の性格を、あらためて抽出することを以って、史料として両記を参照する際の、ほんのささやかな備考を供したい(3)。

二

永享の乱を扱った軍記として、まず想起されるのは、やはり永享記であろう。その永享記についてだが、近年における本格的な研究の礎は、六〇年代前半を起点に、梶原正昭氏によって築かれた(4)。そして、梶原氏が、永享記から結城戦場物語への道程を、軍記から物語への系統化、という観点を以って、永享の乱関係軍記群を分析した際に、まず注目したのが、永享記と結城戦場記との関係である。氏は、両記がほぼ同内容であるが、その体裁や表記などから、後者の方が前者より善本で、類書成立のよりどころになっているものの、その後の類書は、この両記を軸に、実録的なものと物語的なものとの二系統に、それぞれ展開していった、という見通しを明らかにし、両記の重要性を顕示した(5)。以後、七〇年代から八〇年代にかけて、この見解は、周辺軍記のさらなる分析成果により肉付け・修正されながら、当研究分野の基本ラインを形成したわけだが(6)、その一方で、結城戦場記・永享記それぞれの原初形態(7)、及び両記間の直列的関係は、必ずしも確立しておらず、氏自身も、永享記（結城戦場記）という表記を採用し、その後の研究者に引き継がれていくこととなる(8)。

ところでこの時期は、歴史分野においては、実は、まさに自治体史刊行の最盛期であり、関東でも、中世史料編が続々と発刊され、東国史研究の隆盛を誘起している。そして、後の研究手引き的存在となる、主な通史編が出揃いはじめた八〇年代の中ごろ(9)、今回取り上げることになる、鎌倉持氏記が登場してくるのである(10)。作者として、持氏側近浅羽氏（浅羽民部少輔）の名を掲げるこの軍記の登場の仕方は、持氏の名が付された永享記周辺軍記として、足利持氏滅亡記とともに紹介される、といった決して華々しいものはなかったが、そこでは、鎌倉持氏記が、永享記に先行しており、(11)永享の乱を扱う類書の中では、実録的な系列の源流であった可能性が高い、という重要な指摘も梶原氏によってなされており、(12)少なからず衝撃が走った。(13)そして、近年、佐藤陸氏が、結城合戦を描く両記の本文を比較し、主に、その形態と使用語句の異同から、結城戦場記（永享記）が、鎌倉持氏記をリライトしたものであることを、改めて実証するにいたるのであり、(14)詳細は、佐藤氏の論考に譲るが、このことを以って、右の梶原氏の想定は、ほぼ確定されたと考えられる。(15)そこで次項では、右の両記の書承関係を前提に、永享の乱についての両記の内容を、その構造や歴史的意義を、敢えて差し置いた形で、経過にそって具体的に比較し、それぞれが描き出す像のズレを、筆者なりに確認していくこととする。

三

第一次信濃出兵　まず、記述は、永享八年に信州の小笠原・村上間の確執に、持氏が干渉せんとするところから始まる。具体的には、信濃守護に敵対する村上を援護せんと、持氏が、桃井左衛門督を大将とした信濃遠征軍を派遣した際、鎌倉持氏記においては、「桃井左衛門督《ノ》為二大将一上州一揆・武州一揆(16)・奉公那波上総介《ノ》・高山修理亮等被《ラレ》二相添一、既《ニ》打向二信州《ニ》一処《ニ》、彼《ノ》国《ハ》京都《ノ》御分国也。対二守護人之弓矢《ニ》一村上御合力不レ可レ然《ルノ》旨、上杉安房憲守実依《テ》レ被《ニ》二相存一、上州一揆在所《ヲ》雖《モ》（レ）令二出陣一、不レ越二国《ノ》境《ヲ》一。彼《ノ》御合力計不《ル》二事行《ナハレ》一間」と、憲実の意を受けた上州一揆等が、遠征軍として一応は出陣すれども、信濃への越国は実力で阻止したために、事行かざる状態となった、としているのに対し、永享記では、「諫言を以申されけるは。……頻りに被申ける間、此加勢は事ゆかす」と、実力行使は曖昧にしながら、「不事行」の最大要因としての憲実の諫言を強調している。(17)

第二次信濃出兵計画　翌九年四月、今度は、上杉憲直を大将として、憲実の影響下にない勢力を、信濃に派遣しようとした持氏の行為が、憲実討伐のためのもの、との風聞が立ったことにつき、鎌倉持氏記は、「彼（被）官人等承（レ）山正員入《ル》レ耳《ニ》。仍《テ》憲実契約人等、自二国々一上《リ》集《ノ》間、入二六月中《ニ》一鎌倉中猥《リニ》騒《クコト》不（レ）斜」と、憲実の被官がその風聞を真に受けて、それを憲実の耳に入れてしまったために、憲実派の人々が鎌倉に集まって大騒動となった、と記しているのに対し、永享記では、「如何なる野心の者か申出したりけん。是者信濃へ御加勢に非す。管領を誅伐せらるへきよし風聞しければ。憲実の被官旧功恩顧の輩。国々より馳集る」と、良からぬ意図をもった誰かが、流言を広めたために、憲実の身を案じた被官達が、国々から集まってきたとしている。つまり、永享記においては、荒説を真に受けて、憲実の危機感を煽った彼の被官の行為と、それによって何らかのアクションを起こした憲実自身の主体性を、不問に付しているのである。

父子藤沢退去　結局この騒動は、持氏が、自ら憲実の宿所に赴いて慰撫したことによって、疑心暗鬼の中での、表面上の小康状態を取り戻したが、鎌倉持氏記に拠れば、一方で、これによって窮地に立ったのが、「憲実討伐」の大将となった憲直であった。結果、同記は、「憲直身上不《ルノ》レ安間、同月十五日父子藤沢《ヘ》罷退《キ》訖《ヌ》」と、六月十五日に、今度の件で憲実の報復を恐れた憲直父子が、藤沢に退いたとしているが、永享記では、「管領父子同月十五日。藤沢へ罷退給ひしか」と、藤沢下向の主語自体が変換されて、持氏を信用できない憲実父子が退いているのである。(18)また、鎌倉持氏記が、「同七月廿五日憲実嫡七才蜜ニ上州ヘ下向ス。是憲実身上被ルヽ二思定メ一故歟」と、憲直父子下向の一ヶ月後に、一方の憲実が、軍事衝突も止む無し、との意を決し、現実的な処置として、主体的に憲実が、密かに嫡子を領国上野に下向させたとする件を、永享記は、「身の上不安とて。憲実の嫡子七歳に成給ひしを。ひそかに上州江落し給ふ」とし、持氏の一方的な強行を案じた憲実の、受動的な行為と表現している。(19)

直兼下向　さらに、その二日後の七月二十七日には、今度は持氏が、一色宮内大輔直兼を三浦に下向させている。その際、「如二上意ノ一者、直兼憲直ヲ為ル（二）讒人一由、憲実申スノ間、両人既下国訖ヌ。又山内事ハ大石石見守憲重・長尾右衛門尉景仲依レ令二張行一、雑説多由被ルヽノ二仰出一間」と、憲実との関係を、ぎりぎりのところで修復したい持氏としては、今更事の真偽はさておき、憲実が排撃に執着するので、とにかく、張本であり自己の近臣である一色直兼・上杉憲直を、鎌倉から事実上追放したのであるから、憲実側としても、その過剰な反応によって、騒動を大きくしてきた大石憲重・長尾景仲両被官も、下国させるのが筋であろう、と両成敗を迫ったと鎌倉持氏記が記しているのに対し、永享記は、「是は直兼憲直等。色々の讒言を以。無故憲実蒙御勘気。身におゐては無誤旨頻りに被申聞ければ。讒者の實否を糺して。同廿七日。一色宮内大輔直兼等。三浦へ追下さる。又管領家にて。大石石見守憲重長尾左衛門尉景仲。色々讒説をかまゆる由。公方被仰出ける間」と、持氏が、憲実による無実の訴えを受けて真偽を糺し、その当然の結果として、一色直兼を三浦に下向させたにも拘わらず、管領家内で憲重・景仲も讒説を構えた、と注文をつけてきたというニュアンスに変わっている。

憲実の沙汰　この持氏からの、事態収拾策としての両成敗要請に対し、当両被官は、世上無為のために、憲実に下向の意志を示すが、憲実はそれを許容しなかった。それが、家臣の身を案じてのものか、鎌倉中与党勢力の減少を危倶してのことかは判然としないが、とにかく、持氏の要求を突っぱねたのである。この行為に対し鎌倉持氏記は、「然而世上不二無為（一）」と和平のチャンスを憲実が潰した形になったことを、暗に難じているが、永享記では、山内家の主従愛を醸し出しながら、殊更に、その論評を避けている。そして、この憲実の強硬な姿勢に屈したのは、またもや持氏であり、彼は、再び憲実の宿所を訪れ、おそらく、自身の要求を取り下げた上で、管領還任を要請することで、憲実を引き止めようとした。しかし、この要請も、憲実の再三にわたる辞退によって、容易には事行かず、結局、持氏が強要する形で、管領職を押し付けられた憲実は、実務は拒絶し、その硬い姿勢は崩さなかったのである。

若君元服　そして、翌十年の六月には、永享の乱の直接的原因となった、若君元服事件を迎えることになる。周知の如く、先例に則るならば当代将軍の偏諱を賜うべく、使者を上京させるのであるが、持氏はそれに敢えて違い、鶴岡八幡宮で元服の儀式を遂げた上に、将軍家の通字である義を用いて義久と名付け、使者を上京させようとしなかった。これに対し、憲実は、猛然と一字頂戴の使者上京を主張、つまり、持氏が行った若君元服の一連の儀式を白紙に戻そうとの要求であったのであり、持氏も、これは沽券に懸けて、頑として受け入れなかったわけである。この状況下でさらに持氏に、京への使者派遣を迫ったのが、鎌倉持氏記の「若依二御使節《ニ》一可（二）遅々（一）者、可レ進《シト》（二）舎弟三郎重方《ヲ》一被《ヲモ》（レ）申」、そして永享記の「節に莅て御使御難義ならは。某か弟上杉三郎重方。幸用意の馬なんとも候。罷登候へき由被申けれとも」という憲実の詞であった。この、親切心とも恫喝とも妥協策とも取れる提案も、持氏は拒否する。

直兼・憲直復帰　さらに、事態をさらに悪化させたのが、祝儀を契機とした、直兼・憲直の復帰であり、このことを契機に、再び雑説が出来する。それは、持氏が、祝儀のために出仕した憲実を誅殺するとの噂であった。よって憲実は、病を装い、弟の重方を代理に出仕させたのであるが、この事態を鎌倉持氏記は、「錐袋《ノ》喩《ニテ》、御陰蜜漏《モレケル》不《コソ》思議《ナリ》」と、袋の中の錐に喩えて、その事実の可能性を示唆した上で、「持氏《モ》御進退惟《コトニ》谷《テ》」と、持氏の追い詰められた心情を描出しているのに対し、永享記は、陰謀の存在を覆い隠すかのように、「公方も是を聞召。房州無実の説を信し。予を恨る事短慮の至なり」と、持氏に言わしめている。

若宮社務尊仲　事の真偽はともかく持氏は、ここに至り、事態を大きく転換し得る、思い切った和解案を提示する。嫡子義久を管領の宿所に預ける、つまり、憲実に人質を出すというのであり、さすがの憲実も、持氏のこの捨て身の姿勢に、ようやく少しく心を開き、融和は実現するかに見えた。しかし、結局はこの案は、若宮社務の尊仲の進言により沙汰止みとなり、両者の溝は、いよいよ決定的に埋めがたきものとなる。これについては、両記ともに、尊仲の行為を非難的に取り上げているが、鎌倉持氏記が、事実の描写に留まっているのに対し、永享記では、「誠に君臣不快の基ひ。歎ても余あり。此世の中はさても歎かしく」と、この乱における持氏・憲実両者が抱える負の部分を、全て転嫁するかのように、ここぞとばかりに、尊仲を最大限に酷評している。そして事態は、当事者間での和解不能状態を打開せんとする、管領家家宰・長尾芳伝、小侍所別当・扇谷上杉持朝、侍所別当・千葉胤直ら、鎌倉府の有力者による仲介も、もはや寄せ付け得るものではなくなっていた。

憲実上州下向　そして、最後の風聞が舞う。八月十六日の鶴岡八幡宮放生会が終わり次第、持氏が、憲実を討つというのである。ここで憲実は、彼の自害の試みを止めた被官達の説得に応じ、下国する決意をするのであるが、それに際して、河村経由での伊豆への道を憚り、上野への下向を選んだ理由として、鎌倉持氏記が、「但河村者《ハ》分国豆州《ノ》境也。於㈡河村㈠不《スシテ》二申達得《シエ》一豆州《ヘ》令二下向一者、申二請若君様《ニ》京都《ノ》御号《ナヲ》一、人々定可有之」という表記となっているのに対し、永享記の記述は、「河村にて不得申開。豆州へ令下向は。上様の御悪名を。京都へ申立る様に。人之思ひ給ふへし」となっている。ここでは、鎌倉持氏記の記述が、意味の取り難い表現となっており、[20] 永享記独自の文脈を整えるための、大胆な意訳の必要性も理解でき、実際に、当時の河村城の位置づけを考えると、[21] 却って永享記の方が、的を得た明解な表現をとっている。ただ、そのことを考慮したとしても、「上様の御悪名を京都へ申立る様に。人之思ひ給ふへし」という表現は、やはり、憲実＝正義という立場を、より鮮明にしていると言えよう。

また憲実門出の時、憲実が乗っていた馬の頭上に、大きな光物が出現したことにつき、鎌倉持氏記が、「及《フ》レ見人《ルニモ》惟《コレ》多《シ》。又不《ルモ》レ及レ見《ルニ》有レ之。是彼《ノ》氏神春日大明神為二御霊光《ノ》一哉由、人々申𠀋。吉凶不覚《ハズト》悟雖《イヘドモ》、為《タルノ》二希代不思議之《ノ》奇瑞一由申《シ》訇《ルナリ》也」つまり、見なかった者もあったが、その場でそれを目にした多くの者が、これは、藤原氏の氏神春日大明神の霊光であるといい、吉凶はわからぬが、とにかくめったにない奇瑞である、と盛り上がったということで、非常に冷静なタッチで描かれている。これに対し、永享記では、「諸人大に驚き。希代不思議哉と訇りける。如何様是は氏神春日大明神の。行末迄守り給へき御霊光可成。此時御運を可開事疑なしと。賀し申さぬ者無りけり」と、憲実への賛辞に徹した形となっている。

葛原参合　さて、憲実下国の報に接した持氏方は、周囲に、未だ和解を訴える声もあったが、結局、討伐軍の派遣を決定し、持氏自身も、武州高安寺に動座する。しかし、事前の憲実―京都ラインが機能し、早々の京勢の下向ばかりか、三浦時高をはじめとした、多くの東国武士の寝返りを誘起し、持氏軍は総崩れとなる。[22] そして、敗北を悟り、鎌倉への帰還を期す持氏と、戦勝後の鎌倉警固のために下向する長尾芳伝とは、相州葛原で遭遇することとなる。その際、持氏が、一色持家を使者に立てて自身の意向を伝え、それを聞いた芳伝が、丁重に持氏を迎え、供奉して鎌倉に入ったのであるが、その持家の口上の内容には、両記間で大きな隔たりがある。具体的には、鎌倉持氏記が、「直兼・憲直以下讒人事、任二憲実申旨一可レ有二其沙汰一由、以前御領掌也。此段令二覚悟一哉由ノ被二仰出一処ニ」と、直兼・憲直の処置を憲実に委ねる、という事実上の降伏の意向を示しているのに対し、永享記では、「累祖等持院殿。天下の武将たりしより以来。汝等か先祖上杉民部少輔長尾弾正。当家譜代の家僕として。主従の礼儀を不乱。而に重代忘余身恩。穏に不仲子細。大軍を起す。是縦持氏を滅すとも。天の鑓を不可遁。心中に憤る事あらは。退て所存を可申。但讒人の真偽に事を寄せ。国家を傾んとの企ならは。再往の問答に不及。自害自刃の前に命を止め。忽に黄泉の下に汝らか運を可見」と、見栄とも捨て台詞とも取れる内容となっている。このことは、鎌倉府の主たる持氏が、陪臣の芳伝に屈することが、鎌倉府の体制的秩序を擁護する作者の志向と、合致しないということもあろうが、この台詞に対して、「只一言の中に若干の理を尽して被仰けれは」との評は、持氏を滑稽な存在へと追いやっている。

その持氏が、称名寺に蟄居した上に、直兼・憲直一族など、持氏側近が次々に討伐されると、憲実は、一転して、責任の全てを持氏側近に負わせ、持氏の助命を京都に嘆願するようになるが、これは奏効せずに、結局、憲実は、止む無く持氏父子を攻め滅ぼすに至る。そして、その後の憲実は、出家を遂げた後、管領職を舎弟清方に譲り、自らは、再び自害騒動を起こした後、藤沢を経て、豆州国清寺に隠居するに至るのである。

四

以上、鎌倉持氏記と結城戦場記とのリライト関係を前提とし、その歴史的意義や構造を、敢えて差し置いた形で、永享の乱についての、永享記と鎌倉持氏記との記述を、時系列に沿って抽出・比較してみた。結果、次の二点は、確認できると考える。まず第一点は、これまでも、永享記の憲実賛美は、たびたび指摘されてきたが[23]、時系列の流れに沿う形で、内容をリライト元の鎌倉持氏記と具体的に比較することによって、それが一層明確になったこと。そして二点目は、右の作業によって、両記の性格[24]を反映する、ある共通点と相違点とが浮かび上がってきたことである。以下、この点を、少々具体的に述べて、まとめに代えたい。

比較する際に、最も大きな指標となるのが、二人の主人公持氏と憲実についての両記の描き方であり[25]、それは、共通点の内部に相違点が存在する、といった形態をとっている。前者から見ていくと、まず、両記ともに永享の乱の根本的原因を持氏側に求めているが、経緯の説明、特に、持氏討伐宣旨が掲げられるまでのそれは、必ずしも、持氏自身を一方的に悪役に位置づけるようなことはせず、公平の姿勢を装っているところに、共通性を見い出せ、そこにまた、相違点が内包されている。具体的には、鎌倉持氏記では、両者の非をありのままに述べることによって、公平さを保とうとしているのに対し、永享記においては、両者の非を希薄化させることによって、その実現の土台を築いているのである[26]。

さらに、両記の「流れ」を、相対的にわかり易く提示するため、敢えて内容の違いだけに注視すれば、持氏を擁護する鎌倉持氏記と、憲実を賛美する永享記、と対置させることも可能であり、その濃淡には明らかな差はあるものの、両記の底流に、それらがそれぞれ通流していたことは否定できない。

ただ、ここで改めて確認しなければならない事は、両者は、それぞれ無関係に生まれたわけではなく、この乱に関する永享記の記述は、あくまで、鎌倉持氏記を母体として生まれたということであり、永享記の基本姿勢の萌芽は、鎌倉持氏記にも存在し、ある意味で、前者の特徴的要素は、後者の一要素を自己の姿勢に投影させ、それをデフォルメさせることで成形されたと考えられるのである。

そして右のことは、この乱についての永享記の記述においては、鎌倉持氏記以外の素材を、参照して補ったという形跡が認められないことを考え併せると、少なくとも、この乱に関する基本的な永享記の史料的信頼性や、その逆も、鎌倉持氏記にその淵源があるのであり、同時に、永享記による、ある意図に基づく独自の加筆・修正部分それ自体には、さらに慎重な対応が必要である、ということを示唆していよう。

これらから、筆者は、鎌倉持氏記と永享記とを、次のように表現したい。永享の乱関係軍記の中において、比較的原初的で多用な要素が、未整理なままの形で合成された鎌倉持氏記が[27]、まずあった。そして、歴史書としての自覚により、基本的には、リライト元である鎌倉持氏記の記述内容を生かそうとする一方で、鎌倉公方足利氏を関東管領上杉氏が忠臣として支える、という形の鎌倉府体制を賛美する基本姿勢[28]に抵触する部分においては、一定の筆加減を施すことによって、それを維持・増幅する傾向を併せ持つ実録的軍記、それが、永享記であったと。

永享記は、「その記述は、諸史料と比較してもきわめて正確である」と評されるように[29]、その信頼性と検証利便性から、これまで多くの研究者に活用されてきた。そして、今後も多くの研究に貢献していくであろうし、筆者も、有効に活用していくつもりである。ただ今や、それが、永享の乱・結城合戦に関わる記述部分においては、第一次史料とともに、鎌倉持氏記との対照・検討が、必須になってきていると考えるのである[30]。

註

（1）鎌倉大草紙を扱った近業としては、菅原正子「上杉憲実の実像と室町軍記」（民衆史研究会編『民衆史研究の視点』三一書房、一九九七年）、松見正一「能の本説としての室町軍記」（梶原正昭先生古稀記念論文集刊行会編『軍記文学の系譜と展開』、汲古書院、一九九八年）がある。なお、筆者の近稿「『頼印大僧正行状絵詞』と『鎌倉大草紙』」（『中央大学文学部紀要（史学科）』四九、二〇〇三年）も参照願いたい。

（2）歴史学分野における、永享記に対する評価は高い。解題類を散見しただけでも、『群書解題』で、「永享記は、十五世紀前半の関東の形勢を知る上に、類書中では史料的価値の比較的高いものといってよい」といい、『史籍集覧解題』では、「類書中史料的價値が最も高いものである」と評されている。

（3）中世政治史にとって、軍記、特に比較的信頼性の高い実録的なそれは、危険で魅惑的な存在である。第一次史料との照合によって、その旨味だけを利用しようとしても、その「流れ」は、ややもすれば、無意識の内に、第一次史料の解釈にさえ影響を及ぼす、危険な潜在力を有する。全く排除することが、大過を犯さぬ最も有効な方途であることは確かであるが、失うものも大きい。このジレンマが、いつも軍記の扱いを、中途半端で却って危険なものにしているように思える。取り敢えず今できることは、個々の軍記が有するその「流れ」を、できるだけ具体的に炙り出し、それを客観的に把握することによって、一次史料との照合作業に際しての危険性を、少しでも除去することと考える。また、軍記などの二次史料同士の比較を以って、史実自体を確定することは勿論できないが、その確からしさの指標にはなろう。

（4）同氏の室町軍記研究の多くは、『室町・戦国軍記の展望』（和泉書院、二〇〇〇年）に所収されている。

（5）前掲註（4）梶原著書所収論文のうち、「『結城戦場物語』の成立」（初出一九六三年）・「永享の乱関係軍記について」（初出一九六四年）・「室町時代の軍記」（初出一九六四年）・「いくさ物語の変貌」（初出一九七〇年）を参照。室町軍記に関するこれらの諸研究は、その問題関心から、二系統のうち、「結城戦場記」から「結城戦場別記」を分岐点とした、物語系の類書を主対象にしたものではあるが、その博覧・精緻な仕事は、永享記の史料的価値をも、逆照射する潜在力を有している。

（6）長谷川端「鎌倉殿物語（飜刻）」（『中京大学文学部紀要』一八、一九七四年）、同「『結城戦場記』の成立と変容」（『結城市史』

第四巻、一九八〇年）等。

（7）永享記・結城戦場記ともに、その伝本の多くは、足利氏・鎌倉公方家の系譜を冠した後に、「公方管領不和之事」から「高見原合戦之事」までの十八章、または「早雲蜂起之事」までの十九章立てで構成されているが、活字化されていて、歴史分野で一般的に使用される続群書類従所収の永享記の、第十五章「大田道灌之事」の題目の下、及び同章末に、それぞれ「信名蔵本大田道灌条以下無之為是以下宜削去」、「永享記終」、また、次章の「大田最後之事」の題目の下にも、「是条非永享記後人攙入也別本無之可除去」と朱筆が加えられていること。そして、長谷川端氏所蔵の色川三中旧蔵本『結城戦場記』上下二巻は、「公方管領不和之事」から第十四章「古河城之事」までは上巻、また、「大田道灌之事」から十八章「高見原合戦之事」までを下巻として、それぞれ、「永享記　一本為是」、「道灌記一本為是」と、朱で注記がしてあることから、『永享記』及び『結城戦場記』の両記、または一方の本来の形は、「古河城之事」までの十四章立てであり、「大田道灌之事」以下の章は、後に挿入された可能性がある（古典遺産の会編『室町軍記総覧』明治書院、一九八五年を参照）。実際、善本とされる内閣文庫本の結城戦場記を調査してみても、形態こそ、「公方管領不和事」から「高見原合戦」までの十八章立ての全一冊であるが、目次及び本文は、「古河之城事」で一旦終わり、「大田道灌事」以下のそれは、別立てとなっており、あくまで現在のところではあるが、右の可能性は、かなり高いように思われる。

（8）実際、内閣文庫本の結城戦場記と、続群書類従本の永享記と照合してみても、内容はほぼ同様で、それも、表現上の異同がほとんどであり、明らかに、意図的に改変されたと思われる痕跡はない。また、結城戦場記の方が、体裁・表記ともに古態的であり、永享記の方が、明らかな誤写・脱漏が多く、前者の方が、相対的に善本と言う事は説得的である。但し、結城戦場記の方にも、度重なる書写過程で、明らかな誤写・脱漏が少なからず生じており、さらに、両者の相互乗り入れ的な交流が甚だしく、現在の研究状況においては、各種の歴史情報を含有する、「内容」という観点からすると、やはり、永享記と結城戦場記とを併記する表記法が、今のところは妥当ではないかと考える。なお、内容的に、両記間で、論旨に関わる大きな相異が見られないことから、小稿では、検証利便性を配慮し、続類従本の永享記を使用する。

（9）『結城市史』（一九八〇年）、『神奈川県史』（一九八一年）、『栃木県史』（一九八四年）等が代表的。

（10）本記の唯一の伝本は、国会図書館に所蔵されており、翻刻は、前掲註（7）『室町軍記総覧』に所収されている。この翻刻は、おそらく、印刷技術の問題で、語句の誤植や見せ消ち等の書き込み情報を、正確に再現しきれていない箇所はあるものの、表記形態も含めて、極力、原本に忠実であらん、と細部まで配慮されたものである。

(11) 梶原正昭「永享の乱関係軍記の展望」(前掲註(4)著書所収、初出一九八四年)。

(12) 前掲註(7)『室町軍記総覧』。

(13) それでも、歴史分野の反応は鈍く、『埼玉県史　通史編2』(一九八八年)が、ご当地武士、浅羽氏を取り上げる箇所で、早々にその成果を生かしたのは稀な例で、一般には、関心を持ちつつも、慎重を期して傍観的であった感がある。実際、筆者もかつて、そのリライト関係を決し切れないまま、永享記の記事を補強する形で、鎌倉九代後記と鎌倉持氏記の記事を取り上げたことがある(「持氏期鎌倉府の守護政策と分国支配」註七三、拙著『鎌倉府体制と東国』吉川弘文館、二〇〇一年、所収、一九九一年初出)。

(14) 佐藤陸「永享の乱関係軍記の成立と拡散」(長谷川端編『承久記・後期軍記の世界』汲古書院、一九九九年)、同「永享記の源流」(『武蔵野女子大学文学部紀要』二、二〇〇一年)。

(15) このことは、永享記の史料的位置を確認する対称軸が、それまでの相州兵乱記や結城戦場物語といった、明らかに後出であるか、又は、物語的な作品との間から、頭上を越えて、自己より前出で、かつ実録的であると考えられる、鎌倉持氏記との間に移動されたことを意味している。なお最近、山上登志美「永享の乱・結城合戦関係軍記の検討」(関西軍記物語研究会編『軍記物語の窓』第二集、和泉書院、二〇〇二年)が発表された。山上論文は、結城戦場別記と結城戦場記との関係性において、佐藤批判の要素を含有するが、結城戦場記(永享記)が、鎌倉持氏記をリライトしたものであること自体に対しては、積極的にそれを継承している。

(16) 原本では、上州一揆と武蔵一揆との間に、意図的と思える一字分の空間があり、これが闕字とは考えられないことからすると、当時の武蔵一揆の存在形態を考える際に、微妙な影響があるかも知れない。

(17) この件については、「関東管領上杉為二京方一致二諫言一之間。欲レ被二退治一。已及二合戦一。而上杉勝軍之由注進云々」との『看聞御記』(永享九年七月三日条)の記事があり、永享記に見える「諫言」も、鎌倉持氏記から読める「実力行使」の要素が含まれていて興味深いが、そのニュース・ソースは、明らかに上杉側の「注進」に拠っている。

(18) 藤沢に退いたのが、憲直であったのか、それとも憲実であったのか。鎌倉持氏記の参照状況は判然としないが、渡辺氏を始めとして、その後の多くの研究者が、永享記の記述に基づいて憲実としてきた。一方、佐藤睦氏は、後代の喜連川判鑑や鎌倉九代後記の記述から結城戦場記が憲直を憲実と誤った結果だとして、憲直を正当としている。そのリライト関係という観点からすれば、憲直に正当性があると考えることはできるが、参照すべき第一次史料がないので、実証的には、厳密な確定はなしえないというのが現実である。それでも、論理的に検討すること自体はできる。たとえば、鎌倉持氏記の現伝本が、憲実を憲直と誤写したのであり、本来は、「身上不安」の主体は、憲実であったと仮定すると、それは、表層的な持氏の和解姿勢は、疑念を払拭するに至らず、いつ再び討伐の手が己に伸びるかわからないので、憲実は、一旦父子で藤沢に退き、さらに、万一を考えて嫡子だけを上州へ退避させた、という永享記の流れとなり、ここまでは、話としては決して不自然ではない。しかし、後にみる、和平のための喧嘩両成敗の措置を、憲実側にも要求する持氏の詞で、憲実が讒人と主張した直兼・憲直両人を、融和のために既に下国させた、と三浦に下向した直兼だけでなく、憲直の下向も取り沙汰しているにもかかわらず、直兼の件だけ、具体的な記事を提示し、憲直のそれは、省略することとなってしまう。このことは、コンビで頻出する本記における両者のバランスからすると如何にも不自然であり、この仮定自体に、無理があることを示しており、やはり、少なくとも鎌倉持氏記の作者は、憲直が、藤沢に下向したという認識のもとで、この場面を記したと考えられる。また、永享記が、三浦に下向した者を「直兼等」、讒人を「直兼憲直等」と表現していることも注目される。というのも、前掲の如く、鎌倉持氏記では、記事として、その下向を取り上げた持氏側近と、持氏が下国させたとする数は勿論のこと、人名も一致するのに対し、永享記では、藤沢には、憲実が下向しているので、憲直の下向場所がなくなり、その不自然さをフォローするために、三浦に憲直も一緒に下向したように読ましめるべく、その下向者が複数いたかのように装った上で、その取ってつけた「等」が浮かぬように讒人名にもそれを付すという、比較的周到な修正を施しているのである。偶然に、先のような誤写を犯した鎌倉持氏記のテキストを、永享記の作者が手にしたとか、全くの誤読、という可能性もないではないが、永享の乱の歴史的意義を重視するその性格からすると、否それ故に、やはり永享記が、一定の節度を保ちながらも、リライト元の藤沢下向者たる憲直を、なんらかの意図をもって憲実に改変した、と考えるのが自然である。ただ、これは、あくまで論理上のことであり、ここでは、後考を待つこととする。

(19) 前掲註（17）史料に拠ると、おそらく、六月末頃に、上杉側より京に、信濃出兵以来の騒動の注進がなされたと思われ、憲実による嫡子退避も、京との交渉の中で、有事を前提に、決せられた主体的な政治行為であろう。

(20) 因みに、後註(24)で取り上げる足利持氏滅亡記は、「河村ハ分国豆州ノ境ナリ。若君元服ノ事ニ付テ、我ニ同心ノ輩定メテコレアルベキカ。兵乱ヲ招クニ似タリ、上州へ赴クベシ……」と、当該部分を記述している。

(21) 南北朝・室町期の河村城、そして、それを本城とした河村氏についての関連史料が残っている(『山北町史』史料編原始・古代・中世、二〇〇〇年、以後の番号は同書の所収番号)。それらによると、まず、観応の擾乱直後、幕府側の内訌に乗じて、鎌倉を一時奪取した新田義興・義治等が、尊氏の反撃によって鎌倉を追われる折、それが、山奥深くに存在する上に、京都の情報を得るにも、越後・信濃の味方への命令を伝えるにも、便を有する事を理由に、松田・河村等が河村城への籠城を勧め、実際に、一年間そこに留まったという(一二三・一三三・一三四)。また、上杉禅秀の乱において、一端は追い落とされた持氏軍が、鎌倉奪還を期した攻撃の起点として、河村城に兵が結集しており(一四二・一四三)、河村城が、地理的にも歴史的にも鎌倉攻防の重要拠点であり、そこに籠もる行為自体が、鎌倉との対峙姿勢を鮮明にする、一表徴であったらしい。その意味で、憲実の上州下向という選択には、上州一揆等の主力軍、及び北陸道からの幕府援軍と合流し、幕府海道軍と双方から鎌倉に攻め入るといった、戦術的理由が主であったことは確かだが、戦後の憲実の逡巡的行動を鑑みると、副次的ながら、「実態」を超えた形で、主殺しの誹りを免れない、幕府海道軍に合流した上での、持氏との真正面軍事衝突は、できれば回避したい、という情実も内包されていたかも知れない。一方で、河村氏の当時の動向を通覧してみると、南軍から、南軍・旧直義党連合軍に移行し、鎌倉府傘下では、土屋氏と相共に、遵行命令を受けながら(一四一)、禅秀の乱に際しては、禅秀与党となったその土屋氏と、行動を共にした形跡がなく、前の如く、河村城が、持氏―憲基側の拠点になっていることからすると、公方持氏側近として台頭著しい、小田原の大森氏に対抗する意味でも、当時の河村氏が、管領家山内上杉氏と深い関わりをもっていた可能性は高く、憲実被官(特に、持氏との真正面衝突をも辞さない宿老子息、といった次世代急進派)の詞も、咄嗟の思いつきではなく、歴史的地理的背景と、河村氏の存在に裏づけられ、そして、事前に予定されていた最有力の選択肢の一つであった、と考えた方が良かろう。

(22) この過程での合戦の描き方も対称的で、鎌倉持氏記が、非常に淡白であるのに対し、永享記は、臨場感のある描写をしており、特に、中心的な登場人物の死に纏わる場面では、さすがに、後継の物語系類書にこそ見劣りはするが、鎌倉持氏記に比せば、極めて詳細である。また、後期軍記の傾向に沿うように、永享記も、太平記等の影響を強く受けており、一例で、箱根山水呑合戦の戦闘描写などは、明らかに、太平記（巻三十「薩多山合戦事」）へのオマージュである。

(23) 前掲註（7）『室町軍記総覧』、註（1）菅原論文、註（14）佐藤論文等を参照。

(24) 両記の性格を、間接的に窺い知ることができる軍記に、前掲註（20）の足利持氏滅亡記がある。この記は、鎌倉持氏記・結城戦場記・結城戦場別記の三記を、手元において作成され（前掲註（14）佐藤論文を参照）、永享記でいえば、第一章「公方管領不和の事」から、第十四章「古河城の事」までを描いている。また、永享の乱を、鎌倉持氏記、それ以降の本文を、結城戦場記、そして挿入史料は、結城戦場別記・鎌倉持氏記をそれぞれ活用しているのであるが、確かにそれを、単に、自己の表層的なオリジナル性を確保するためにそれらの組み合わせを選択した、と考えることも可能である。しかし、おそらく滅亡記の作者は、結城戦場記を大枠の土台とした上で、鎌倉持氏記と結城戦場記とのリライト関係を察知し、さらに、作者の立場からすると、結城の乱部分のそれに比しての、永享の乱部分における、結城戦場記の記述のある種の偏向を読み取った結果として、敢えてその部分に、少々難解な鎌倉持氏記の忠実な解釈文を配した、と考えた方が自然のように思える。また、注目すべきは、その記述対象範囲であり、それが、滅亡記作者独自の判断でなされた可能性もあるが、後半を挿入史料以外は、全く結城戦場記に依存していることからすると、その範囲も、影響を受けた可能性もあり、それが、永享記の原型の範囲と一致していることは、興味深い。さらに滅亡記が、結城合戦の本文を明らかに永享記系ではなく、結城戦場記系を用いて描いていることは、滅亡記の成立年代が不明なので、確定的なことはとてもいえないが、結城戦場記と永享記との直列的関係の可能性を、暗示するものなのかも知れない。

(25) 一般に、当時の秩序の規範たる幕府に、事有るごとに反抗を試みる持氏は、独断専行型で頑な、しかもエキセントリックな性格、そして、京・鎌倉の両君（しかも、当時の京の公方は、〝かの〟義教…）の間で、盛んにその無為を計る憲実は、柔軟かつ冷静沈着な人物、という感が強い。しかし、前述のごとく、両記、特に、鎌倉持氏記には、それぞれ意外な人物像が提示されている。例えば鎌倉持氏記では、何度も膝を屈して、和解策を憲実に示した持氏は、側近の影響を受け易く、優柔な面があるも、基本的には大らかな性格で、一方、持氏を信じられずに、度有るごとに、その和解案を拒否し続ける憲実は、その誠実さは具有しつつも、几帳面で神経質、しかも頑な性格と受け取れる。一方、永享記では、持氏の方は、優柔不断な面が強調され、少々滑稽な印象さえ与えられているのに対し、憲実は、冷静で思慮深い上、君臣関係の情には篤い人物になっており、やはり、出来すぎの感は否めない。しかし、この後者のイメージは、概ね今日の一般的なものと合致するもので、このことは、永享記の、その後の軍記類に与えた影響力の大きさを物語っている。鎌倉大草紙など、後代に成立した周辺軍記における、永享記の受容実態の解明が急がれる。

（26）持氏・憲実ともに、非難され得る弱点を抱えている。前者のそれは、室町幕府体制の領域的秩序を乱したことであり、後者は、実態の如何はともかく、鎌倉府体制の主従制的秩序を逸脱したことが、それに当たるであろう。両記は、このことを自覚した上で、それぞれその緩和を試みている。例えば、鎌倉持氏記は、どちらかを美化するわけでもなく、永享の乱に至る、両者の政治的な丁々発止のやり取りを露出することで、憲実を、人間臭いレベルで持氏と同質化させ、さらに、簡素でリアルな形で、人間性に注目させることによって、持氏の制度的秩序への違乱の非を、緩和させている。そして、その記述を目前にした一方の永享記の方は、「主従制」という道義的要素を含む、秩序における非を緩和するために、憲実の非政治的な「聖人化」を図り、さらに、バランスをとるために、一方の持氏の政治性も、専ら周囲の側近に転嫁することで、それを希釈しており、結果、持氏は、滑稽なキャラクターに転化している。

（27）結城戦場別記が、持氏の遺児達に焦点を当てることで、鎌倉持氏記に含有される敗者、つまり「公」から弾かれた「私」を、愛惜する面を引き継ぎ、それを、物語として発展させていく起点となったのに対し、永享記（結城戦場記）は、憲実という、勝者によって再編された秩序＝公の歴史的意義を、後世に伝える一つの実録―歴史書の流れにおいて、後代の安定したテキストとして、存在していくこととなったといえる。

（28）それは、後代の鎌倉大草紙にも、相通ずるところである。前掲註（1）拙稿を参照。

（29）『国史大辞典』第一巻（吉川弘文館、一九八〇年）。

（30）今回、記述が、永享の乱の歴史的本質部分に踏み込めなかったため、残された課題はあまりに多いが、それらはすべて、今後の課題とさせて頂きたい。今はただ、小稿における、ささやかな成果に対する、諸賢からのご叱正を請うのみである。

Ⅲ　足利持氏の若君と室町軍記
—春王・安王の日光山逃避説をめぐって—

田口　寛

はじめに

室町時代における幕府の東国統治機関、鎌倉府の公方であり、将軍家の一族である足利持氏（一三九八～一四三九）には、以下に見るような子供たちの存在が知られている。(1)

上の『喜連川判鑑』は、鎌倉公方家の系譜としては比較的信憑性が高いといえるものであるが、最も右の長子と思われる出家した女子を始めとして、七人の男子が記されている。下の『系図纂要』においては、同一人が重出している可能性があるが、女子二人と一〇人の男子が、これも長幼順か、記されている。この中、長男の義久は父持氏とともに永享の乱で死没しており、続く結城合戦（一四四〇～四一）において、下総国の結城氏に擁立された春王（丸）・安王（丸）兄弟も、捕らえられ護送途中に美濃国で討たれた。このことは多く軍記等に書かれるとおりで、よく知られた話であろう。なお、一時断絶させられた鎌倉公方家は、春王・安王の弟、成氏（一四三四～九七）により復活した。

永享の乱で鎌倉を逃れ、結城城に入るまでの間の春王・安王は、日光山に逃避していたと多くの書は伝える。例えば、日光山側の資料である、天祐による『日光山常行三昧堂新造大過去帳』の「顕釈房」の項にも、「旧記ニ曰ク、鎌倉持氏ノ子息春王丸・安王丸永享年中ニ此ノ寺ニ身ヲ蔵スト云云」と記されている。しかしこの書は元禄四（一六九一）年の編纂物であり、必ずしも信を置くことのできるものではない。この書自体、あくまで「旧記ニ曰ク」としており、事実そのままと信じて伝えているわけではないようである。

『喜連川判鑑』

持氏―
女子　前太平〔寺〕昌泰道号安濆（ママ）
義久　賢王丸犬若公卜申於報国寺自害
春王丸　於濃州垂井被害
安王丸　春王殿卜同
左馬頭従四位下成氏（付記略）
成潤　大御堂殿早世
周昉　長春院主道号天心早世
尊倣　雪下殿蓮華光院　若宮別当

『系図纂要』

持氏―
女（付記略、以下同様）
義久
童
童
成氏
成潤
周昉　本守実
尊倣
弘尊（定尊）
守実
女（右の女と同一人か）
蔭山 広氏

本稿は、この春王・安王日光山逃避説から浮かび上がってくる問題として、まず上掲の系図類によっては確かめられない春王・安王等の「兄」に当たる若君の存在と、彼こそが日光山に逃避した人物であったことを指摘し、その上で、当該説の流布において、室町軍記『鎌倉殿物語』の記述が、歴史上に大きな影響力を持ったことを述べる。

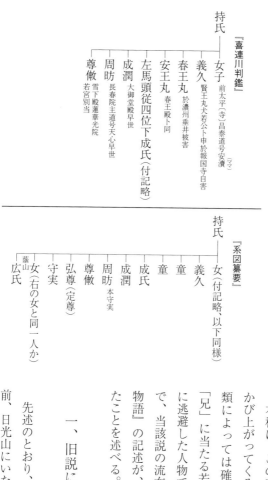

一、旧説に対する疑義・近年の説

先述のとおり、春王・安王は結城城に入る以前、日光山にいたとされ、これが旧来の通説であった。しかし永享一二（一四四〇）年三月四日、挙兵の際に安王が出した願文写は、常陸国にいたことを示して、同国の賀茂神社の文書として伝わっており、[2]また常陸の筑波氏による軍忠状写によれば、挙兵した若君が結城に入る以前の拠点は、同じく常陸の「中郡庄木所城」であった。[3]相模の鎌倉から下野日光山という遠隔地へ逃避し、そこから常陸に舞い戻って挙兵、その後に下総結城城に入るという経路は、些か不自然であり、このことから近年、史学研究[4]においては、春王・安王の日光山への逃避はなかったのではないか、即ち、鎌倉→常陸→結城という経路だったのではないかという説が出されている。

足利持氏の遺児達の結城合戦における前後の動向は、事件当時より諸説あって定まり難い状況であった。万里小路時房の日記『建内記』嘉吉元（一四四一）年五月四日条は、春王・安王を指すと思われる「鎌倉故武衛子息両人」について一旦記しているものの、少し隔たった「鎌倉故持氏卿子息首帰京歟」という一文には、改めて「後聞、一人已自殺、一人生捕事注進先了、今一人四歳、不見之処、已尋出之捕了、此注進珍重之由也云々」と注記しており、この注記における傍線部は、「両人」「一人生捕今一人者」とあったのを見せ消ちしたもの、即ち、計五人を計三人に訂正したものである。当時においても情報が錯綜していたことが窺われる。結城合戦の後に捕らえられたのが春王・安王の二人だけでなかったことは事実で、よく知られた人物として、正徹の『草根集』（日次系）巻七、宝徳元（一四四九）年八月一〇日記事に登場する、「五歳の御年自鎌倉上洛」し、「土岐左京大夫持益家に」預けられた「故鎌倉の持氏息」がいる。この持氏子息は、かつてはこの記事を取り込んだ『鎌倉大草紙』の誤りによって成氏のことと見なされていたが、近年では成氏とは異なる、雪下殿と呼ばれた人物であることが明らかにされている。[5]『東寺執行日記』嘉吉元年七月二八日条には「鎌倉殿若公六歳上洛土揆(岐)方次之(預歟)」とあるが、この土岐方に預けられたという「六歳」の若君も、『草根集』に登場したのと同じく、雪下殿と思われる。土岐に預けられたのが雪下殿であることは、次に取りあげる『周易抄』によってもわかる。

二、「兄」の若君

柏舟宗趙による『周易抄』（両足院本）[6] に見られる記事を引いてみよう。

……重氏《（成）》出時、兄弟三人不速来テ重氏ヲ扶タソ。弟ハ美濃ヲ土岐《（ノか）》ニ養セラレタ、雪ノ下殿ト云タ一人也。聖道テアツタソ。又ノ弟ハ僧カ一人アタソ。又重氏ノ一ノ兄カ美濃ニアタソ。其ハ俗人ソ。以上三人来テ重氏ヲ扶タソ。

……

上掲文における実線の傍線部から、土岐に預けられたのが雪下殿であることは明らかである。しかし『周易抄』の記述について、本稿において注目したいのは、雪下殿ではなく波線の傍線部に登場する、成氏（重氏）の「一ノ兄」なる人物が「俗人」として「美濃」にいたという記述である。中原師郷の日記『師郷記』康正二（一四五六）年四月二七日条によれば、「鎌倉殿《（成氏）》舎兄下向関東之間、今日被進発了」とあり、当時の鎌倉殿成氏の「舎兄」がその日関東へ下向したことがわかる。この下向の出発地は、美濃ではなく京と思われるが、いずれにしても『周易抄』と同じ人物の東国下向を記したものであろう。成氏の兄に当たる人物で、結城合戦以後も生存した人物がいたわけである。この「兄」とは一体如何なる人物であったのであろうか。

『看聞日記』が伝える結城合戦の話題には以下のようにある。

嘉吉元年五月四日条

結城以下首共御実験云々。〔頭書〕首廿九。六条河原被懸云々。……至夜三条被示。故武将持氏。子息十三歳。尋出討申之由、只今飛脚到来。御剣可被進之由被申、則進之。此事先日城責落之時、子息達三人之内一人ハ腹切、二人ハ生捕之由注進云々。然而腹切ハ虚説也。兄十三、被没落之由、後ニ聞。其人只今求出討申也。於于今子息達悉被討之間、弥天下大慶也。

同一九日条

関東武将息三人生捕上洛。於近江国討申。首共今朝上洛。可有御礼云々。御剣進如例。結城被責落之時、兄ハ被腹切之由風聞。而無其儀。被没落生捕申云々。

両条には、持氏の「三人」の若君が登場する。[7]この中、生け捕られた「二人」は春王・安王のことと見るべきであろうが、注目したいのはこの「二人」の「兄」として、一三歳の若君がいたと記されていることである（波線部）。この「兄」は一旦切腹説が出た後、それは「虚説」として撤回されるなど、情報の定まらない人物であったようである。同日記においては、この「兄」は落城時一旦逃れたものの、二人の若君と同じく生け捕りにされ、近江で討たれたということになっている。また叡海による『一乗拾玉抄』（長享二＝一四八八年成）巻三、薬草喩品においては、春王に「舎兄二人」がいたとされている。[8]この書は、三人の中で春王を最も弟としている点等、他書の伝えるところと若干異なる部分があるが、春王に「兄」がいたことと、美濃にいた若君を三人と数えている点には注目しておきたい。

結城合戦で捕らえられた持氏の若君を「三人」と数えることは、他の古記録にも認められ、[9]当時かなり一般的な認識であったことが窺われる。この三人の中の二人、春王・安王の長幼は、足利義教による文書に[10]「虜春王丸・安王丸畢」とあることを見ても、やはり春王のほうが兄であったようであるが、『東寺執行日記』嘉吉元年四月一六日条に「持氏若公両人取之也〈十一歳安王殿、十二歳春王殿〉申之」（山括弧内は割注）、『師郷記』同年五月一九日条に「関東若公両人……十二歳与十歳也」とあることから、安王はともかく、春王の年齢は一二歳であったことが指摘できる。これらのことから、安王の兄に一二歳の春王、その春王の兄として、『看聞日記』に登場した一三歳の兄がいたものと考えられよう。従来、古記録における、生け捕られた若君が三人いるとする記述に対しては、春王・安王以外の残り一人は、先述した、兄弟のさらに弟である雪下殿と考えられていた。その可能性はあるが、しかし『看聞日記』等の記述を重視すれば、残り一人は春王・安王のさらに兄に当たる人物と見るべきであろう。

以上のことを踏まえ、次に『結城戦場別記』（以下『別記』）を見たい。同書は結城合戦から一〇年後、宝徳年の奥書を持つ軍記で、その実録性の高さも評価されている資料である。[11] この『別記』は、持氏の遺児の初登場場面を以下のように記す。

爰ニ又右[14]（故か）公方ノ二男ノ若君、去年ノ一乱ニ潜ニ鎌倉ヲ落玉ヒテ、日光山ニ隠レ玉フ。世上暫ク静リケレハ、「何迄角テ〈ハ〉有ヘシ。前代ノ余類ヲ催シ、亡魂ノ恨ヲ報シ奉ルベシ」トテ大名トモヲ頼ミ玉フ。中ニモ結城氏朝ハ代々ノ勇将〈ナレハ「頼テミヨ」トテ御使アリ〉。　※山括弧は校注記号。

波線を付したように、「公方ノ二男ノ若君」が永享の乱後、「潜ニ鎌倉ヲ落玉ヒテ、日光山ニ隠レ」ていたことが記されている。この「二男ノ若君」は、従来であれば当然、春王のこととして読まれていたであろうが、以後の文を見ると、春王等兄弟は、「春王殿・安王殿」と兄弟並んで、実名で呼称されている。となると、『別記』が何故、日光山に逃避した若君を「春王」という呼称で記さず、また日光山逃避を一人のみの行動として記しているのかが問題になる。結論をいえば、『別記』の作者にとって、「二男ノ若君」と「春王」とは別人という認識があったということになるのではなかろうか。『別記』が春王と安王を一対にして記すことは、擱筆部にいたるまで一貫した記述方法である。もし作者が日光山に逃避した「二男ノ若君」を春王と認識していたのであれば、「春王殿」とさらに安王、この二人が日光山に隠れたと記すのではなかろうか。「二男ノ若君」が春王とは別人であるとすると、この一箇所にしか登場しないことは、不審と思われるかもしれないが、雪下殿のことと思われる子供が、「御弟六歳ニ成給シヲ女房ノ輿ニ乗、伊佐ノ庄迄落シ申ケルヲ、小山小次郎見付申テ生捕申ス」という、この一箇所のみにしか登場しないことを参考にすれば、作者が春王・安王以外の若君の叙述にはそれほど注意を払っていないためと見ることができよう。

さらに『鎌倉持氏記』という軍記を見てみよう。この資料も奥書によれば宝徳三年の成立であり[12]、また先述の『別記』とは、同文箇所の多さから源を一にしていると見なされる。その『鎌倉持氏記』においては、「二男ノ若君」の登場箇所は、

爰第二若君〈始者奉号テ大御堂殿〉、結城氏朝有《ヲル》二御憑一事、召二集《メ》一門以下家人等《ヲ》一、各々被レ尋二意見《ヲ》一間……

※山括弧内は割注。

と、波線部のとおり「第二若君」とあり、日光山逃避のことこそ記されてはいないものの、その若君がはじめ、「大御堂殿」と呼ばれていたことが注記されている。春王にはこのような別号があったという伝は確認できない。さらに後の若君生け捕りの場面においては、

然《ニ》兄《ノ》若君就二御座《ニ》一、乙若君連々入御有哉《ケルカナ》。〈廿二 廿三〉若公《ヲハ》越後《ノ》国《ノ》大将長尾因幡守生二擒（一）申《ス》之《ヲ》一。乗二申籠輿《シカコニ》（二）既《ニ》及《フ》二御上洛《ニ》一御有様、可レ申レ辟方《タトヘモ》無《シ》。同六宛《（歳か）》若君《ヲハ》密奉《ニ》レ落処、於《テ》二伊佐庄《ニ》一小山小四郎生二擒（一）申之《ヲ》一。

と、「兄ノ若君就二御座ニ一」き、「乙若君」が「連々入御」したと記されて、以下に春王・安王と思われる若君二人や、加えて雪下殿と思われる若君に、『別記』同様、筆が及ぶ。『鎌倉持氏記』においても、「第二若君」と春王とが別人と認識されていることは明らかではなかろうか。『鎌倉持氏記』において春王は、安王や雪下殿とともに、「乙若君」として認識されていると見なされるわけである。そしてこの「第二若君」「二男ノ若君」こそが、これまでその実在を確かめてきた「兄」の若君なのではなかろうか。

三、大御堂（勝長寿院）と日光山

『別記』と『鎌倉持氏記』との記述を総合すると、次男の若君は「大御堂殿」という別号を持った人物であり、永享の乱後、結城城に入るまで、日光山に逃避していたということになる。「大御堂」とは鎌倉の勝長寿院のことと認められるが、前出の『喜連川判鑑』等によると、持氏の叔父満秀は「大御堂殿」の呼称を持ち、「日光山別当」であったことが窺われる。大御堂即ち勝長寿院と日光山とは、別当を兼務するという密接な関係にあることは、鎌倉時代から見られるよく知られた事実であり、『武家事紀』第三四続集「古案」「雑家上」所収の年未詳四月四日付成氏文書においては、「勝長寿院門主成潤事……陣館於移二日光山一候間」と、勝長寿院門主である成潤が日光山に居所を移したことが確認できる。次男の若君が勝長寿院の別当であったかは未詳とせざるを得ないが、大御堂殿と呼称される勝長寿院の関係者であったのであれば、彼の逃避先が日光山であることは極めて自然なことであったといえよう。なお上述の成氏文書は内容から康正二年のものと推測されており[13]、成潤が系図類によって足利持氏の子であることが確認できることから、問題となっている次男の若君と同一人物である可能性も出てくるのであるが、『鎌倉大草紙』にこの時の「勝長寿院殿」即ち成潤を「成氏の御弟にて」と記していることや、日光山側の資料である『日光山列祖伝』に、彼が第四一世権別当として、山務三年、寛正元（一四六〇）年二月二二日没等と書かれているのに対し、問題の若君は先述のとおり『周易抄』に「俗人」であったと明言されているという違いから、両者を別人と見なしておきたい。

四、『鎌倉殿物語』の日光山逃避説

諸書の伝える春王・安王の日光山逃避が疑わしいものであることは先に述べた。しかし若君の日光山への逃避自体がそもそも実在しなかったのではなく、以上のことから、次男の若君が日光山に逃避し、その弟である春王・安王は常陸に逃避して、その後、兄弟がそれぞれに下総の結城城に集まったものと推測される。このような事実が背景にあったとした上で、次には、改めて春王・安王の日光山逃避説について述べる。

春王・安王が日光山に逃避したと伝えるのは、『鎌倉殿物語』（以下『鎌倉殿』）が最初と見られる。その理由は、『鎌倉殿』が同類書の中において特に先行する作品と見なされ、また特に古い奥書を持つ[14]というだけではなく、春王・安王の日光山逃避を最も積極的、具体的に語るのが『鎌倉殿』であるという点にある。以下に当該本文を引用しよう。

雖（モ）レ然（リ）ト、次男・三男ノ若君、春王殿・安王殿トテ、御兄弟御座シツルヲ、妻殿賢（ク）シテ、下野ノ国へ具足シ参（リ）テ、日光山ノ衆徒ヲ憑《タノ》ミ、隠《カク》シ奉リレ置（キ）ケリ。御姿形人ニ勝《スグ》レ、御意誠ニ幽《ユウ》ニ御座ス。詩歌ノ道ニ長シ、管絃ニ達シ給ヘハ、一寺ノ寵愛一重ニ此ノ御児トソ聞ヘケル。然（ル）ニ下野国ノ武士結城ノ七郎、此（ノ）由ヲ聞キ、譜代ノ御主《シユ》ナレハ、吾カ館ヘ奉リレ入（レ）、警固ヲ堅ク申シケリ。

（中略。場面が下野・常陸より鎌倉や箱根山、美濃の赤坂等を経由して垂井の道場に）

安王殿宣（ヒ）ケルハ、「最後ノ事ハ兼（ネ）テヨリ思ヒ定（メ）テ候（フ）之程ニ、今更非（ズ）レ可（キ）レ驚ク。去々年ノ春鎌倉滅《ホ(ロ)》ヒシヨリ、片《ヘン》時モ放《ハナ》レ参（ラ）セス。下野・常陸ニ候（ヒ）シ時モ、浮キ沈ミ何《イカ》ニモ一所ニト願シ、遂《ト》二ケテ本望一、今来世マテ供奉申サン事コソ嬉（シ）ク侍レ。日光山ニテ読（ミ）侍（リ）シモ、〇東岸西岸ノ柳、遅速不レ同（ジカラ）、南枝北枝ノ梅、開落異レ（ナ）リ已ニ侍レハ、若シ我等カ最後、各別ニヤ侍ラント悲（シ）ク候（ヒ）ツルニ、今ハ一所ニテ被レ誅（サ）ン事、死出ノ山・三途ノ川ヲモ供奉申シ侍ラン事、返（ス）〳〵本望ニテ候（フ）」ト宣ヘハ

……　※連続符・音訓合符を省略。

波線部のごとく『鎌倉殿』には、春王・安王が逃避先の日光山において衆徒の寵愛を受けたことが、持氏の「次男・三男」とされる彼等の初登場場面として述べられている。またその場面における「詩歌ノ道ニ長シ」たという部分に照応するように、生け捕られた後の美濃国垂井の道場における場面においては、「日光山ニテ読（ミ）侍（リ）シモ」として、「東岸西岸ノ柳……」という、『和漢朗詠集』[15]等によって知られる詩句を安王に語らせる。『鎌倉殿』と異本関係にある『結城戦場物語』においてさえ、日光山の登場は逃避の際の一回のみ、その逃避についても簡略に記すのみであり、[16]『鎌倉殿』の記述の特異性が窺われる。

また、先に取りあげた『別記』『鎌倉持氏記』等を参照して成立したことが指摘されている軍記、『結城戦場記』[17]は、

爰ニ又故長春院殿ノ御子達、去年御滅亡之刻、近衆（ママ）ノ人々日光山へ落シ申タリケル。其後ニ爰ノ禅院、カシコノ律寺ニ一夜二夜ヲ明シ、世上ノヤウヲ隠レ聞テマシマシケルカ、「何迄角テ在ヘキ。急一味同心ノ輩ヲ招キ、再ヒ関東ヲ治メ、先考ノ鬱憤ヲモ散シ申ヘシ」ト、便宜ノ大名ヲ憑レケル所ニ、結城ノ氏朝……

と記す。この書は傍線部のとおり、『別記』『鎌倉持氏記』にあった「二男ノ若君」「第二若君」を「故長春院殿ノ御子達」と書き換えている点や、日光山には周囲の人間に導かれたとする点に、『鎌倉殿』の春王・安王日光山逃避説の影響が窺われるが、日光山逃避という出来事は伝えるものの、やはり具体的なことには言及しない。このような例からも、春王・安王の日光山における具体的活動は『鎌倉殿』によって語られた特異な記事であり、それ以外の文献では確認することのできない性質のものといえるのではなかろうか。

春王・安王の日光山逃避説の流布は無論、『鎌倉殿』の享受のみによるものではなかろう。『鎌倉殿』あるいはそれと同類の作品から影響を受けたと見られるものに、雑談書『旅宿問答』がある。(18) 同書も日光山逃避については「春王殿・安王殿ハ日光山へ御落候ヲ、結城七郎……」と簡略に出来事を記すのみであり、具体的なことに言及していない。春王・安王の日光山逃避説は、上掲の書物等を介して、『鎌倉殿』の享受圏以外にも広まっていったものと考えられる。しかしその起点として、『鎌倉殿』という物語作品の、歴史上における影響力は見落とされるべきではなかろう。

おわりに

如上縷々述べてきたが、最後に、『鎌倉殿』が春王・安王の日光山逃避を特に語る背景について考えておきたい。

春王・安王の日光山における具体的描写は、『鎌倉殿』が年若い兄弟の最期を主題とする物語であることを考えると、その哀れを際立たせるため彼等の優美さを予め性格付けたものとして捉えることができる。彼等が優美な「御児」（前掲本文波線部）として描かれるには、実際の拠点となった常陸の城においてよりも、彼等の「兄」が逃避した日光山において「一寺ノ寵愛」を受けた姿が語られる必要があったのであろう。事件の終結から『鎌倉殿』が書写されるまでの間、即ち『鎌倉殿』の生成推定期に含まれる、文明年頃における日光山の児（稚児）の姿は、道興の紀行『廻国雑記』や室町物語『幻夢物語』に描かれている[19]。これらに登場する児が「曲を尽し」（『廻国雑記』）、詩歌を詠ずる姿は、『鎌倉殿』における春王・安主像と殆ど径庭はない。前出の『一乗拾玉抄』や『旅宿問答』の例が示すとおり、春王等の話題は日光山に限らぬ東国他各地の天台法華経談義所・学問所においても関心を招いたと想像され[20]、また『鎌倉殿』の表現中には、悲劇を強調するための、少なからぬ先行文芸からの摂取が認められる。日光山が舞台として取り込まれたのには、それ相応の必然性があったことは疑いなかろう。『鎌倉殿』を成り立たせた時代の文化土壌の闡明は、今後に一層行うべき課題としたい。

註

（1）鎌倉公方家については田辺久子氏『関東公方足利氏四代』（二〇〇二・九、吉川弘文館）等参照。
（2）常陸賀茂社文書「足利安王丸願文写」。『神奈川県史』資料編3古代・中世（3上）等所収。
（3）「筑波潤朝軍忠状写」。『神奈川県史』資料編3古代・中世（3下）等所収。
（4）初出の新しい順に、佐藤博信氏『古河公方足利氏の研究』（一九八九・一一、校倉書房）第一部第一章（一九八八・七初出）・新川武紀氏『下野中世史の新研究』（一九九四・八、ぎょうせい）第一部三第一節3「結城合戦と下野」（一九八四・三初出）・萩原義

照氏「中郡木所城址研究」（一九七九・三、『岩瀬町史研究』二）。

（５）雪下殿は、尊倣（百瀬今朝雄氏）または定尊（佐藤博信氏）のこととされる。成氏は始終、信濃国の大井氏の庇護下に置かれていた。百瀬今朝雄氏執筆『神奈川県史　通史編１　原始・古代・中世』第三編第三章第三・四節（一九八一・三、神奈川県）・佐藤博信氏前掲書（註４）第一部第四章（一九八八・四初出）等参照。

（６）跋文に「文明丁酉十月廿一日始之、十一月十七日終之、……文明丁酉十一月廿七日　柏舟叟宗趙」とある。文明丁酉は九（一四七七）年。

（７）『建内記』同年四月二八日条にも、次のようにある。

「持氏卿子息三人一人十余歳、切腹、其首可京着也。二人猶少年、被擒可入京也。」。

（８）当該記事は、中野真麻理氏『一乗拾玉抄の研究』（一九九八・一一、臨川書店）第四章第一節（一九九二・八初出）にも本稿とは別の着眼点による研究がある。

（９）『大乗院日記目録』嘉吉元年四月一六日条、『蔭凉軒日録』同年五月三日条。

（10）勝山小笠原文書、五月二六日付「足利義教感状」。『新編信濃史料叢書』一二所収。

（11）高橋恵美子氏「『結城戦場別記』の成立意義」（二〇〇三・三、『軍記と語り物』三九）。奥書は「右之日記宝徳二辛未年八月廿日ニ以水谷入道自筆日記写之者也。蓋戦場之覚為後士之物語且者氏朝忠功之事為知子孫也」。ただし宝徳二年は庚午。辛未は翌三年。水谷《みずのや》氏は結城氏の家臣。

（12）「持氏将軍最後之日記可秘々々　宝徳三辛未年八月下旬書之　浅羽民部少輔貞宅判」。

（13）百瀬氏前掲書（註５）等。

（14）奥書は「長享二年戊申二月中旬俾終筆畢」。

（15）巻上、春、早春。慶滋保胤賦（『本朝文粋』巻八、詩序一、時節）。

（16）「爰にちなん・三なむ若君、春王殿・安王殿とて二人ましますを、めのとの女房かしこくして、いたきとつてまきれ出、下野国日光山へ落、衆徒を頼たてまつり、ふかくしのはせ申せしを、結城の七郎氏朝……」（国立公文書館本・古典文庫影印）。

(17)　山上登志美氏「永享の乱・結城合戦関係軍記の検討―主として『鎌倉持氏記』『結城戦場記』『結城戦場別記』の関係をめぐって―」(二〇〇二・一二、『軍記物語の窓　第二集』)。現存本には「寛文十庚戌年八月廿八日写之畢　於黒谷西谷氏範重書」(一六七〇年)という奥書が見られる。

(18)　拙稿「『旅宿問答』における永享の乱叙述と室町軍記―『鎌倉殿物語』とその異本群を主に―」(二〇〇六・一〇、『古典遺産』五六)をご参照いただきたい。

(19)　近藤喜博氏「日光に於ける中世の文学資料について」(一九六〇・一二、『芸林』一一―六)、菅原信海氏校注『神道大系　神社編三一　日光・二荒山』(一九八五・二、神道大系編纂会編・発行)等参照。

(20)　鈴木元氏「註釈行為と本文―軍記物語の周縁から―」(二〇〇七・三、『軍記と語り物』四三)・中野氏前掲書(註8)等参照。

【使用本文】

『一乗拾玉抄』：臨川書店刊影印／『鎌倉大草紙』：彰考館本／『鎌倉殿物語』：国立公文書館本・古典文庫影印／『鎌倉持氏記』：国立国会図書館本／『看聞日記』『喜連川判鑑』：『続群書類従』／『系図纂要』：名著出版刊／『建内記』：『大日本古記録』／『周易抄』：鈴木博氏『周易抄の国語学的研究』研究篇所引／『草根集』：『私家集大成』／『東寺執行日記』：国立公文書館本(第五冊)／『日光山常行三昧堂新造大過去帳』『日光山列祖伝』：『栃木県史』史料編中世四／『武家事紀』：山鹿素行先生全集刊行会刊／『師郷記』：『史料纂集』／『結城戦場記』：彰考館本／『結城戦場別記』：『中世和歌　資料と論考』和田英道氏校注／『旅宿問答』：天理大学附属天理図書館本　※引用の際は適宜表記・形式を改めた。

【付記】本稿は、平成一九年度中世文学会秋季大会(於・福岡女子大学)における口頭発表に基づく。貴重なご意見を賜りました佐倉由泰氏をはじめとする先生方に深謝申しあげます。

第4部 『鎌倉年中行事』の世界

Ⅰ　鎌倉年中行事　解題

佐藤博信

『鎌倉年中行事』は、別に『殿中以下年中行事』とか『成氏年中行事』などと呼ばれる鎌倉府関係の武家故実書である。この故実書は、従来群書類従に『殿中以下年中行事』として採用されて以来、それにもとづく次の二つの事実が当然の如く認識されてきた様に思われる。そのひとつは、本書の成立を享徳三（一四五四）年とすること、もうひとつは、その内容を「鎌倉中之年中行事」とその他の書札礼や諸役所の説明等の雑記録とを一体としたものとする理解である。しかし、後者の点で、その構成がきわめて不自然であることも、一目瞭然であった。そこで、諸本を検索するに、その不自然さを解消してくれる、群書本とは構成を異にする写本が伝来することが明らかとなった。それは、「鎌倉中之年中行事」の部分のみでそれ自体が完結し、それ以降の雑記録を一切含まない写本の系統である。本来この姿が『鎌倉年中行事』の原型であったと思われ、その点をもっとも忠実に姿を留めているのが内閣文庫蔵の『鎌倉年中行事』（請求番号特十八―四）である。これは、紅葉山文庫旧蔵の写本であるが、ここでは、それを全面的に翻刻することにした。この写本は、本奥書に「享徳五年六月朔日書之、上総介季高在判」とあり、群書本とは異なる成立年代を示している。享徳五年とは、康正二（一四五六）年のことである。関東公方足利成氏が享徳三年一二月二七日関東管領上杉憲忠を急殺するにともなって、関東は内乱に突入する。成氏は、室町幕府に反抗し、京都の正朔に従わず享徳年号を襲用し続けたのである。執筆者上総介季高＝海老名季高は、足利氏の家臣として成氏に随って古河御所に入った人物であるので、同様に享徳年号を襲用しているのである。享徳五年の成立となると、内乱勃発後の作となり、従来認識されてきた内乱直前の「危機の産物」論とは若干相違するところとなる。なお本文のはじめには「鎌倉殿中以下年中行事之記録」とあるが、執筆者海老名氏自身鎌倉府の御所奉行として行事全体と深い関係をもっていたため、一面では「海老名殿年中行事」とか「海老名上総介季高家記録」と評価されるところがあったことも、否定できないところである。そして、本文の内容はひとつ書で七七項目からなるが、大別して、（一）元旦から十二月までの殿中で執行される公方を中心とする一年間の行事、（二）公方独自の行事、例えば「公方様御元服之事」や「公方様御発向ノ事」など、（三）管領・奉公衆・外様を中心とする諸武士間の礼儀及び書札礼についての規定、にわけられる。これからもわかる通り、この史料は、鎌倉府の公方を中心とした関東の室町時代の武家社会の在り方を示す貴重な記録である。個別研究の成果としては、いずれも群書本系の写本を典拠としたものであるが、峰岸純夫「東国における十五世紀後半の内乱の意義」（地方史研究六六）・伊藤一美「旧内膳司浜島家蔵『鎌倉年中行事』について」（鎌倉二一）・佐藤博信「『殿中以下年中行事』に関する一考察」（民衆史研究一〇）などがある。

Ⅱ 旧内膳司浜島家蔵『鎌倉年中行事』について
――関東公方近習制に関する覚書――

伊藤一美

はじめに

昨年十二月、学習院大学図書館では旧内膳司浜島家（もと高橋姓）の当主康一氏の御好意によって、その家に伝来した写本及び古文書類の寄贈を受けた。現在まだ整理の最中であるが、私は偶然にもその写本類に触れる機会を得た。多くの写本が伝来し、特にその家が朝廷の膳部関係であったので有職故実書が多い。『三代実録』以来の官撰国史たる『日本新国史』の写し、『令義解』の慶安勅版、また西園寺公衡の日記『庁始記』の写しなどもあって、朝廷公家の有職故実だけではなく、鎌倉中期以降の政治史に関する史料も含まれている。これらのほかに近世の内膳司高橋家に関する古文書も多いが、詳細は別の機会に譲り、今回は写本『鎌倉年中行事』を取りあげ、あわせて鎌倉公方の権力構造を考える一助としたい。

一

『鎌倉年中行事』は別名「足利家殿中以下年中行事之記録」、「鎌倉殿中行事」、「鎌倉殿中以下年中行事之記録」、「殿中以下年中行事」などと呼ばれ、著者は海老名季高と言われている。[1]海老名氏は後述するが、室町幕府将軍家近習の一員として代々足利氏とは関係の深い氏であり、鎌倉公方とも密接な関係を有していた。かかる点からもこの書が成立した背景をある程度うかがうことができる。

浜島家に伝来した本は大判の紙に表側に「鎌倉年中行事」とあり、本文の書き出しには「殿中以下年中行事」とある。本文紙数五十三枚、袋綴、第二十六紙より筆がかわっているが、筆跡はほぼ同人と思われる。

ところで、『鎌倉年中行事』は刊本として『群書類従』巻四〇八　武家部に入っている。今これと比較して異動を見てみると、『群書類従』所収本（以下、便宜上類従本と呼ぶ）には、カタカナの濁点があるが、浜島家蔵本（以下かく呼ぶ）にはないこと、類従本に助詞の脱落がめだつことである。今、それらの異動は別にして、内容を追加・補訂できると思われる部分を表にして掲げておく。

月日	類従本	浜島家蔵本
1・1	上﨟様ハ九間、其以下ハ皆々四間六間ノ御座ニシコウアリ 彼御座三重唐瓶子	上﨟様ハ九間、其以下ハ皆々四間六間ノ御座ニシコウアリ 彼御座御二重唐瓶子

	公方様出御……御荷用之、人々各御嘗屋ニ集	公方様出御……御荷用之人々御嘗屋ニ集
5	公方様出御也、時管領門ノ外迄被参	公方様出御之時、管領門ノ外迄被参
	先畏テ御馬ヲ、方ニ能引立タルヲニテ、寄テ左ノ手ヲ輿ノ引手受取タル手ノ上ヘアゲ、右ノ手ヲバ輿ノ左ノ引手……	先畏テ御馬ヲ方尓ニ能引立タルヲミテ、寄手左ノ手ヲ轡ノ引手受取タル手ノ上ヘアケ、右ノ手ヲハ轡ノ左ノ引手……
	公方様、御連枝様へモ進上ヲバ……	公方様、又若君様、御連枝様へモ進上ヲハ……
	次御香合、沈香ナドモ盆ニ置キ	次御香炉、御香合、沈香ナトモ盆ニ置キ
11	ヲシキヲ本膳ノ下ニ、スミチガヘニ、カサネラルル、是ハ本膳ニ上器ヲホグイデヲモカルベキニ依テ……	ヲシキヲ本膳ノ下ニ、スミチカヘニ、カサネラルル、是ハ本膳ニ土器ヲホクイテヲモカルヘキニ依テ……
12	勝長寿院之御門主様、殿中へ御出、被開大御門、児二人、坊官一人、法師一人	勝長寿院之御門主様、殿中へ御出、被開大御門、児二人、坊主一人、法師二人
	御連枝様御門主ニ有御定御入室ノ時モ、京都公方様……公方様ノ御下向之時モ……	御連枝様、御門主ニ有御定、御入室ノ時モ、京都公方様……公方様ノ御息御下向之時モ……
14	小山、結城……又ハ佐竹旁々当参ノ時者、皆以正月十五日ヨリ出仕アル也	小山、結城……又ハ佐竹旁々当参之時ハ皆以正月十五日ヨリ内出仕アル也
	二月、八月、十一月、十二月、公仕トモニ有元服	二月、八月、十一月、十二月、公私トモニ有元服
	次ニ正月十五日ヨリ内ニ御歯固ノ御祝アリ、平人ノ祝ニ円鏡之様ニハアラズ	次ニ正月十五日ヨリ内ニ御歯固ノ御祝アリ、平人ノ祝ニ見ル円鏡ノ様ニハアラス
15	関東御分国ヲ被註、執筆代ヲ召具シテ、政所有出仕、……其後執事代参、御判物ヲ給、政所ノ子息参テ被罷出タル後……	関東御分国ヲ被註、執事代ヲ召具シテ、政所有出仕、其後執事代参御判物ヲ給、政所ノ子息参テ御硯ヲ給、被罷出タル後……

16	其家之住僧、極楽寺、宝戒寺、成就寺、浄光明寺……	其後律家之住僧、極楽寺、宝戒寺、成就寺、浄光明寺……
17	弓太郎ハ海老名、後弓本間、二番メノ前矢本間、後弓坐間両人	弓太郎ハ海老名、後弓本間、二番メノ前弓本間、後弓坐間両人
23	聴テ有御社参也、公方様ハ、香之御直垂ニ精好ノ大口	聴テ有御社参也、公方様ハ番ノ御直垂ニ精好ノ大口
	御幣役ハ公方様、御剣役ハ御ウシロ……	御幣役ハ公方様御前、御剣役ハ御ウシロ……
6・30	御撫物被遣御使如例、次名越ノ御祓、同茅輪陰陽頭調進	御撫物被遣御使如例、次名越ノ御祓、同第輪陰陽頭調進
P 331	御台所ハ三浦介役所也、御中居殿原ハ御主殿同前杉間、同居留ハ御所被作間、管領被坐休所也	御台所ハ三浦介役所也、御中居殿原ハ御主殿同前杉間、同居面ハ御所被作間、管領被坐休所也
P 333	公方様御発向事、……五日モ十日モ前ニ御陣奉行之右筆罷立、……寺家ニテモ誘申、御陣奉行ハ其儘待可申	公方様御発向事、……五日モ十日モ前ニ御陣奉行之右筆罷立、……寺家ニテモ誘申、御陣奉行ハ其儘待可申
	御出ノ御旗差物、中門御妻戸ノ前	御出ノ時、御旗差物、中門妻戸ノ前
P 336	互ニ乗馬ナラバ、於外様モ馬ヲセヘヨリヒカヘテ	互、乗馬ナラバ、於外様モ馬ヲマヘヨリヒカヘテ
P 341	社家奉公、彦部法師也、此内位高箕勾法躰也、此等小法師也、今福俗也	社家奉公、彦部法師也此内位高箕勾法躰也、此等小侍法師也、今福俗也
P 343	長尾、大石、太田、上田、被家所へハ内封シテ、恐々謹言如此	長尾、大石、太田、上田、被官所へハ内封シテ、恐々謹言、如此

※月日欄の数字は「群書類従」本の頁を示す。
始・初、如・コトシ、者・モノ、へ・ヱ、子・ネ、疋・匹、斗・計、取・執、懸・掛の違いは特に注意しない。

以上、浜島家の伝来の写本によって対校したのであるが、他の多くの写本と比較校合することによって本文を正確にする必要がある。次に本文の内容等について見てゆきたい。

『鎌倉年中行事』は大きくわけると次の四つに分けられる。

(一) 正月朔日の祝に始まり、殿中でとり行われる一年間の行事

(二) 若君、姫御前の誕生に関しての、御座所の規定、公方元服のこと、公方御移徙のこと、公方御発向のことなど公方に直接関する説明

(三) 管領・奉公中・外様・御一家・律家等の、相互の礼儀、書札のこと

(四) 恩賞のこと、国人・一揆の対面場所、引付衆などのこと、その他の行事に出仕する際の服の規定、御所奉行の人名と人数、場所、さらに守護や奉公中に対する書札を一箇条ごとに記載

ここの四つは各々まとまりを持っている点が特徴的であるが、(一)〜(三)と(四)との間に次の文言があることに注意しなくてはならない。

御当家御代ニ御威勢ニ四海ノ逆浪モ静リ、風不鳴条、雨不犯塊、万人含勇色殊更長春院殿様御代、天下之諸侍奉帰覆、御政道盛ニ御座アル也、鎌倉中之年中行事、大概如此也、諸亭記録可為同前歟、

ここに見られることから、(一)〜(三)で一つのグループを作ることが可能である。そこで(一)〜(三)を前半部とし、(四)を後半部といちおうしておく。『鎌倉年中行事』としてふさわしいのはまさに(一)の部分であり、(二)・(三)は年間の行事としては特定の日時に指定されない自由な規定と言えるものである。とはいえ、前述のように、前半部はひとまとまりのある点が見出せ、おそらく『鎌倉年中行事』の基本型は(一)〜(三)の部分にあったと思われる。さらに前半部に五山十刹に関する記載が見られるので、ほぼ原形の成立は至徳三年以後であることは明らかである。(2) 特にまた前半部には足利成氏のことが見出せず、後半部(四)になってはじめて見られることである。

一　成氏様、上野国分ヨリ還御之時、御沓之役ヲハ本間太郎勤之、

（中略）

一　成氏（様脱カ）御社参ノ御剣役、一色左衛門佐、御沓之役、本間弥三郎、

と見え、このことは（四）の部分が成氏の代になって付け加えられ、現在のようになったものと考えることができる。

以上のような構成をもつ『鎌倉年中行事』についてさらにつけ加えておくならば、（三）及び（四）の部分は註釈書的な性格もうかがえることである。たとえば、

○引付之衆ト云ハ評定衆ノ下司ヲ云也

○建長寺接官時トハ公方様寺家御成之時也

○出仕、掛御目参上ナト云、主君へ参事也

○公方人ト云ハ御中居殿原也、公方者ト云ハ御力者、御雑色

とあることなどである。ここには前代鎌倉時代の『沙汰未練書』と一脈あい通ずるものがあり、また室町期の『武政軌範』と類似する点が見られる。

次に『鎌倉年中行事』の著者と成立時期の問題に触れてみたい。てがかりとなるものを抽出すると次の箇所である。

（A）永安寺殿様御代ニハ御陣へ発向ノ時、先神主方へ御出

（B）公方様御元服ノコト……勝光院殿様御元服ノ時ハ海老名修理亮依為若年、伯父式部丞為代、勤御髻ノ役也

（C）御当家御代ニ御威勢ニ四海ノ逆浪モ静リ……殊更長春院殿様御代、天下之諸侍奉帰覆

（D）長春院殿様御代ニハ曽テ無其政、亡父上野介季長頂戴衆御教書、未致出仕之時モ、右筆壱岐弾正忠来、御社

参之御日限時刻申之畢、但亡父者、勝長寿院幷箱根惣奉行ナル故也

（E）成氏（様脱）御社参ノ御剣役、一色左衛門佐、御沓之役、本間弥三郎

まず、（A）「永安寺殿」とは足利氏満であり、（B）「勝光院殿」は氏満の子満兼、（C）「長春院殿」とは足利持氏である。[3]（A）から（C）までが前半部、すなわち『鎌倉年中行事』の原型と考えられる部分にある。（D）（E）は後半部にあり、持氏の子成氏の時に付加されたことが知れる。それ故、成氏の代に、現在の『鎌倉年中行事』の姿を取るためには、全体にわたり、作意された点があることを十分考えなければならない。かかる点で注意してみると、「近代」とか「上古」とかいうことばで諸行事の変化を比較して記し、（C）の記述に見られるごとく「御当家御代ニ御威勢…殊更長春院殿様御代」（傍点―伊藤）とことさらに強調している。

このように考えてくると『鎌倉年中行事』の基本型は前述して来たように至徳三年以後、鎌倉府がほぼ完成したと考えられる満兼、持氏の時に成立し、その後成氏の時に再編されて現在ある姿になったものと考えることができる。足利持氏は周知のように永享の乱で幕府と対立し、関東管領上杉憲実を殺害しようとしたが、失敗して永享十一年二月に自害してしまった。[4] その子成氏もまた幕府と対立し、下総結城で挙兵したが敗れた。宝徳元年に許され、鎌倉公方となって関東に入った。[5] このように政治的にも鎌倉公方持氏、成氏の時は室町幕府と対抗関係が顕著となった時期であり、次節でふれるが、守護・国人・一揆層把握の積極性が見られる時でもあった。かかる背景の中で『鎌倉年中行事』が完成された意味をわれわれは見失ってはならない。

『群書類従』本、浜島家蔵本の奥書に、その内容が成立した年と思われる「享徳三甲戌歳月日」の記載があるが、その年は成氏が鎌倉府の直属政治機関担当者たる管領上杉憲忠を殺害した年にあたっている。[6] いわゆる〝享徳の大乱〟

前奏曲であったといえよう。この後、鎌倉公方成氏は幕府に対して全面的に敵対関係になり、一方では堀越公方政知とも対立し、結局、自らは下総古河に〝古河公方〟として地方の一勢力となっていったのである。かかる政治状勢の中でなにゆえに『鎌倉年中行事』が再編されなければならなかったのか。それはおそらく、成氏が鎌倉府体制を再編する意図を有していたことに関係するものであろう。まさに鎌倉府の体制的秩序がほぼ成立し終わったのは持氏の時代と考えられ、前述したごとく、前半部の終わりに、

○殊更長春院殿様御代、天下之諸侍、奉帰覆、御成道盛ニ御坐アル也（傍点―伊藤）

と記された意味も理解されうるのである。鎌倉公方成氏は持氏の時を理想として、かかる故実を再編させたのである。ではこの故実を編著した人物はだれであったか。

前引（B）及び（D）から編著者が海老名姓で父が上野介季長であったことが知れる。さらに上野介季長は勝長寿院ならびに箱根物奉行であったというが、『鎌倉年中行事』の中に「二階堂上野介ハ勝長寿院幷箱根物奉行」と記載されている点も見落とすことはできない。「上野介季長」がこの「二階堂上野介」に該当する余地が十分にある。二階堂氏は鎌倉幕府成立以来の政所執事、奉行人などをつとめてきた氏であり、室町幕府にも登用され、代々政所の役人として永年の武家職掌に関しては十分察知していたと考えられる。「上野介季長」は工藤二階堂系図、二階堂系図、海老名荻野系図から見出せない。ただ海老名氏は「季」を通字とする氏であり、鎌倉時代以来、本貫地を相模海老名郷に有し、播磨矢野庄に所領を得ていた有力御家人であった。(7)室町期にもひき続き見出せ、特に『鎌倉年中行事』の記述の中からも鎌倉公方と密接な関係にあったことが知られる。(8)また『関東兵乱記』『今川記』などに、永享十年九月、足利持氏の命に従い、二階堂下総守、宍戸備前守、海老名上野介などが箱根山に出陣した例が見えるが、(9)おそら

く、この「海老名上野介」は年中行事に見える人物であろう。彼は二階堂氏とも姻戚関係にあったのではあるまいか。成氏の時代、御所奉行として『鎌倉年中行事』中に「二階堂信濃守」「海老名」の二人が見えることなど、前述の関係が生じることはありうる。

以上のように編著者が政所・御所に関係が深く、先例に通じている氏があたったとすれば前半部の最後に「諸亭之記録〆可為同前歟」、とある意味は明白である。彼らの家に伝わった諸記録をもとに、かかる『鎌倉年中行事』が完成したのであり、それは奥書に見られるごとく、「伝授」の対象として、いわゆる故実書としての性格を強めていかざるを得なかった。

以上『鎌倉年中行事』の編著者は、実名は不明だが、海老名上野介季長の子息[10]ということになろう。

ところで従来の研究では、いわゆる有職故実書をたんに故実で止めており、そこからうかがわれる一定の政治状況、たとえば室町将軍、公方権力のあり方などに直接に触れてゆくようなものはほとんどなかったようである。前述してきたように、この『鎌倉年中行事』には、『沙汰未練書』『武政軌範』につづき、故実書としてより完成したものであることにポイントがあることは否定できない。年中行事等の有職故実書を史料として、そのまま使用し、歴史像を再構成してゆくことは慎まねばならない。そこには儀式としての側面が強く意識され、儀礼化している点を注意しなくてはならない。しかし、儀式化する前提として一定の歴史が存在したはずであり、また、そうでなくては有職故実となることはありえなかったのである。このような意味からも、有職故実関係の史料を見直し、検討する必要があるように思う。次節では以上のような観点から鎌倉公方近習制の問題について若干の覚え書きをしるそう。

二

室町時代の「近習」に関しては、まず室町幕府将軍家「近習」についての建武式目第十二条をあげねばならない。

一　可被選近習者事

不知其君見其臣、不知其人見其友云云、

然者君之善悪者、必依臣下即顕者也、尤可被択其器用哉、（下略）[11]

ここには、いわゆる〝君臣〟の関係が顕著に見られるが、それよりも重要なことは、足利尊氏が幕府の再開と政策の要綱を将士に宣示するために制作・発布させた建武式目の中に「近習」が重要な位置をしめていた事実である。いわゆる近習的な存在としては前代頼朝の「雑色」があげられるが、それは御家人・非御家人の侍とは身分的に区別された、頼朝政庁の下級官僚のような存在であった[12]。しかし、近習としてよりふさわしいのは三代将軍頼家の御所で常に祗候していた人々などであろう[13]。

室町幕府将軍家の近習は建武式目に見られるごとく、政治的にも関与する可能性の強い、重要な意味を有していた。一条兼良『樵談治要』などにも幼君を支えていた関係上、近習に関しては重視していたことが知られる。一般に近習とは日常たえず将軍に近侍し、身辺警固の役をになうとともに、寺社参詣等の行列に従う任をおびていた。かかる行動を通して将軍との個人的な関係を利用しつつ、幕府政治に関与する機会を得ていったと思われる。現に将軍家への「申次」に「近習者」が用いられていたことはかかる関係をうかがわせる。

さて、『鎌倉年中行事』に見える近習についてみてみよう。第一節で述べたように、この有職故実書が鎌倉公方と関係の深い海老名上野介季長子息によって、享徳三年に編著されたことが重要である。享徳三年はまさに関東内乱の直前であり、その時に鎌倉府の政治支配機構は大きくかわってゆかざるを得なかったのである。峰岸純夫氏の言われるように、鎌倉府体制＝政治体制が崩壊せんとする時に「危機の産物」として有識故実の世界が復活してゆくのであった(15)。

かかる背景を有する年中行事は、まず正月元旦から始まる。早朝、「公方様出御」を待って「御一家ノ人々」とともに「奉公衆」は「御酒式三献」を給わるのであるが、そこに、「当日番之御中居殿原、号御恪勤人躰」（傍点―伊藤）とあることに注意したい。「恪勤」とは『武家名目抄』によれば「庶士の尤も下等なるものなれば、番衆といはずして恪勤を以て名とせり(16)」とあり、古くは有名な尾張国郡司百姓等解文(17)にも見出せる。鎌倉時代には頼朝が千葉胤信の郎従で篠山丹三なるものを「恪勤」として近仕させた例が見られる(18)。これは篠山丹三なる者が弓箭の上手であったので、頼朝が「昨日所為御感之余」に仰せ含めたのであった。

このような例など、身分的に低くても将軍との直接の結び付きで近仕することができた場合である(19)。

ところで前述の「御中居殿原」に関しては『鎌倉年中行事』の中に、

○公方人ト云ハ御中居殿原也、公方者ト云ハ御力者、御雑色

という説明がある。「公方人」ともいわれるように、鎌倉公方と密接な関係にあるものである。たとえば「公方様御発向」などの場合、行列の順番で公方の前後には「御力者」「小舎人」「朝夕」「御雑色」がおり、特に「御馬廻リニハ御中居殿原、号御覚悟面々、御剣ヲカツキスワウ小袴ヒツシキ小太刀一ツ宛帯数多御供申ナリ」（傍点―伊藤）とい

う様子であった。[20]「御中居殿原」はまさに「御覚悟（恪勤）面々」として、たえず公方に近侍していたのである。そこには近習としての本来の姿がより機能化し、公方近習軍＝親衛軍としての存在が強く感じられる。この「公方人」と区別された「公方者」に関しては次の説明が『鎌倉年中行事』に見られる。

○奉公中対公方者礼儀之事、路次等ニテ行合テ不可有下馬、宿所へ来ラン時之対面ハエンニ可置、近年坐換上ラルルコト太不可然、但其人躰、譜代、近付、取分致扶持仁ナラハ、被官中踞所、或遠侍、厩侍ニ置酒以下出サンコト不苦、荷用被官中可致之、　（傍点―伊藤）

これは奉公衆が公方者に路上で行合った場合など下馬の必要がないことを説明している。公方者はおそらく近習につらなる地位を利用するふるまいが多かったのであろうか。奉公衆[21]に下馬させるような場合も生じたのであろう。かかる状況が後年の編著に際し、故実の中に反映していったと考えられる。公方者はその中に譜代、近付、取分というようなランク付けがあったようであるが、いわゆる力者、雑色にすぎなかったのである。しかし、鎌倉公方との関係でその政治的地位を上昇させる面がここに見られるのである。

以上の例とは若干ことなるが、次に「御荷用ノ人々」「近臣」「近付方」について触れておこう。

室町幕府の訴訟制度を解説した『武政軌範』内評定儀式事[22]に、

○則有勧盃之儀、先式肴三献、荷用人六人着裏打三献之礼了、　（傍点―伊藤）

と見える。この「荷用人」とは、室町幕府では評定衆とともに陪膳する人のことを示している。『花営三代記[23]』によれば、「加用近習人々」と見えるように、加用（荷用）の人々には多く近習が関係していたと思われる。

次に「近臣」「近付方」の例を見てみる。

○（正月）廿七日、依霊日、出仕ノ人被申上方モナシ、於御家中御酒有之、近臣ノ方々計伺候

○八月朔日…早旦ニ宿老中へ近臣為御使、急々有出仕テ、御剣可被申替旨、被仰出

○十月朔日、御祝如此、亥子之御祝……自余ノ外様へハ近付方々申出シテ被遣之

これらの文言から知られる限り、鎌倉公方の近習集団の一員であったことである。(24)

以上、鎌倉公方の近習集団について、若干みてきたが、公方権力体系がたえず外縁的示向をとっていた例として、国人・一揆との結び付きについて触れておきたい。

『鎌倉年中行事』正月十四日条に、

○国人・一揆中之出仕ハ或正月中、二月三日間也……十五日ノ内被参入ニハ式三献、十五日過テ出仕ノ方ニハ御マイリ肴ニテ三献、是ハ御一家幷外様之人々ニ御対面ノ儀式也、国人・一揆中ニハ御酒三献、但元服アリテ御一字被下セウト折紙ニ名乗計被遊テ、御酒ヨリマヘニ公方様、有御持、直ニ被下也、

とある。国人・一揆は出仕、御対面することを通じ、人身的な結合関係（主従関係）(25)をより強めてゆくのであり、公方から名を下されることによって、よりその関係を強めていったと思われる。勿論、近習のように近くに侍してたえず身辺にいたわけでもなく、また身分的にも区別される存在であった。

○国人、御座ニテ御対面、一揆ハ御縁ニテ御対面

○武州、相州之国人・一揆中参上ノ人モアリ、又言上被仕方モアル也

国人と一揆の区別だけではなく、対面上の違いもあったようである。正月の出仕、御対面に見られる、御一家、奉公衆、政所、小侍所評定奉行、侍所奉行、国人、一揆という序列は鎌倉公方との関係の近親性を示しているのではあ

るが、鎌倉公方が「公方殿《将軍》ノ御代官」＝関東管領以下の支配関係よりも国人・一揆層を直接把握しようとしていた状況を考えることが重要である。『簗田家記』(26)によると、鎌倉公方持氏・成氏父子は「一揆奉公中之一類」を求め、「各別之御恩賞」を以って直接に把握しようとし、また大名（守護）に対しては「又者」（陪臣）と「武具」を要求したので、大名らはこれを恐れたという。すなわち持氏父子は直属の下臣（いわゆる奉公衆）を得ようとしたと思われ、一方、守護は「一揆奉公中」が公方権力に直接に把握されることに対して、守護領国の支配体系にひびの入ることを恐れたのである。事実、永享の乱以後の合戦で一揆衆・近習が室町幕府軍や管領上杉軍と戦ったことが見え、国人・一揆が公方権力体系にくみこまれていたことがうかがわれる。

むすびにかえて

以上、『鎌倉年中行事』の成立とその内容を特に近習という問題に焦点をあつめて若干述べてきた。この書に見られる記述は儀式とはいえ、一定の歴史的反映をうけているものであり、単に有職故実として考えられるべきものではない。この『鎌倉年中行事』の中から得られるものはかなり多くある。たとえば侍所、小侍所、評定奉行の主なる構成と役所の規模、評定奉行の意見陳述の順、鎌倉公方直属の奉公衆の問題など残されたものは多い。これらの詳細についてはは別の機会にしてみたいと考えている。

この『鎌倉年中行事』の後半部は室町幕府の訴訟制度解説書たる『武政軌範』と比較して研究する必要があるように思う。鎌倉府が室町幕府支配体系の一環として成立した背景を考えるならば、かかる方向からの研究は当然なされなくてはなるまい。

註

(1)『国書総目録』(岩波書店)。
(2) 佐藤・池内氏編『中世法制史料集』第二巻　室町幕府法一四四条。
(3)『尊卑分脈』。
(4) 渡辺世祐氏『関東中心足利時代之研究』、『後鑑』永享十一年二月十日条参照。
(5) 渡辺世祐氏『室町時代史』、『後鑑』宝徳元年正月廿五日条、同年十一月晦日条。
(6)『後鑑』享徳三年十二月廿四日条。
(7) 文治二年六月日関東下文案(『鎌倉遺文』一一八号)、嘉禎元年十一月廿二日盛重譲状案(海老名文書)、宮川満氏『播磨国矢野庄』等。
(8) 鎌倉公方発向に際して「其次ニ御調度ノ役、上古ヨリ海老名勤之」などの文言が見られる。
(9)『後鑑』永享十年九月十日条参照、『鎌倉管領九代後記』九月十日条にも「海老名上野介」が見える。
(10) 藤直幹氏『中世武家社会の構造』。
(11)『中世法制史料集』第二巻　室町幕府法。
(12) 福田豊彦氏、佐藤堅一氏「室町幕府将軍権力に関する一考察」(『日本歴史』二二八・二二九号)、福田氏「頼朝の雑色について」(『史学雑誌』七八—三)。
(13)『吾妻鏡』建仁元年七月六日、九月七日、十一日、十八日、十月一日条などから、北条五郎、比企弥四郎、肥多八郎、中野五郎などの人物が検出できる。頼家にいつも近侍しており、鞠足などを御所で行っていた。特に紀内行景など鞠足の名手であったので院の許しを得て関東に下り、頼家のもとにきている。彼ら近習は将軍より任官の推挙もされ(『吾妻鏡』元久元年九月一日条)、また頼家の、諸国御家人新恩地の没収（五百町以上の場合）とその分を無足の近仕に与えようとした話（同正治二年十二月廿八日条）に見られるように所領の給与を受けたようである。

(14)『後愚昧記』（『後鑑』所収）永徳元年八月五日条。

(15)「東国における十五世紀後半の内乱の意義」（『地方史研究』六六号）。

(16)職名附録　十下。

(17)『平安遺文』二―三三九号。

(18)『吾妻鏡』文治五年十一月十八日条。

(19)『平家物語』巻一　鵜川合戦事、これは将軍との結び付きの例ではないが、次のごとく見える。

○中にも故少納言入道信西が許に召使ける師光、成景といふものあり、師光は阿波国の在庁、成景は京の者、熟根賤しき下﨟なり、健児童もしくは恪勤者などにて被召仕けるが、賢こしかりしによりて、師光は左衛門尉、成景は右衛門尉にて、二人一度に靫負尉になりぬ。

仕へる人の勢を得て上昇していったことがわかる。『吾妻鏡』建保六年九月十四日条には、

○謂直件宿人者、右大将家御時、敬神之余、以恪勤号小侍等、結番之、毎夜被警固宮中也、

とあって、警固を任として設置されたことがわかる。同弘長三年八月九日条には将軍上洛に際しての行列順序が記されているが、恪勤侍、御中間、御力者、朝夕雑色、小舎人、同雑色という順は注意すべきである。

(20)社参の場合もほぼ同様であり、特に公方の「御コシノ左右ニ御中居殿原二三人スワウ」とある。

(21)奉公衆とは鎌倉公方直属の家臣であった（福田氏、佐藤氏論文、峰岸氏論文）。

(22)『中世法制史料集』第二所収。

(23)『後鑑』応安五年十一月廿三日条。

(24)『鎌倉年中行事』に「御荷用ノ人々参……御酒三献参、此時管領被官人、御肴ヲ持テ出也、御荷用ノ人々受取ラル」と見え、「荷用ノ人々」が管領被官人よりも当然ながら上級に位置していたことがわかる。

(25) 峰岸氏前掲論文。
(26) 『後鑑』永享十年十一月四日条。

Ⅲ　『鎌倉年中行事』と海老名季高

長塚　孝

はじめに

『鎌倉年中行事』（以下、『年中行事』と略す）というのは、足利持氏の在世期を中心に鎌倉府が行った年中行事をはじめとする諸行事を記す武家故実書で、『殿中以下年中行事』あるいは『成氏年中行事』などとも称される。『年中行事』は鎌倉府の諸行事を総覧できることから、鎌倉府の研究などに多く利用されている。また行事の施行時期がある程度判明することから、特定の時期を多方面から分析する際にも応用されている。

ところが内容の豊富さに対して、ほとんど知られていないのが、『年中行事』作成者とされる海老名季高に関する情報である。季高は『年中行事』以外に著書がなく、行動を記す資料も見つかっていない。どのような人物であったのかというような詳細はともかく、彼の政治的地位・鎌倉府内の位置などについても、まったく明らかになっていない。筆者も、鎌倉公方の御所所在地について検討した際、御所の概要を記すのにあたり『年中行事』を使用したが、季高については何もふれることができなかった（1）。

しかし、『年中行事』を仔細に見ていくと、季高の動向や家族についての情報が断片的にわかってくる。本稿では、

『年中行事』をあらためて読むことにより、季高の動向を多少なりとはいえ明確にしておきたい。さらに関連史料などにより、季高につながる系統の海老名氏が、鎌倉府でどのような位置にあったかも推定しておきたい。

まず、前提として『年中行事』に関する史料と研究を紹介する。『年中行事』は、『殿中以下年中行事』という名で『群書類従』に収められていたことから、古くよりその存在は知られていた。同書は何度か翻刻作業が行われており、現在では続群書類従完成会の刊行本（一九二八年）が多く利用されている。(2)

一九七〇年代、この群書類従本をもとに『年中行事』の総体的な分析が行われ、(3)さらに同系統の写本から、鎌倉府の権力構造が考えられるようになった。(4)八〇年代には別系統の良質な写本が公表されているが、(5)同時期には内容により『年中行事』の主要な情報の年代が確定されるなど、史料論としての研究も行われている。(6)最近では、国立公文書館本・宮内庁書陵部本を底本とした校訂本が出版されて利用しやすくなったほか、(7)諸写本の紹介とともに新発見の喜連川本による概要の分析が行われ、(8)喜連川本自体も翻刻されるようになった。(9)

以下、これらの研究成果を参考にしながら、季高の姿とその周辺を追っていくこととしたい。

一、写本の系統

周知に属することだが、『年中行事』の写本は大きく分けると二系統になる。ひとつは享徳五年（康正二年・一四五六）六月朔日の奥書を持つもので（以下、享徳五年本と称す）、もうひとつは享徳三年甲戌歳月日と記されたもの（以下、享徳三年本と称す）である。両者は鎌倉府の年中行事に始まり、若君や姫君誕生の次第・元服次第・御所の概要・犬追物馬場の記述・鎌倉公方発向の次第が記され、書札など儀礼関係の記事が記されるところまでは、文字の異動を除けばほぼ同じ内容となっている。異なるのは、享徳三年本にはその後に「御恩賞之事」をはじめとする行事の次第や書札礼、鎌倉府に関連する組織など、写本によっては「附録」と称されている雑記録四九ヵ条が加えられていることだけである。

季高は、享徳五年本の末尾（享徳三年本にみられる雑記録の直前部分）で「鎌倉年中行事之様体」を書きつづったことを述べているので、本来はここまでが『年中行事』の原型であり、雑記録は後世に付属したものと考えられている[10]。年月日だけで判断するなら、享徳三年本の方が古いはずだが、内容からはそう判断できないわけである。しかも、享徳三年本は年号を記すが月日がなく、作成年月日を明記する享徳五年本に比べてあいまいな感じを受ける。では、なぜ年号が記されたのだろう。

まず、享徳三年本と享徳五年本の相違点をあらためて眺めてみよう。両者の違いは、末尾における雑記録の有無だけである。つまり、享徳五年本が作成され、後に雑記録が付けられたのだから、これを補った時点で享徳五年の年月日をはずしたと考えるのが普通だろう。現在、享徳三年本系統で奥付に年号がない『年中行事』は、雑記録追加本を書写した本の系統を引いていることになる。だとすれば、その後ある程度の時間的経過があり、その後年号が記されたことが予想される。雑記録追加と年号記入というふたつの作業には、断絶があると考えたい。年号記入は近世にまで下がるかもしれない。

さて、『年中行事』の作成過程を知らない人物が奥書を付けようとすれば、内容を読むのは常識だろう。そして、足利持氏時代が中心で、持氏の子成氏についてもふれているということを理解するはずである。（鎌倉公方・古河公方にかかわらず）成氏が公方に在任していること、鎌倉府の時代であるという二点から、文安二年（一四四五）・宝徳元年（一四四九）ごろから享徳三年までの間に作成されたことは「鎌倉大草紙」などの軍記物語によって容易に推定できるのである。上限は史料により異なるものの、享徳三年というのは、特定できる年代の下限ということになる。

とすると、この年号は、考察者が想定できる作成年代の下限として記入されたのではないだろうか。このような推測が正しければ、享徳三年本は雑記録追加段階の系統と、制作年代記入段階の系統に分かれていたことになるだろう。また厳密に述べれば、先に使用した享徳三年本という呼称は正しくなく、非享徳五年本とでも述べた方が良かったかもしれない。

なお、『年中行事』の構成からすると、享徳三年というのは雑記録のみの奥書であり、四種の記録が総合されて現在みる形態になったという見解もあるが[11]、現存する写本には記述が前後するなどの大きな相違点はない。統一された構成ではなくとも、原本は現今の写本とそれほど大きな違いがないと思われるので、季高が述べる「任思出馳短筆畢、定而越度耳多可有之歟」を信じてもよいと思う。

二、海老名季高の経歴

『年中行事』の筆者は、享徳五年本の奥書に「上総介季高」と記す海老名季高である。海老名氏は、相模国高座郡海老名郷を名字の地とする鎌倉御家人で、一族から足利氏の被官になる者が出て、幕府奉公衆・鎌倉府奉公衆を輩出した[12]。季高にいたる鎌倉府奉公衆の海老名氏（他地域の海老名氏と区別するため、関東海老名氏と仮称する）については家伝文書・系図等が残っていないため、一門の分立や世代など詳細はわからない。『年中行事』により、わずかながら判明する彼の経歴をみてみよう。

季高の父として記されているのは、「亡父上野介季長」であり[13]、祖父は「養祖父修理亮」だという[14]。つまり、季高は三代続けて足利氏に仕えていることになるが、関東海老名氏の嫡流なのかどうかは記されていない。季高は、長春院殿（足利持氏）の御代に一一歳の時より奉公供奉し、諸役などを残すところなく務めていたという[15]。まず、年齢を考えてみよう。一一歳から奉公していたということ、少なくとも一年以上奉公の経験があるのなら、永享の乱で主君持氏が敗北した永享十年（一四三八）には、一二歳以上だったことになる。これが、季高の年齢の下限になる。

上限については祖父の記述が利用できそうである。修理亮のことを、季高は「養祖父」と記す。祖父に育てられたというのである。父季長は足利持氏の側近で、永享十年十一月に鎌倉の海蔵寺で切腹しているから[16]、その後修理亮が養ったということになる。この時、季高は元服していなかったと仮定できるだろう。『年中行事』には、一一歳から奉公していると記しているが、必ずしもその段階で元服していたとはいえない。御所奉行の子息が、鶴岡若宮社加持[17]や泰山府君祭[18]などで供奉していることからすると、季高も少年期に出仕したことを記していると思われる。

季長が死去したことにより修理亮に養われているのは、季高が元服以前であるため、家の管理を任せられていなかったからと考えるのが自然だろう。当時の平均的な元服を一五歳ごろとすると、永享十年段階では一五歳以下だったのではないだろうか。仮に上限を一五歳、下限を一二歳とすると、季高は応永三十一年（一四二四）から正長元年（一四二八）の生まれということになる。ただし、供奉役は毎年勤めたと記されているから[19]、一一歳ではないと思われ、下限は応永三十四年生まれということになろう。

季高のだいたいの生年が推定できれば、『年中行事』を作成した年齢もおのずとわかるようになる。そうなれば、史料の内容は実体験によるものなのか、別人・別記録を参照しているかも、ある程度推測できる。すでに、『年中行事』の主要記事は応永二十年代後半の状況を伝えていることがわかっているのだから[20]、季高の生年を上限の応永三十一年と仮定しても、実際に行事を体験することはない。彼が見聞したのは、永享六年（一四三四）以後同十年以前の行事であり、それも元服する前に供奉しただけであった。

元服後の行事に関わっているとすれば、それは成氏着任後ということになろう。したがって、大部分の記事は祖父・父の経験や海老名家の記録、「諸亭」と呼んでいる他家の記録を収集・見聞した物であったとみられ、それを記憶していたか備忘録を作成していたと考えられる。ちなみに、右の考察により『年中行事』を記したときの季高は、三〇歳から三三歳ぐらいと想定される。

三、祖父と父の概略

『年中行事』における季高の実体験があまり多くないとすると、その記事の中心は、祖父修理亮か父季長の体験である可能性が高い。応永二十年代後半を経験した両者の経歴とはどのようなものか、また季高が執筆した環境はどうなっていたか、調べることにしよう。

修理亮は実名および生没年は未詳。永享の乱後に季高を養うところからすると、海老名家当主だった人物であり、季高を元服後も後見していたと思われる。季長死去以前に隠居していたのか、それとも当主であり続けていたかはわからない。大まかな世代は、『年中行事』により推定することとしよう。

公方元服の項によると、勝光院殿（足利満兼）元服の時、修理亮は若年であったため、伯父式部丞が代官として御基役を務めたという[21]。修理亮は、まだ元服していなかったのである。満兼は、応永十六年に三二歳で死去しているから、永和四年（一三七八）の生まれとなる[22]。応永五年（一三九八）の父氏満死去により、家督を継承した。満兼が元服した年を筆者は知らないが、一五歳以前に行ったと仮定すると、明徳三年（一三九二）より前になる。この年、修理亮が一五歳以下だったため元服していないとするならば、永亨十年には六一歳以下ということになる。

修理亮は、満兼だけでなく弟の満貞・満直の元服にもかかわっておらず、伯父が勤めたとされるので、さらに若かったとみるべきであろう。おそらく永享の乱当時に還暦に達していなかったと思われる。だとすれば、応永二十五年（一四一八）に修理亮は四〇歳以下だったことになるので、『年中行事』の世界を実際に体験しているのは、彼自身もしくは同世代の人物だと思われる。

これに対し、父季長については生年等を類推させる記述はない。ただ、経歴については多少知ることができる。享徳三年本雑記録の二七条目によると、勝長寿院・箱根惣奉行は「二階堂上野介」だったという[23]。『年中行事』本文に、上野介季長は勝長寿院・箱根惣奉行だったと記されることから、亡父の名字は二階堂ということになる。しかし、「鎌倉大草紙」をはじめとする他の史料によれば、上野介季長は海老名であることに間違いはない。雑記録の記述を事実とするならば、季長は二階堂氏出身で修理亮の養子になったと考えられよう。

南北朝期以降、関東海老名氏では受領名「上野介」を使用した人物はいない。これは、季長がもともと海老名一族ではなかったからと思われる。ただ、養子となる前から称していたのか、養子となったが血縁がないため海老名一族が使う受領名を名乗れなかったかはわからない。また、修理亮の息子分として養子になったのか、娘婿として海老名を名乗ったのかも不明である。ただ、足利持氏の側近として活動していたことだけはたしかである。

永享の乱に際し、季長は度々持氏に諫言していたことが知られており、管領は助命するつもりであったが、使者の到着以前に扇谷上杉勢が海蔵寺を囲み、季長に腹を切らせたといわれる[24]。持氏に諫言できる距離にいること、寺社の惣奉行を命じられていたことからすると、かなり信頼されていた人物であることがうかがえる。

ところで、季長が修理亮の養子ではなかったらどうなるだろう。『年中行事』には、修理亮の名字が海老名であるとは記されていない。この場合、修理亮・季長は実の父子となるから、季高の母にあたる季長の妻が海老名氏出身となる。季長は海老名氏へ入った婿であって、修理亮は季高にとって母方の祖父ということになる。二階堂氏は政所執事を務めており、公方家の家政にかかわるから、儀礼関係について詳細な情報を持っていたとしてもおかしくはない[25]。その関係から修理亮・季長父子が重用された可能性も否定できないが、海老名氏には南北朝期に官途「修理亮」を名乗る人物がいる[26]。季高の祖父はその系譜に連なるかもしれないので、季長が養子として海老名修理亮のもとへ来たという方が、現実味がある。

また、季長には実名は未詳だが尾張守という兄がいた。『年中行事』によると、御所が新造され夜間に持氏が移徙する際、松明の役は御所奉行が務めるが、伯父尾張入道は法体のため持氏に供奉しなかったという[27]。尾張入道は御所奉行だったことがわかる。また、彼は出家以前に二階堂信濃守とともに下野長沼氏の出仕指南を依頼されている[28]。雑記録の三六条目によると、信濃守も御所奉行の一員である[29]。尾張入道は、信濃守らとともに御所奉行として持氏に近侍していたことがうかがえよう。

尾張入道は、永享の乱に際しても持氏に従っており、上杉方による金沢攻めの際、六浦引越の道場にて自害している。前述したように、季長は兄とは似ず持氏へ諫言して「世上無為こそ肝要」であることを説いていたという[30]。したがって、尾張入道は幕府・上杉方に対する強硬派だったことになる。なお、尾張入道には尾張三郎と称する息子がおり、持氏が新造御所へ移徙する時、御弓征矢役を務めている。季高の従兄弟である。

以上のように、『年中行事』には修理亮の子息として尾張入道と季長の二名が記されている（他の兄弟姉妹については不明）。後述するが、受領名「尾張守」を使う海老名氏は他にもおり、年長ということから考えて、修理亮系海老名氏では尾張入道が宗家になるのだろう。宗家が御所奉行となり、義理の弟が勝長寿院・箱根惣奉行に任じられているのだから、尾張守家が滅びていない限り、季高自身は御所奉行に任命されることはないと思われる。

四、海老名氏の動向

修理亮・季長・季高の三代および近親者については、多少なりとも概要を知ることができた。『年中行事』雑記録にみる御所奉行は、海老名の名字だけしか記していないが、修理亮系海老名氏の宗家が任じられていたことは明らかになった。では、修理亮系海老名氏というのは、関東海老名氏の中ではどのような位置にあり、どのような活動をしていたのだろう。南北朝・室町時代を通して現れる一族の動向を追ってみよう。

まず鎌倉幕府滅亡後の建武二年（一三三五）正月、鎌倉将軍府の的始には海老名尾張守が[31]、二〇年後の文和二年（一三五三）正月の的始では海老名彦三郎・勘解由左衛門尉・四郎が参加している[32]。その前年、文和元年の上野方面出撃では、海老名四郎左衛門と息子の信濃守・修理亮兄弟が、足利尊氏勢に従っている[33]。貞治二年（一三六三）六月、海老名三河守は鎌倉の足利基氏邸で「仏眼法私記」を修しており[34]、同四年十月には海老名前美作守が京都の六波羅蜜寺へ馬を寄進している[35]。嘉慶元年（一三八七）に男体山へ籠った小田孝朝の残党説得には海老名備中守が派遣されており[36]、この合戦における参陣をめぐって、海老名三河三郎は訴訟を起こしている[37]。

修理亮の同時代となると、足利義持への使者として海老名三河守が送られ[38]、応永二十九年（一四二二）に海老名大炊助が勝福寺文書紛失の証人になっている[39]。前述のように系譜については史料が乏しいし、南北朝時代には政治的判断や所領支配の成否による上昇や転落が激しいので、有力な家系が安全に室町期につながっている確証はない。それでも、共通する官途・受領名が使用されている例があるので、それらを手がかりに想像してみよう。

南北朝期は明確ではないものの、関東海老名氏は備中守や四郎左衛門を名乗る系統が有力一門のように見える。そして、室町期に中心となるのは、三河守を名乗る系統と思われる。それは、室町幕府との交渉のため上洛するのは、庶流とは考えられないからである。単に持氏の信任が厚いだけでは、幕府が鎌倉府の使者と認めることはないであろう。京都と鎌倉の双方で知られる家系として、鎌倉府を代表したのならば、最も家格が高いと想像できる。また、鎌倉府解体から半世紀ほど後のことだが、安房里見氏が古河公方家臣の海老名氏へ書状を送る例は海老名三河守宛となっている[40]。一六世紀に入っても三河守系が一族の代表とされていた証拠になる。一六世紀の三河守家が一五世紀前期の三河守の直系子孫かどうかは不明だが、もし断絶しても後継者を入れて再興すべき家と認識されていたと考えておきたい。

これに対し、修理亮系はどうだろうか。的始の海老名尾張守や、尊氏に従う海老名四郎左衛門・信濃守・修理亮らが同じ官途・受領名を付けることから、系統的に関連するかもしれない。だとすれば、南北朝期にはすでに独立した系統だったことになる。そして、季高の祖父修理亮は、足利満兼元服に際して御基役を勤められなかった。修理亮の父親が公方の側近であった程度なら、幼少の子息に代理を立てることはせず、別系の海老名氏あるいは海老名氏以外の人物に御基役を宛てたにちがいない。そうしなかったのは、修理亮系は南北朝末期には職能を固定させていたからではないだろうか。それは、的始や元服に関わっていたことからすると、武家故実に通じる家と認識されていたからではないかと推定される。

つまり、修理亮系海老名氏というのは、嫡流とは別に軍事行動が取れる関東海老名氏の有力一門として成立しており、特に故実を職能としていたということになる。さきに季高は『年中行事』を海老名および他家の記録をもとに作成したのではないかと述べたが、やはり父祖から続く経験に裏付けられた故実書の一面を持つものともいえるだろう。

むすびにかえて

以上、推測を重ねた部分もあるが、海老名季高と一族の立場を多少紹介してみた。鎌倉府の行事については、「諸亭」に記録や伝承があることは指摘されており、季高も自らの経験や父祖の記録・伝承、他家の記録などにより『年中行事』を作成したことは、読んだ経験のある人ならば、ある程度想定していただろう。だが、実際に『年中行事』を詳細に考察した研究はまだ多いわけではない。史料自体の分析ではないものの、作成者の周囲から見直す作業も、まったく無駄ということはないと思われる。ただ、これは『年中行事』を考察する際の準備作業であり、史料としての利用や、史料論については別に考えなければならない。

また、関東海老名氏の再検討という点について、現段階では特定の役割を果たした鎌倉府奉公衆を報告したにすぎないが、それだけで完結することはできない。『年中行事』を読み直すのはひとつの事例にすぎないが、奉公衆を丹念に見ていくことは、個別事例を集積することと同じではなく、さまざまな職能や府内での立場を明らかにすることにより、鎌倉府の検討につながることが予想されるので、おろそかにはできないことだと思う。今後は他の事例を紹介できるよう検討したい。

註

(1) 拙稿「鎌倉御所に関する基礎的考察」(広瀬良弘編『禅と地域社会』、吉川弘文館、二〇〇九年)。
(2) 「群書類従」巻四百八(続群書類従完成会編『群書類従』第二二輯武家部所収)。
(3) 佐藤博信「『殿中以下年中行事』に関する一考察」(同著『中世東国足利・北条氏の研究』、岩田書院、二〇〇六年。初出一九七二年)。
(4) 伊藤一美「旧内膳司浜島家蔵『鎌倉年中行事』について—関東公方近習制に関する覚書—」(『鎌倉』二一号、一九七三年)。
(5) 一九八一年、『日本庶民生活史料集成』第二三巻(三一書房)において、佐藤博信氏が国立公文書館蔵「鎌倉年中行事」を翻刻し、解題を付けた。なお、以下では本書は『史料集成』と略す。
(6) 田辺久子「年中行事にみる鎌倉府—正月椀飯と八朔—」(『神奈川県史研究』四九号、一九八二年)。
(7) 『海老名市史』2資料編中世(一九九八年)。以下、本書は『海老名』と略す。
(8) 阿部能久「『鎌倉年中行事』の史料的性格」(同著『戦国期関東公方の研究』、思文閣出版、二〇〇六年)。
(9) 『喜連川町史』第五巻資料編5喜連川文書上、二〇〇七年。以下、本書は『喜連川』と略す。

(10) 佐藤博信「鎌倉年中行事解題」(『史料集成』)。
(11) 阿部註(8)論文。なお、阿部氏は文中の「大御所様」を前公方ととらえて、享徳期以降で公方父子の揃う文明十五年(一四八三)以降に『年中行事』が作成されたことを推定されている。しかし、『年中行事』はあくまでも季高の覚書であり、冒頭から末尾まで身分呼称が同一の基準により記されているわけではない。そのため、呼称についてはまず記述箇所ごとに解釈していかなければならないので、絶対基準を想定するのには具体的な検討がもっと必要ではないかと思われる。
それに加えて、前公方の呼称とする「大御所様」についても注意が必要である。「大御所様御台御袋上臈以下ノ御女房達」(正月十七日条)などの用例を見ると、「大御所様」は公方一家の女性と併記されることが少なくないことに気づく。ただ、前公方と公方正室の身分差は小さくないはずで、実際の儀礼で同一の立場になるとは考えがたい。「御々台御袋様」「大御所様御袋様」などと括っているのは、「大御所様」が女性だからではないだろうか。

この推定が正しければ、公方家でもっとも地位の高い女性と想定されるので、前公方の正室もしくは公方の母を「大御所様」と記していると考えるべきではなかろうか。以上のことから、筆者は文明十五年以降の作成説には賛成することができず、むしろ奥書どおり享徳五年に作成されたと考えたい。
(12) 山田邦明「鎌倉府の奉公衆」(同著『鎌倉府と関東―中世の政治秩序と在地社会―』、校倉書房、一九九五年。初出一九八七年)。
(13) 『史料集成』七七五・七八三頁。
(14) 『史料集成』七八〇頁。
(15) 『史料集成』七八四頁。
(16) 「鎌倉大草紙」脱漏(『新編埼玉県史』資料編8―八〇頁。以下、本書は『埼玉』8と略す)。
(17) 『史料集成』七七二頁。
(18) 『史料集成』七七八頁。
(19) 『史料集成』七七七頁。
(20) 田辺註(6)論文。

(21)『史料集成』七八〇頁。
(22)「喜連川家年代記」(『喜連川』下―六〇三頁)。
(23)『海老名』五〇〇頁。
(24)「鎌倉大草紙」脱漏(『埼玉』8―八〇頁)。
(25)佐藤註(3)論文では、二階堂氏の影響力を特に強調する。
(26)「太平記」巻第三十一(『海老名』三〇七頁)。
(27)『史料集成』七八一頁。なお、拙稿註(1)論文では御所新造を応永後期と推定していたが、次註(28)と尾張守の出家の年代を考慮に入れると、永享期に新造した記載である可能性がある。
(28)「皆川文書」(『海老名』四一四頁)。
(29)『海老名』五〇一頁。
(30)「鎌倉大草紙」脱漏(『埼玉』8―八〇頁)。
(31)「御的日記」(『海老名』二三八頁)。
(32)「御的日記」(『海老名』三一一頁)。
(33)註(26)と同じ。
(34)「東寺観智院金剛蔵聖教」一八五箱五号(京都府立総合資料館架蔵写真帳第一五九冊)。
(35)「六波羅蜜寺文書」(『海老名』三三七頁)。
(36)「頼印大僧正行状絵詞」(『海老名』三九一頁)。
(37)「烟田文書」(『海老名』三九五頁)。
(38)「鎌倉大草紙」巻二(『埼玉』8―六六頁)。
(39)「喜連川家御書案留書」(『海老名』四一一頁)。
(40)「里見家永正元亀中書札留抜書」(『新修蕨市史』資料編一古代中世―六〇二頁)。

Ⅳ

鎌倉府の書札礼
―『鎌倉年中行事』の分析を中心に―

小久保嘉紀

はじめに

書状の差出と宛所との間の、彼我の身分差によって礼の厚薄が規定される書札礼には、身分秩序、即ち儀礼秩序が体現されている。中世前期の書札礼についての研究としては、弘安八年（一二八五）十二月に亀山上皇の諮問の下で作成された『弘安礼節』について、百瀬今朝雄氏の研究をはじめとして(1)、藤井貞文氏や岩間敬子氏の研究があり(2)、公家社会における儀礼秩序の様相が明らかにされている(3)。また、金子拓氏は、室町期における『弘安礼節』の運用について考察し、室町殿の存在により、『弘安礼節』は弾力的に運用されていたと指摘している(4)。そして、中世後期の書札礼についての研究としては、中央の『大館常興書札抄』や『細川家書札抄』を分析対象とした(5)、二木謙一氏の研究があり、室町将軍の下、三職・御相伴衆・国持衆・准国持・御供衆と展開する家格秩序が存在したことを明らかにし、それぞれの家格の性質や構成人員の変遷について考察されている(6)。また、筆者は以前、中世における各書札礼の成立契機について考察し、戦国末期には必ずしも実用性を目的としなくなる傾向があることを指摘した(7)。そして、近世初頭の故実家である曾我尚祐の『和簡礼経』を分析し、近世初頭には実用性より、室町幕府の書札礼を継承したという

「事実」の方が重要視されたことを指摘した。[8]

しかし、中世後期において、中央の書札礼については研究の蓄積があるものの、各地域において、書札礼に体現される儀礼秩序がどのように展開していたのかという点については、いまだ充分に明らかにされていない。とくに、関東地域の儀礼秩序についての研究は、その緒に着いたばかりである。市村高男氏も関東地域における儀礼秩序研究の必要性を説いているが[9]、中世後期の関東地域の書札礼の分析を通して、そこに体現される儀礼秩序について考察する必要がある。中世後期の関東地域の書札礼としては、二代古河公方政氏の『足利政氏書札礼』[10]や、五代古河公方義氏の『足利義氏書札礼』[11]、そして常陸国佐竹氏の『佐竹之書札之次第』・『佐竹書札私』[12]、安房国里見氏の『里見家永正・元亀中書札留抜書』[13]が知られている。とくに『足利政氏書札礼』については、和氣俊行氏の研究があり、古河公方の書札礼の様相を明らかにするとともに、実際の文書との比較検討の結果、『足利政氏書札礼』は実際にも遵守されていたと指摘している[14]。このように、戦国期の関東地域の書札礼に体現される儀礼秩序については明らかにされつつあるが、室町期の鎌倉府体制下における書札礼及び儀礼秩序については、いまだ解明されていない。

そこで、小稿において考察の対象とするのが、『鎌倉年中行事』の後半部分の書札礼に関する記述である[15]。『鎌倉年中行事』は、『殿中以下年中行事』・『成氏年中行事』の名称でも知られ、鎌倉府の年中行事の様相や、それに体現される鎌倉府の身分秩序を解明するための基本史料として、多くの研究者により分析されてきた。例えば、峰岸純夫氏や佐藤博信氏により、『鎌倉年中行事』による鎌倉府の身分秩序の解明が行われている[16]。また二木氏は、室町幕府の年中行事との比較検討から、鎌倉府の年中行事は室町幕府のものに準拠しており、それを縮小したものであると指摘している[17]。そして、個別具体的な鎌倉府の年中行事について解明される中で、正月の垸飯と八月一日の八朔の贈答儀礼について、田辺久子氏や山田邦明氏により考察がなされている[18]。とくに山田氏は、関東武士の諸階層から鎌倉公方に対して八朔の贈答がなされ、それは古河移座後も継続し、そして後北条氏・徳川氏にも年中行事として継承されたと指摘している。また山田氏は、『鎌倉年中行事』の路頭礼の規定についても分析し、そこに現れる身分差について考察している[19]。そして、阿部能久氏は、『鎌倉年中行事』の書誌学的整理を行い、喜連川家伝来本の検討を行って、こちらが元来のものであると指摘している[20]。

以上の『鎌倉年中行事』を対象とする研究は、その前半部分の年中行事に関する記述にとくに集中しており、その後半部分の、主に鎌倉府奉公衆を中心とした書札礼に関する記述については論及が少ない。これは、『鎌倉年中行事』の主たる内容は、前半部分の年中行事に関する記述であり、後半部分の書札礼に関する記述は、それに派生するものとしてあまり重視されてこなかったためと考えられる。しかし、この後半部分も考察の対象とすることで、その書札礼の分析から、そこに体現される鎌倉府体制下の儀礼秩序の様相を解明しうると考える。

ここで、本論に入る前に、中世後期の関東地域における政治史研究について整理しておきたい。中世後期の関東地域における権力構造や社会情勢をめぐる研究は、戦前の田中義成氏や渡辺世祐氏の研究に始まり[21]、近年では各地域自治体史の史料編の充実などに相俟って、多くの研究成果がなされている。例えば、古河公方とその周辺の様々な事実関係について明らかにし、関東地域における古河公方の政治的役割を重視する、佐藤博信氏による一連の研究がある[22]。また、鎌倉府の権力構造、とくにその権力基盤である奉公衆や直轄領の実態について網羅的に分析し、そして関東大名の動向とその位置付けについて明らかにした、山田邦明氏の研究がある[23]。さらに近年では、関東地域の在地勢力である国衆について、個別具体的な考察を深化させた、黒田基樹氏による一連の研究がある[24]。そして文書論の視点から、歴代の古河公方の発給文書の分析を通して、その権力構造の変遷について明らかにした、阿部能久氏の研究がある。(25)このように、戦前・戦後を通じて、とくに鎌倉府の権力構造については、多大な研究的関心が寄せられており、その様相が明らかにされている。それに対して、鎌倉府体制下の儀礼秩序については、その研究は立ち遅れているといえる。鎌倉公方の下、関東管領・御一家・外様・奉公衆と展開する家格秩序が存在するということは知られているが、それぞれの家格の具体的な性格や階層差などについては、いまだ充分な解明がなされているとはいえない。また近年は、江田郁夫氏により、(26)応永六年（一三九九）に三代鎌倉公方満兼によって創設されたとされる、「関東八屋形」制についての解明が試みられているが、その構成人員の出身階層は多種多様であり、関東管領以下に連なる如上の家格秩序との整合性や相関関係、そしてその実効性については、なお検討の余地がある。また、鎌倉府奉公衆が、鎌倉府体制下の儀礼秩序において、具体的にどのように位置付けられていたのかという点について、なお考察する必要がある。

以上の問題意識に基づき、小稿においては、第一章で『鎌倉年中行事』所載の書札礼を分析して、鎌倉府体制下の儀礼秩序の様相を明らかにする。そして第二章で、その書札礼の規定が実際の文書上においても遵守されているのか検討し、その実態について考察する。

第一章　『鎌倉年中行事』所載書札礼の分析

鎌倉府は、貞和五年（一三四九）の初代鎌倉公方基氏の赴任に始まり、以後、氏満・満兼・持氏と続き、永享十年

（一四三八）の永享の乱の結果、一度滅亡する。この最後の鎌倉公方持氏期の実態を表すとされるのが、この『鎌倉年中行事』である。『鎌倉年中行事』の史料的性格としては、鎌倉府の年中行事を遂行する鎌倉府奉公衆の備忘のための故実書として位置付けられ、後半部分には、主に鎌倉府奉公衆を基軸に置いた書札礼などの規定を載せている。

ここで、本文の分析を行う前に、『鎌倉年中行事』の書誌学的整理を行うこととする。『鎌倉年中行事』のテキストとしては、群書類従本と内閣文庫本とが知られているが、内閣文庫本の方により正確な記述が見られるように、内閣文庫本の方がより原型に近く、群書類従本はそれに補遺を加えたものと見なすことができる。内閣文庫本の奥書に見られるように、成立年代は享徳五年（康正二年、一四五六）であり[27]、作者は鎌倉府奉公衆の海老名季高である。その成立背景について鑑みるに、享徳五年には既に鎌倉府は滅亡しており、初代古河公方成氏は下総国古河に移座している。当時の成氏は、享徳の乱を引き起こして幕府と緊張関係にあり、そして関東地域における政治情勢は極めて不安定な状態にあった。その中で作者の海老名季高は、鎌倉府の本来あるべき年中行事を書き残しておく必要に迫られたのであり、その結果成立したのが、『鎌倉年中行事』であるといえる。

（1）鎌倉府奉公衆関係の書札礼

そのような背景に基づいて成立した、『鎌倉年中行事』所載の書札礼の大部分は、その性質上、鎌倉府奉公衆に関するものである。以下、基本的に内閣文庫本の記述に基づき、また群書類従本の記述にも言及しつつ、その書札礼の分析を行うこととする。

史料一　『鎌倉年中行事』六七項（内閣文庫本）

一、管領対奉公中礼儀幷書礼《札イ》等之事、
（中略）公方様へ申事アッテ、御所奉行・其外宿老中へ被送書札時ハ、謹上書ニテ奉公ノ名字・官途等ヲ書ル、ナリ、進物ノ有時ハ、以使被申上間、不及其沙汰、書札ハ無裏書、引付衆以下へハ謹上《致上イ》書、如此草也、
恐々謹言ハ評定衆其外モ同前、[28]

これは、事書には関東管領から奉公衆宛ての書札礼の規定とあるが、その内容から分かるように、関東管領が鎌倉公方に書状を送る際に披露状の形式をとり、形式上の宛所が鎌倉公方の側近の奉公衆となる際の規定である。したがって、単純に関東管領と奉公衆との間の書札礼という訳ではない。ここに出てくる「御所奉行」とは、山田邦明氏によると、評定衆の一部であり、奉公衆内の上位に位置するとされる[29]。またここの「宿老中」とは、奉公衆の中でも譜代の家の者であると考えられる[30]。つまり、ここで直接の宛所となる奉公衆とは、奉公衆の中でも上位に位置し、鎌倉公方に常に近侍している集団であると考えられる。またこの規定から、関東管領であっても鎌倉公方に対して直状を送ることはできず、両者の間の身分差、また疎遠さを窺うことができる。

この披露状は、宛所の上所に「謹上」を付す謹上書であり、直接の宛所はその奉公衆の名字と官途であるべきとする。ただし、関東管領から鎌倉公方へ進物を献上する際は、直接に関東管領からではなく、その使者をもって行うため、このような書状の発給は不要であるとする。またこの披露状には、裏書は不要とする。裏書とは、書状の封紙の裏に差出がその名前を書くことで、これを免除されることは、差出にとって書札礼上で厚礼であることを表す。つまり、ここでは差出である関東管領に対して、厚礼の書札礼が適用されているのである。また、ここで直接の宛所が引付衆の場合は[31]、上所の「謹上」を草に崩して書き、やや薄礼であるとする。書止文言については、宛所が評定衆であ

っても、それに下る引付衆などであっても、「恐々謹言」であるべきとする。

ここから窺えるように、宛所が評定衆か引付衆かで礼の厚薄に差異はあるものの、謹上書であり、(32)書止文言は「恐々謹言」であるので、等礼の書札礼であるといえる。しかし、これは鎌倉公方を実際の宛所とする披露状の場合においてのみであり、その場合に限り、このように奉公衆は、関東管領との間に等礼の書札礼を適用されえていたのである。

史料二『鎌倉年中行事』七〇項（内閣文庫本）

一、奉公中管領へノ書札ノ事、

誰ニテモ其時ノ執事ノ宛《当イ》所ニテ謹上書、裏書可有之、（中略）次ニ、御一家中ニモ吉良殿・渋河殿へハ、其内一人ノ当所尤也、其外ノ御一家へハ、御宿所書可然、是ハ衆中ノ書札也、其外ノ奉公中へハ依時宜可有思慮也、

史料一の場合とは逆に、奉公衆から関東管領宛ての書札礼の規定が、右のものである。ただしこの場合は、鎌倉公方は関与せず、奉公衆が個人的に書状を送る際の規定である。どの階層の奉公衆からでも、関東管領上杉家中の執事（長尾氏のような、関東管領上杉氏の家宰的立場の者を指すか）を直接の宛所とするべきとする。その際は謹上書であり、裏書が必要とする。

また、奉公衆が御一家の家格の者に書状を送る場合、御一家の中でも高位に位置付けられる吉良氏や渋川氏に対しては、関東管領宛ての場合と同様に、それぞれの家宰を直接の宛所とするべきとする。ただし、その他の御一家の場合は、当人を直接の宛所として差し支え無いが、宛所の脇付に「御宿所」を付す、御宿所書であるべきとする。

最後に、奉公衆間の書状の授受の場合には、時宜により考慮を加えて、弾力的に礼の厚薄を決めるべきとする。

以上のことから、やはり奉公衆と関東管領や御一家との間には、書札礼上において身分差が存在するといえる。とくに、御一家の中でも吉良氏と渋川氏は、随一の家格を有している。奉公衆が関東管領と書札礼上で対等になるのは、奉公衆の背後に鎌倉公方の存在を想定する書状の場合に限られるのである。

史料三　『鎌倉年中行事』七一項（内閣文庫本）〈傍線筆者〉

一、奉公中対外様書札之事、
雖為仰詞之書札《礼イ》、限千葉介方へハ、御宿所書可然也、自余ノ外様へハ仰詞ナラハ名字・官途ヲ直ニ可書、然ハ縦別テ所用雖無之、内状ヲ一通御宿所書ニテ可相副也、外様ヨリ奉公宿老中以下へノ書礼ハ奉限吉良殿計、御知行分等其外ノ時宜、公方様へ御申時モ内報也、其外ノ御一家以下、外様ノ書礼ハ、謹上書ニテ名字・受領等被書之也、裏書無之、

これは、奉公衆から外様宛ての書札礼の規定であるが[33]、前半部分は「仰詞の書札」、即ち鎌倉公方の意を受けた奉書の場合の規定である。ここでは、外様の中でも千葉氏に対しては、御宿所書が妥当であり、他の外様よりも厚礼であるべきとする[34]。他の外様に対しては、鎌倉公方の奉書の場合に限っては、宛所を名字・官途で直に書くべきとする。ただしそれに続けて、このように打付書の鎌倉公方の奉書を外様に送る際に、先方にとくに所用が無くとも、奉公衆から個人的に御宿所書の内状を添えるべきとする。つまり、奉公衆と外様との間には、本来的には身分差が存在するのであり、奉公衆から外様に宛てる打付書は、鎌倉公方の意を受けた奉書の場合に限られるのである。そして、鎌倉公方の奉書とはいえ、奉公衆と外様との身分差による齟齬を補うために、個人的に御宿所書の書状を添えるという

方策を規定している。換言すれば、奉公衆から外様宛ての本来の書札礼は、御宿所書であるといえる。
そして、御一家・外様から、宿老以下の奉公衆宛ての書札礼としては、差出が吉良氏に限り、鎌倉公方を実際の宛所とし、奉公衆を直接の宛所とする披露状の場合でも、「内報」であるべきとする。ここでの「内報」については不詳であるが、「内封」のことではないかと推測される。なお、群書類従本の同箇所には「内封」とある。右のことから、差出が御一家の中でも高位の吉良氏の場合に限り、その重要性から、「内封」、即ち密閉した書状が、鎌倉公方宛ての場合に必要とされたと考えられる。また、その他の御一家・外様が差出の場合は、謹上書で宛所は名字・受領などを書き、裏書は不要とする。即ち、ここでは吉良氏が差出の場合は謹上書ではないのに対して、その他の御一家・外様が差出の場合は謹上書であるので、やはり御一家の中でも、吉良氏は特別な地位にいたといえる。また、吉良氏が御一家の中でもとくに上位に位置付けられ、鎌倉府の儀礼秩序の中で極めて高位に位置したことは、『鎌倉年中行事』の下馬礼の規定からも窺うことができる。[35]この関東吉良氏については、荻野三七彦氏により、奥州管領吉良治家の流れをくむと指摘されており、[36]吉良氏は足利氏に極めて近い一門として、このような高い位置付けがなされているといえる。

史料四　『鎌倉年中行事』七三項（内閣文庫本）

一、管領・御一家・其外ノ外様被官中対奉公方々礼義并書札之事、

（中略）書札ハ御宿所ト書テ、書札ノ肩ニ名字・官途・受領等書之、奉公中返札ニハ、唯名字以下ヲ下《クタリ》書ニ書ル、也、不断申通スル間、近付親類等ニ至ルマテ、腰文・撚文等事ハ規式不可有之也、

この規定は、関東管領・御一家・外様の被官と、奉公衆との間における書札礼のものである。これらの被官から奉

公衆宛ての書札礼は御宿所書であり、書札の肩に宛所の名字・官途・受領などを書くべきとする。これに対して奉公衆からこれら被官宛ての書札礼としては、ただ名字以下を下り書きに書く、薄礼のものであるとする。この各被官と奉公衆との身分差については、やはりこれらの被官は鎌倉公方の陪臣であり、その直臣である奉公衆との間には差異が見出される。つまり、直臣は陪臣に優越するという原則が、ここでは適用されているのである。

また、末尾に「不断申通スル間、近付親類等ニ至ルマテ、腰文・撚文等事ハ規式不可有之也」とあるように、奉公衆の近親間の書状については、日常的に交わされるものであるため、腰文・撚文についてとくに規式は設けないとする。つまり、そのような日常的で私的な文書については、とくに規式は設けず、弾力的に運用されていたことが分かる。換言すれば、一方で書札礼として規定されるものは、その性質上、公的な側面を有しているのである。

史料五 『鎌倉年中行事』七四項(内閣文庫本)

一、奉公ト奉公中被官礼義幷書礼之事、

誰人ノ被官モ対奉公中テハ可有下馬、但、評定頭人ノ被官ハ不被官准自余之奉公中、依其人、被官中モ可依其人躰カ、

右の項は、群書類従本には無く、内閣文庫本の方にのみ見られるものである。群書類従本の作成の際に、削除された理由については不詳である。右の項は、奉公衆と他の奉公衆の被官との間における、礼儀と書札礼について規定したものである。ただし、書札礼についての具体的な規定は提示されていない。あるいは、彼らは日常的に直接的に接する機会が多いため、とくに書札礼の規定は設けられなかったのではないだろうか。ただし、この箇所から以下のことを読み取ることができる。やはり奉公衆と奉公衆の被官との間においては、直臣・陪臣の原則から、奉公衆の方が

優越する。ただし、奉公衆の被官の中でも、その主人が奉公衆の中でも高位に位置付けられる評定衆の頭人である場合は、他の奉公衆の被官には相当しないとする。奉公衆の被官であっても、その主人により、例外が生じることが窺える。

史料六　『鎌倉年中行事』七五項（内閣文庫本）

一、奉公中対公方者ニ礼義之事、

（中略）次、知行分等又ハ国方へ有所用テ公方者ヲ申下、在郷之内ニ有所用折紙等ヲ遣事アラバ、大武所・大磯所ト可書、被管（官）中ニ申付、遣書帖事アラハ、所書ハ不可然、誰カシニテモ其名字ヲ書テ殿ト書、恐々謹言ヲモ書、遣状被官名字・官途書テ内報ニテ可遣也、

これは、奉公衆から、「公方者」と呼ばれる鎌倉公方の雑人に対する書札礼の規定である[37]。これによると、知行所や国方へ所用があり、公方者を派遣し、そして公方者がそこに在郷している間に、さらに所用があって奉公衆から折紙などを遣わすことがあれば、その宛所は「大武所」や「大磯所」のように、所書にするべきとする。ただし、この場合に奉公衆が自らの被官に命じて、公方者に書状を遣わすときは、このように宛所を所書とするのは妥当ではなく、その公方者の名字を書いて敬称は「殿」とし、書止文言は「恐々謹言」として、差出にはその奉公衆の被官の名字と官途を書き、内報にて遣わすべきとする。

ここから分かることはまず、公方者は奉公衆に使役される存在であり、その所用によって在地と鎌倉府とを往還しているということである。そして、その場合の奉公衆から公方者宛ての書状の宛所は、「大武所・大磯所」と所書にするべきであるとする。即ち、ここでは「大武」や「大磯」は公方者の姓であり、敬称を「殿」とする代わりに、そ

れより薄礼の「所」とするべきとする。それに対して、奉公衆被官から公方者あての書状の場合は、宛所に公方者の名字を書いて敬称は「殿」であるべきとし、書止文言は「恐々謹言」で、差出の奉公衆被官は名字・官途書で内報であるべきとする。以上のことから、鎌倉公方の雑人である公方者は奉公衆よりも下位に位置付けられるが、奉公衆被官と公方者は同格であるといえる。公方者は雑人とはいえ鎌倉公方の直臣であり、それにより、一程度の礼式が適用されていたのである。

以上の内閣文庫本に見られる規定の他に、群書類従本には以下の規定が見られる。内閣文庫本の成立から群書類従本の成立へと至る間に、その間の変遷の必要に応じて、補足されたものであると考えられる。

群書類従本では史料四の項に続けて、「一、管領・其外御一家、並外様・奉公之老若等以下、或進上・晋上、管領・御一家中ハ不可有裏書、其外之外様・奉公中ハ、皆々ウラ書可有也」という項が補足されているが、これは、関東管領・御一家・外様・奉公衆相互の書札礼一般に関する規定である。即ち、これらの相互の書札礼の際に、上所に「進上」や「晋上」などを、まずは一律に付すべきとしている。そして、それらの家格間の身分差を表すために、関東管領・御一家（から外様・奉公衆宛て）の場合は裏書が不要とするが、外様・奉公衆（から関東管領・御一家宛て）の場合は裏書が必要とする。このことから、群書類従本の成立の段階では、関東管領・御一家と外様・奉公衆との間には身分差が存在するものの、相互に上所に「進上」などを付すなど、一定程度、相手方を尊重していたことが窺える。

また、群書類従本には、奉公衆から山内・扇谷上杉氏とその家中の者に対する書札礼の規定が見られる。「一、対扇谷奉公中書札之事、肩ニ扇谷殿ト書テ、御宿所ト可書」、「一、奉公中、山内・扇谷家中へ謹上、如此上て御念、謹上ノ下ニ、直ニ名字・官途ヲ書也」、「一、長尾・大石・太田・上田・被《（彼）》家所ヘハ内封テ、恐々謹言如此」とあるのがそれである。つまり、扇谷上杉氏を宛所とする場合は、脇付に「御宿所」を付す厚礼のものとするべきとする。そして、奉公衆から山内・扇谷上杉氏の家中の者を宛所とする場合は、書止文言は草書の「恐々謹言」であり、上所は「謹上」で、宛所は名字・官途書と、差出と宛所とがほぼ等礼（草書の「恐々謹言」という点では、宛所より差出の方がやや厚礼であるが）であるべきとする。また、長尾氏・太田氏ら山内・扇谷上杉氏の家宰クラスに対しても書止文言は草書の「恐々謹言」で、内封とするべきとする。

これらのことから、本来的には、史料四に見られるように、鎌倉公方の直臣・陪臣の原則に基づき、直臣である奉公衆は、陪臣である山内・扇谷上杉氏の家中の者よりも優越する。しかし、群書類従本の段階では、このように奉公衆とそれらの家中の者とは、ほぼ等礼の書札礼へと変化しているのである。この奉公衆と山内・扇谷上杉氏被官との等礼化については、これら長尾氏らの台頭が、その背景にあるものとして考えられる。

以上の奉公衆関係の書札礼の規定から、以下のことを指摘することができる。

書札礼の分析から奉公衆は、鎌倉府の儀礼秩序の上で、関東管領・御一家・外様より下位に位置付けられる。また、この鎌倉府の儀礼秩序の中でも、御一家の中では吉良氏が上位に位置付けられ、奉公衆の中では御所奉行などが上位に位置付けられるという、内部秩序の存在を確認することができる。そして、鎌倉公方の直臣・陪臣の原則に基づき、直臣である奉公衆は、陪臣に当たる、関東管領から奉公衆までのそれぞれの被官より上位に位置付けられていた。ただし、群書類従本の段階では、奉公衆と山内・扇谷上杉氏の被官とはほぼ等礼化している。

また、披露状の形式をとり、鎌倉公方や関東管領などを実際の宛所とする場合、その実際の宛所の存在が書札礼のあり方に影響を及ぼす。つまり、その主人の存在が、書札礼を規定するのである。またこの場合、史料三に見られるように、主人の存在を想定しない、差出と宛所との本来の書札礼に基づく書状を添えることにより、本来の儀礼秩序のあり方を宛所に示すという方策もとられていた。

そして、奉公衆間の書札礼はその時宜により決められていたり、その親類間の書札礼はとくに規定されていなかったりするなど、日常的で私的な書状に関しては、弾力的に書札礼が運用されていたことが窺える。

（2）鎌倉府奉公衆関係以外の書札礼

次に、『鎌倉年中行事』には、鎌倉府奉公衆以外の鎌倉公方や上杉氏関係の書札礼、そして広く武家一般から関東寺院関係宛ての書札礼も規定されている。以下、それらについての分析を行うこととする。

〔A〕鎌倉公方関係の書札礼

鎌倉公方関係の書札礼として唯一、群書類従本に、「一、建長寺・藤沢上人へ、公方様御書、恐惶謹言トアソバシテ、進上書也」との記述がある。即ち、鎌倉公方から建長寺・清浄光寺宛ての場合は、書止文言を「恐惶謹言」とし、上所に「進上」を付す進上書であるべきとして、[38]厚礼の書札礼が適用される。武家から寺家宛ての書札礼は概して厚礼であり、[39]鎌倉公方といえども厚礼の書札礼を適用していることが窺える。

また、この規定について二代古河公方政氏期の『足利政氏書札礼』のものと比較すると、後者も書止文言は「恐惶謹言」であるが、上所には何も付さない。そのことは、実際の文書上からも確認することができるので、[40]『鎌倉年中行事』の段階から『足利政氏書札礼』の段階へと至るまでに、関東公方から建長寺宛ての書札礼は薄礼化していることが分かる。鎌倉公方持氏の段階で、建長寺宛ての書状は既に進上書ではないことが確認できるので[41]、その時点までに薄礼化したか、あるいはここでは、『鎌倉年中行事』の規定とは異なり、実際は進上書ではなかったかと考えられる。

〔B〕関東管領上杉氏とその一族関係の書札礼

上杉氏関係の書札礼としては、群書類従本に以下の記述が見られる。「一、山内・扇谷ト礼儀並書札之事、（中略）書札ハ肩ニ山内殿ト書、御宿所也、自山内扇谷へ、謹上ニテ官途ヲ被書也」、「一、武衛・吉良殿へ、扇谷封当所也、転奏書ニハナシ」、「一、渋川殿へ、所書ヲ肩ニ書ル、也、人々御中」がそれである。即ち、扇谷上杉氏から山内上杉氏宛ての場合は、宛所を「山内殿」と書き、脇付には「御宿所」を付す。この「山内殿」という書き方は居所書の一種と見なすことができ、厚礼のものである。それに対して、山内上杉氏から扇谷上杉氏宛ての場合は、謹上書で、居所書ではなく宛所には官途を書くという、それと比較して薄礼のものである。次に、扇谷上杉氏から斯波氏・吉良氏宛ての場合は、「封当所」という表現は不詳であるが、「転奏書」即ち披露状の形式をとるまでには至らないとする。そして、渋川氏宛ての場合は、宛所を所書とし、脇付に「人々御中」を付すべきとする。以上のことから、山内上杉氏と扇谷上杉氏との間にはやはり身分差が存在すること、そして御一家と扇谷上杉氏との間にも身分差が存在するが、披露状の形式をとるまでには至らないことが分かる。

（3）関東寺院関係の書札礼

『鎌倉年中行事』には、関東寺院関係の書札礼も所収されており、それは差出である武家の家格ごとに分類されている訳ではなく、その多くは広く武家一般からの書札礼として規定されている。やや長文にわたるが、関係箇所を以下に挙げる。

史料七　『鎌倉年中行事』七二項（内閣文庫本）

一、管領・其外御一家幷外様・奉公ノ老若等、建長寺以下五山当住幷東堂ノ方々ヘノ書礼ノ事、或進上書、或拝上・拝進ト書テ、其下ニ衣鉢侍者禅師ト可書、衣鉢閣下ト書ル、人アリ、管領・御一家中ハ不可有裏書、其外ノ外様奉公中ハ、皆裏書可有之、律家ハ香ノ衣被着方々ヘハ、唯侍者御中トアリテ、如五山書札ノ肩ニ寺号ヲ書ルヘシ、禅家十刹・諸五山又ハ、御寺住持・一寺一院住寺職方々ヘハ、依其人侍者御中・侍者禅師ナト、書ヘキナリ、律家モ香ノ袈裟カケラレタル《ランイ》人ノ方ヘノ書札可為同前、首座ノ位ノ方ヘハ座元《ソゲン》禅師、書記ハ記室禅師、蔵主ハ知蔵禅師、侍者ハ賞翫ノ方ヱハ道号ヲ書テ尊丈ト可書、凡ノ方ヘハ侍者禅師トカクヘシ、次、護持僧ヘハ謹上書ニテ御坊中可然也、其外ノ聖堂家・門跡・一寺一院ノ主ノ方ヘハ、御同宿御中トモ又ハ御同宿中ト計書テ遣方モアルヘシ、此二ノ替目ハ其人躰ニ依ルヘキカ、次大僧正ハ香ノ袈裟・香ノ衣ヲ着ラル、然間、進上書ニ御坊中トアルヘシ、其時ハ恐惶敬白ト可書、権僧正ト申ハ、香ノ袈裟ニテ衣ハ索絹也、法印・権大僧都・権少僧都・権律師ノ位ニテ雖被座前ニ書、護持五人ノ方方ヘハ御坊中尤也、（中略）次禅家ノ提点《テイテン》・都寺《ツウス》・監座《カンソ》・副守《フウス》・典座《テンソ》・浴守《ヨクス》等ノ方ヘノ書札モ皆禅師書尤也、（後略）

関東管領・御一家・外様・奉公衆から鎌倉五山の当住・東堂宛ての場合は、上所に「進上」・「拝上」・「拝進」と書き、宛所は「衣鉢侍者禅師」・「衣鉢閣下」と書く、極めて厚礼の書札礼であるといえる。(42)そして、管領・御一家は裏書は無しとし、外様・奉公衆はあるべきとする。

宛所が律宗寺院の場合は、香衣の着用が許可された者に対しては、宛所を「侍者御中」とし、鎌倉五山宛てのように、寺号を書くべきとする。

宛所が禅宗寺院の場合は、鎌倉五山・十刹以下の住持に対して、その人躰にもよるが「侍者御中」・「侍者禅師」などと書くべきとする。ここでもまた、律家でも香衣の着用が許可された者に対しては、これに準ずるべきとする。

次は、禅宗寺院内の各階層に対しての規定である。首座宛ての場合の宛所は「座元禅師」、書記宛ての場合は「記室禅師」、蔵主宛ての場合は「知蔵禅師」と書くべきとする。侍者宛ての場合は、とくに賞翫の者に対しては、その道号を書いて、脇付に「尊丈」と書くべきとする。それ以外の者に対しては、「侍者禅師」と書くべきとする。

そして、鎌倉府の護持僧宛ての場合は、謹上書で脇付は「御坊中」が妥当であるとする。

これら以外の聖堂家・門跡・一寺一院の主宛ての場合は、宛所は「御同宿御中」か「御同宿中」であり、この二つの違いは宛所の人躰によるべきとする。

僧位ごとの書札礼としては、以下のように規定されている。大僧正は香袈裟と香衣の着用を許可されているので、進上書で脇付は「御坊中」、そして書止文言は「恐惶謹言」である。また権僧正は、香袈裟の方のみ許可されている。そして、法印・権大僧都・権少僧都・権律師の僧位にある者でも、先述したように護持僧であるならば、宛所は「御坊中」であるべきとする。

最後に、禅宗寺院の各階層に対しての規定が補足されている。即ち、提点・都寺・監座・副守・典座・浴守など宛ての場合の宛所は、禅師書であるべきとする。

以上のように、寺家関係の書札礼が詳細に記されているのは、この項に「亡父上野介季長、勝長寿院依為惣奉行、御門跡ノ事致奏者間」とあるように、『鎌倉年中行事』の作者である海老名季高の父季長が、鎌倉公方の菩提寺である勝長寿院の管轄を担当し、その門跡と鎌倉府との間の窓口になっていたために他ならない。また、これらの規定から窺える点として、やはり律宗寺院より禅宗寺院、とりわけ鎌倉五山が書札礼上で優遇されていたことが挙げられる。ただし、身分表象としての香衣・香袈裟の着用の許可も重要視されており、律宗であっても香衣を許可された者であるならば、鎌倉五山に準ずるとされている。またここでは、鎌倉公方の護持僧宛ての書札礼の規定もあり、たとえ僧位が低くとも、護持僧であるならばそれ相応の書札礼が適用されるべきであるとし、護持僧であることが書札礼の上で優遇されるための一つの条件となっている。

史料八　『鎌倉年中行事（殿中以下年中行事）』八一項（群書類従本）

一、五山以下へ書状ノ書ヤウ、

五山之常住、並東堂中ヘハ、進上・拝進、肩に寺号ヲ書、其下ニ衣躰（鉢）閣下、又ハ侍衣禅師・衣躰（鉢）侍者、禅師・律家ニ、香之袈裟カケラレタラン人ノ方ヘ書札、可為同前、叢林ノ内、首座之位ヘハ、坐光（元カ）禅師、依人躰庵号・軒号・斎号書之、

群書類従本のみに見られる記述として右の項がある。内容としては、史料七の記述を踏襲しており、それを簡略化したものと見なすことができる。

以上、本章においては、『鎌倉年中行事』の後半部分の、書札礼の規定についての分析を行った。なお、その分析の結果について一覧表にして整理した（次頁参照）。分析の結果、鎌倉府奉公衆関係の書札礼を中心として、鎌倉府体制下の書札礼の様相が明らかとなり、関東管領・御一家・外様・奉公衆という、鎌倉府の家格秩序により階層差が存在すること、そして直臣・陪臣の原則が適用されていることが分かる。ただし、文書上での差出あるいは宛所の主人の存在が、その書札礼に影響を及ぼすことも窺える。文書上での、差出あるいは宛所の主人の存在により、その書札礼は複雑に変化するのである。また、関東管領家である山内上杉氏は、書札礼上でも扇谷上杉氏より優越していることが確認できる。そして、関東寺院関係の書札礼としては、禅宗寺院、とりわけ関東五山が優遇されていたことが確認できる。僧侶個人に対する書札礼としては、基本的に僧位秩序に対応しながらも、身分表象としての香衣着用や、護持僧であることが書札礼上で重視されていたことが窺える。

第二章　実際の文書上における書札礼との比較検討

本章においては、第一章における分析結果を踏まえた上で、書札礼の規定と実際の文書上における書札礼とを比較対照させることにより、実際の場面において、『鎌倉年中行事』所載の書札礼の規定は遵守されていたのか、文書上に主人の存在が想定される場合も含めて検討することとしたい。

表『鎌倉年中行事』所載書札礼一覧

1、差出や宛所に、主人の書札礼が影響しない場合（いずれも直状）

差出	宛所	書止文言	宛所名	宛所上所	宛所脇付	その他	備考	典拠
鎌倉府奉公衆	扇谷上杉氏		居所（「扇谷殿」）		御宿所			群書本99項
	御一家（吉良氏・渋川氏以外）				御宿所			内閣本70項
	外様				御宿所			内閣本71項
	鎌倉府奉公衆						時宜による。	内閣本70項
	関東管領・御一家・外様の被官		名字			下り書き		内閣本73項
	山内・扇谷上杉氏の家中の者	恐々謹言（草）	名字・官途	謹上				群書本129項
	長尾氏・大石氏・太田氏・上田氏	恐々謹言（草）						群書本130項
	鎌倉府奉公衆の被官						奉公衆の方が優越。ただし人躰による。	内閣本74項
	公方者		名字・所					内閣本75項
	関東管領・御一家・外様			進上・晋上など			相互に「進上」・「晋上」などを付す。	群書本80項
関東管領・御一家	外様・奉公衆					裏書不要		群書本80項
外様・奉公衆	関東管領・御一家					裏書必要		群書本80項
関東管領・御一家・外様の被官	鎌倉府奉公衆		名字・官途（受領）など		御宿所			内閣本73項
鎌倉府奉公衆の被官	鎌倉府奉公衆						奉公衆の方が優越。ただし人躰による。	内閣本74項
	公方者	恐々謹言	名字・殿			内報		内閣本75項
山内上杉氏	扇谷上杉氏		官途	謹上				群書本103項
扇谷上杉氏	山内上杉氏		居所（「山内殿」）		御宿所			群書本103項
	斯波氏・吉良氏					「封当所」		群書本104項
	渋川氏		居所		人々御中			群書本105項

2、宛所に、主人の書札礼が影響する場合（いずれも披露状）

差出	直接の宛所	実際の宛所	書止文言	宛所名	宛所上所	宛所脇付	その他	典拠
関東管領	鎌倉府奉公衆（評定衆）	鎌倉公方	恐々謹言	名字・官途	謹上		裏書不要	内閣本67項
	鎌倉府奉公衆（引付衆以下）	鎌倉公方	恐々謹言	名字・官途	謹上（草）		裏書不要	内閣本67項
御一家（吉良氏）	鎌倉府奉公衆	鎌倉公方					内報	内閣本71項
御一家（吉良氏以外）・外様	鎌倉府奉公衆	鎌倉公方		名字・受領など	謹上		裏書不要	内閣本71項
鎌倉府奉公衆	家中の者	関東管領（山内上杉氏）		名字・官途	謹上		裏書必要	内閣本70項
	家中の者	御一家（吉良氏・渋川氏）			謹上		裏書必要	内閣本70項

3、差出に、主人の書札礼が影響する場合（いずれも奉書）

差出	差出の主人	宛所	書止文言	宛所名	宛所上所	宛所脇付	その他	備考	典拠
鎌倉府奉公衆	鎌倉公方	外様（千葉氏）				御宿所			内閣本71項
	鎌倉公方	外様（千葉氏以外）		名字・官途				御宿所書の添状を付す。	内閣本71項

（1）関東管領と鎌倉府奉公衆間の書状

史料九(43)

白河兵衛入道（満朝）申、同名讃岐跡事、譲与彼子息候、無相違之様申沙汰候者、可然候、恐々謹言、

後十月十五日（応永十年）　沙弥禅助（上杉朝宗）花押同上

謹上　宍戸（満朝）安芸権守殿

右の文書は、白河満朝から申し入れられた白河讃岐守の跡職の件について、その子息が継承できるよう、関東管領上杉朝宗から、御所奉行として奉公衆の中でも上位である宍戸満朝へ(44)、鎌倉公方満兼への披露を依頼しているものである。したがって、ここでは形式上の宛所が宍戸満朝となり、実質上の宛所は鎌倉公方満兼となる。この形式の書札礼の規定は、『鎌倉年中行事』によると、史料一の箇所が該当する。史料一によると、「公方様へ申事アッテ」、関東管領から「御所奉行・其外宿老中へ」書状を送る場合の規定として、「謹上書ニテ奉公ノ名字・官途等ヲ書ル、ナリ」とあり、書止文言は「恐々謹言」とあるので、史料九の文書はその規定に合致しているといえる。即ち、

4、関東寺院関係

<table>
<tr><th>差出</th><th>宛所</th><th>書止文言</th><th>宛所名</th><th>宛所上所</th><th>宛所脇付</th><th>その他</th><th>備考</th><th>典拠</th></tr>
<tr><td>鎌倉公方</td><td>建長寺・清浄光寺</td><td>恐惶謹言</td><td></td><td>進上</td><td></td><td></td><td></td><td>群書本100項</td></tr>
<tr><td>関東管領・御一家</td><td>鎌倉五山当住・東堂</td><td></td><td>衣鉢侍者禅師・衣鉢閣下</td><td>進上・拝上・拝進</td><td></td><td>寺号</td><td></td><td>内閣本72項</td></tr>
<tr><td>外様・奉公衆</td><td>鎌倉五山当住・東堂</td><td></td><td>衣鉢侍者禅師・衣鉢閣下</td><td>進上・拝上・拝進</td><td></td><td>寺号</td><td></td><td>内閣本72項</td></tr>
<tr><td rowspan="11">関東管領・御一家・外様・奉公衆</td><td>律家</td><td></td><td>侍者御中</td><td></td><td></td><td>寺号</td><td>香衣許可者に限る。</td><td>内閣本72項</td></tr>
<tr><td>禅家の住持</td><td></td><td>侍者御中・侍者禅師など</td><td></td><td></td><td></td><td></td><td>内閣本72項</td></tr>
<tr><td>首座</td><td></td><td>座元禅師</td><td></td><td></td><td></td><td></td><td>内閣本72項</td></tr>
<tr><td>書記</td><td></td><td>記室禅師</td><td></td><td></td><td></td><td></td><td>内閣本72項</td></tr>
<tr><td>蔵主</td><td></td><td>知蔵禅師</td><td></td><td></td><td></td><td></td><td>内閣本72項</td></tr>
<tr><td>侍者（賞翫）</td><td></td><td>道号</td><td></td><td>尊丈</td><td></td><td></td><td>内閣本72項</td></tr>
<tr><td>侍者（凡）</td><td></td><td>侍者禅師</td><td></td><td></td><td></td><td></td><td>内閣本72項</td></tr>
<tr><td>護持僧</td><td></td><td></td><td>謹上</td><td>御坊中</td><td></td><td>法印などの場合でも。</td><td>内閣本72項</td></tr>
<tr><td>その他の聖堂家・門跡・寺主・院主</td><td></td><td>御同宿御中・御同宿中</td><td></td><td></td><td></td><td>宛所は人躰による。</td><td>内閣本72項</td></tr>
<tr><td>大僧正</td><td>恐惶謹言</td><td></td><td>進上</td><td>御坊中</td><td></td><td></td><td>内閣本72項</td></tr>
<tr><td>提点・都寺・監座・副寺・典座・浴守など</td><td></td><td>禅師</td><td></td><td></td><td></td><td></td><td>内閣本72項</td></tr>
</table>

〈注〉
・内閣文庫本と群書類従本に共通して見られる記述は、「典拠」に「内閣本」として統一した。
・群書類従本にのみ見られる記述は、「典拠」に「群書本」として明記した。
・表中の空欄は、『鎌倉年中行事』に記載が無いことを示すものであり、必ずしもその書札礼の規定自体が存在しないことを示すものではない。

『鎌倉年中行事』の書札礼の規定が遵守されているのである。

（2）外様と鎌倉府奉公衆間の書状

史料十[45]

義秀（長沼）病気危急之間、遺跡事、令譲与孫子五郎太郎憲秀候、彼段被懸御意候者、可為恐悦候、恐々謹言、

正月廿九日（応永二十五年）　沙弥義秀（花押）

謹上　宍戸（持明）備前守殿

史料十一[46]

義秀（長沼）病気危急之間、遺跡事、令譲与孫子五郎太郎憲秀候、彼段被懸御意候者、可為恐悦候、恐々謹言、

正月廿九日（応永二十五年）　沙弥義秀（花押）

謹上　梶原美作（禅景）入道殿

史料十・十一は、応永二十五年（一四一八）に長沼義秀が危篤となった際に、孫の憲秀への遺跡安堵を鎌倉府に申請したものである。ここでの長沼氏は、奉公衆であると見なす見解もあるが、[47]『鎌倉年中行事』に見られるように、他の外様と同様に鎌倉府の正月垸飯を勤仕しているので、[48]実質的に外様格であったと見なしてよい。ここでは同内容の文書を、奉公衆の宍戸持明と梶原禅景に宛てているが、史料十・十一ともに、形式上の宛所を奉公衆とし、実質上の宛所を鎌倉公方とする外様からの書状である。この形式の書札礼の規定は、『鎌倉年中行事』によると、史料三の箇所が該当する。史料三によると、外様から「奉公宿老中以下」宛ての規定として、「謹上書ニテ名字・受領等被書

之也」とあるが、この規定に史料十・十一は合致している。

史料十二[49]

処分事承候、可存其旨候、恐々謹言、

応永廿五年正月三十日　　持明《（宍戸）》（花押）

長沼淡路《（義秀）》入道殿

史料十三[50]

処分事承候、可存其旨候、恐々謹言、

応永廿五年二月五日　　沙弥禅景《（梶原）》（花押）

長沼淡路《（義秀）》入道殿

史料十・十一に対して、その処理を約束したのが、右の史料十三・十四である。ただし、史料十二・十三はそれぞれ、史料十・十一の裏書として長沼義秀に宛てられたものであるが、その文面には書札礼が表れていると見なしてよい。これは、差出の背後に鎌倉公方の存在を想定した、奉公衆から外様に宛てられた書状であるが、打付書の薄礼のものである。この形式の書札礼の規定も、『鎌倉年中行事』によると、史料三の箇所が該当する。史料三の規定によると、千葉氏以外の外様に対しては、「仰詞ナラハ名字・官途ヲ直ニ可書」とあるように、史料十二・十三は宛所名が名字・官途の打付書であり、その規定に合致している[51]。

以上のことから、『鎌倉年中行事』での主人の存在を想定する書札礼の規定は、実際の文書上でも確認することができるといえる。

史料十四(52)
長沼次郎《秀宗》為継目之出仕、令参上候、万事者可奉憑由被存候、被懸御意候者、於身も可為本意候、恐々謹言、
十一月九日　沙弥禅貴《結城基光》（花押）
謹上　海老名尾張守殿

史料十五(53)
長沼次郎《秀宗》為継目之出仕、令参上候、万事者可奉憑由被存候、被懸御意候者、於身も可為本意候、恐々謹言、
十一月九日　沙弥禅貴《結城基光》（花押）
謹上　二階堂信濃守殿

史料十四・十五は、長沼秀宗が鎌倉府に代替わりの継目出仕を行う際、その便宜を図るよう、鎌倉府に依頼する結城基光の書状である。この結城基光による働き掛けは、長沼氏の本領の地である長沼荘が位置する、下野国の守護職を結城基光が有していたという関係性によるものと考えられる。ここでの海老名氏・二階堂氏はともに奉公衆であり、形式上の宛所をそれらとして、実質上の宛所を鎌倉公方とする、外様からの書状である。したがって、これらの史料十四・十五も、史料十・十一と同じ形式であるといえるが、同様に『鎌倉年中行事』の規定に合致していることが分かる。

（3）関東管領と外様間の書状

史料十六(54)

刑部少輔（長沼憲秀）方遺跡事、彦法師殿譲与候之由承候、仍十五以前者、次郎方可相計之由、被成御書候上者、其段心得可
申候、恐々謹言、

六月七日　　安房守憲実（上杉）（花押）

謹上　長沼淡路（義秀）入道殿

右の文書は、関東管領上杉憲実から、外様格である長沼義秀に宛てられた書状であり、義秀の孫憲秀の跡職について、その子である彦法師が継承するのを認めるが、彦法師が十五歳になる以前は、その叔父である次郎が後見するように指示している。右のように関東管領から外様宛ての書札礼としては、先述したように群書類従本に規定がある。即ち、上所に「進上・晋上」などと付し、差出である関東管領に裏書が不要であることを規定している。史料十六の上所である「謹上」も、右の規定に含まれると見なしてよい。そして、書止文言は「恐々謹言」であり、一定程度の礼式を伴っていることが分かる。つまり、関東管領と外様との身分差においては、関東管領に裏書不要という優越があるものの、書止文言や上所においては一定程度の礼式が伴われており、実際に両者の間には、書札礼上に多大な格差が存在する訳ではなかったということを指摘できる。

史料十七[55]

其後数年隔音問之処、委曲示給候、本望至候、於向後者、連々可申承候、恐々謹言、

永享十一

十二月廿一日　　前安房守憲実（上杉）在御判

謹上　長沼次郎（秀宗）殿

右の文書は、上杉憲実から長沼秀宗に対して、協力を約束したものである。永享年間においても、関東管領から長沼氏宛ての書状は、書止文言は「恐々謹言」の謹上書であり、一定程度の礼式を伴っていることを確認することができる。

（4）扇谷上杉氏関係の書状

次に、関東管領上杉氏の有力庶家である扇谷上杉氏と、外様・奉公衆との間の書状についても見ておくこととする。

史料十八(56)

就今度小栗常陸孫次郎(満重)事、御内面々被致御忠節候、被悦喜候、此段可被注進候、諸事期後信時候、恐々謹言、

(応永三十年)七月十日　藤原(上杉)定頼（花押）

謹上　長沼入道(義秀)殿

右の文書は、応永三十年（一四二三）の小栗満重の乱の際に、鎌倉府に属して戦功を挙げた長沼義秀に対する、鎌倉公方持氏への注進を約束した上杉定頼の書状である。上杉定頼は小山田上杉氏の当主であるが、当時、若年の扇谷上杉氏の当主である上杉持朝の補佐をしてその名代を務めており、ここでは扇谷上杉氏の当主に準ずる存在からの書状と見なしてよい。ここでも、関東管領から長沼氏宛ての書状の場合と同様に、書止文言は「恐々謹言」の謹上書である。つまり、扇谷上杉氏の場合でも、外様格である長沼氏との間には、書札礼上に多大な格差が存在する訳ではなかったと指摘することができる。

史料十九(57)

今度就小栗御退治之事、南山入道方代官忠節無是非候、仍御盛候事、申御沙汰候者、可然存候、恐々謹言、

（応永二十九年）七月十日　　藤原（上杉）定頼（花押）

謹上　那波上総介（宗元）殿

右の文書は、史料十八と同様に小栗満重の乱の際に、上杉定頼から奉公衆の那波氏に宛てられたものである(58)。扇谷上杉氏と奉公衆との間の書札礼については、奉公衆から扇谷上杉氏宛ての場合、先述したように、宛所は「扇谷殿」と居所書で脇付は「御宿所」と極めて厚礼であり、両者の間には多大な格差が存在するとされる。しかし、右の文書から、扇谷上杉氏から奉公衆宛ての場合、書止文言は「恐々謹言」の謹上書であるので、それ程までに多大な格差が存在する訳ではなかったといえる。

したがって、史料十八・十九はそれぞれ、扇谷上杉氏から外様の長沼氏や奉公衆の那波氏宛ての書状であるが、ともに書止文言は「恐々謹言」の謹上書であり、実際には一定程度の礼式が伴われていたことになる。つまり、実際には扇谷上杉氏と外様・奉公衆との間において、それ程までに多大な格差は存在しないのであり、それと同時に、外様と奉公衆との間においても、それ程までに多大な格差は存在しないのである。その背景として、史料十八・十九に見られるように、小栗満重の乱に際して長沼氏や那波氏による与同が重要視されるなど、当時の関東地域の政治情勢において外様・奉公衆勢力の帰趨が少なからず影響力を有していたという点が挙げられる。『鎌倉年中行事』に見られるように、原則・理念としては、家格間には厳然とした格差が規定されていたものの、このように実際の文書上においては、その際の政治情勢に関連して、それ程までに多大な格差は存在しない場合もまたあったのである。

ところで、ここで奉公衆による通常の書状について確認しておきたい。

史料二十[59]

長々御在陣御辛労奉察候、殊其口事肝要之処、就面々御座、一方御心安事候哉、御忠節之至候、其子細注可申候、

恐々謹言、

（応永三十二年）七月廿六日　　　　持家（一色）（花押）

江戸（憲重）大炊助殿

右の文書は、武蔵国の国人である江戸憲重の甲斐国田原での在陣を賞し、鎌倉公方持氏への注進を約束した[60]、奉公衆の一色持家から江戸憲重に宛てた書状である[61]。書止文言は「恐々謹言」であるが、打付書であるので、やや薄礼の書札礼であるといえる。ここでの一色持家は、足利一門の「御一家」の奉公衆として、その中でも上位に位置付けられる存在であり[62]、そのような点を背景として、このようにやや薄礼の書札礼を適用していると考えられる。

以上、本章においては、『鎌倉年中行事』の規定と実際の文書との比較検討から、書札礼の実態について考察した。その考察の結果、関東管領と奉公衆、外様と奉公衆との間において、『鎌倉年中行事』の規定通りに書札礼が適用されていたことを確認することができた。また、文書上に主人の存在が想定され、書札礼が変化する場合にも同様に確認することができた。

ただし、関東管領から外様宛ての場合や、扇谷上杉氏から外様・奉公衆宛ての場合において、書止文言「恐々謹言」の謹上書が適用されるなど、一定程度の礼式が伴われていたことを指摘することもできる。つまり、当時の政治情勢により、家格の差異を超えて、そのような書札礼が適用される場合もまた存在したのである。

結語

最後に、小稿において指摘したことを整理し、今後の課題について述べて結びとしたい。

第一章においては、従来注目されてこなかった、『鎌倉年中行事』の後半部分の書札礼についての規定から、鎌倉府奉公衆関係の書札礼を中心に、鎌倉府の書札礼、及びそこに体現される鎌倉府の儀礼秩序について明らかにした。そこでは、鎌倉公方の下、関東管領・御一家・外様・奉公衆と家格秩序が展開し、それに基づいて書札礼が規定されていた。ただし、御一家の中では吉良氏が上位に位置付けられ、奉公衆の中では御所奉行や評定衆が上位に位置付けられるなど、各家格中でも内部秩序が存在し、書札礼もそれに規定されていた。また、奉公衆は鎌倉公方の直臣であり、関東管領の被官などの、即ち鎌倉公方の陪臣より原則として優越するが、その主人の存在により書札礼は弾力的に運用されることもあった。そして、文書上における奉公衆の主人である鎌倉公方の存在が、奉公衆の書札礼にも影響を及ぼしていた。以上のことから、『鎌倉年中行事』の書札礼は、原則として鎌倉府の家格秩序に基づくが、文書上における主人の存在により、その書札礼は複雑に変化するといえる。

第二章においては、『鎌倉年中行事』の規定と実際の文書との比較検討から、その規定は実際に遵守されていたことを確認することができた。また、主人の存在により書札礼が変化するという規定も、実際の文書上から裏付けることができた。ただし、関東管領と外様との間、または扇谷上杉氏と外様・奉公衆との間において、実際の文書上では、それ程までに多大な格差は存在しないなど、その際の政治情勢に基づく彼我の関係において、家格を超えて一定程度厚礼の書札礼が適用されることも指摘した。

以上のことから、『鎌倉年中行事』所載の書札礼は、鎌倉府の儀礼秩序を体現するものであり、そして実際の文書上においてもその規定は遵守されていたが、主従制の原則や公私の別、そして政治状況により、その規定及び実態は弾力的に変化するという側面も存在したと指摘することができる。

ただし、小稿では室町期の関東地域の書札礼について考察したに過ぎない。他の地域の書札礼との関係性、とくに、奥羽地域や中央の書札礼との相関関係についても考察する必要がある。そして、戦国期に至り、古河公方や奉公衆の書札礼はどのように変質するのか、という点についても考察する必要がある。具体的には、とくに関東寺院関係の書札礼について、『足利政氏書札礼』との比較検討や、後北条氏に推戴された後の古河公方の書札礼の位置付けについて、『足利義氏書札礼』との比較検討を行う必要がある。今後の課題としたい。

註

（1）『群書類従』雑部所収。この群書類従本の他にも諸本がある。百瀬氏註（2）後掲著書に詳しい。

（2）百瀬今朝雄『弘安書札礼の研究』（東京大学出版会、二〇〇〇年）。

（3）藤井貞文「弘安礼節小考―上野図書館本の解説―」（『上野図書館紀要』三冊、一九五七年）、岩間敬子「弘安書札礼と院宣・綸旨」（『古文書研究』三三号、一九九〇年）。

（4）金子拓「室町期における弘安書札礼の運用と室町殿の立場」（『日本歴史』六〇二号、一九九八年）。

（5）ともに、『群書類従』消息部所収。

（6）二木謙一「室町幕府における武家の格式と書札礼」（初出、『古文書研究』四九号、一九九九年。後に、同氏『武家儀礼格式の研究』、吉川弘文館、二〇〇三年）。

（７）拙稿「日本中世書札礼の成立の契機」（『HERSETEC』Vol.1　No.2　二〇〇七年）。

（８）拙稿「織豊期における書札礼故実の集積と、近世故実書の成立への展開―曽我尚祐『和簡礼経』を中心に―」（『織豊期研究』十一号、二〇〇九年）。

（９）市村高男「中世領主間の身分と遺構・遺物の格―戦国期の書札礼の世界から見た若干の提言―」（『帝京大学山梨文化財研究所研究報告』八集、一九九七年）、同氏「戦国期の地域権力と「国家」・「日本国」」（『日本史研究』五一九号、二〇〇五年）。なお、市村氏は、後北条氏の書札礼について考察を行い、古河公方との婚姻関係が契機となり、後北条氏の書札礼が上昇することを指摘している。また、上杉謙信の関東管領就任や、里見氏の古河公方一族との婚姻関係が、書札礼上昇の契機となったことも指摘している。市村高男「書札礼と身分秩序」（『鷲宮町史　通史』上、一九八六年）、同氏「越相同盟と書札礼」（『中央学院大学教養論叢』四巻一号、一九九一年）。

（10）「喜連川文書」（『戦国遺文　古河公方編』四九二・四九三号）。

（11）「喜連川文書」（『喜連川町史　五巻　資料編五　喜連川文書　上』）。

（12）ともに、秋田県公文書館佐竹文庫蔵。『日本史学集録』二四号（二〇〇一年）に翻刻が載せられている。

（13）内閣文庫蔵。『千葉大学人文研究』十七号（一九八八年）に翻刻が載せられている。

（14）和氣俊行「「足利政氏書札礼」の歴史的性格をめぐって」（荒川善夫・佐藤博信・松本一夫編『中世東国論三　中世下野の権力と社会』、岩田書院、二〇〇九年）。

（15）『群書類従』武家部所収。また、その原型と考えられる内閣文庫本は、『日本庶民生活資料集成』二三巻に翻刻されている。

（16）峰岸純夫「東国における十五世紀後半の内乱の意義―「享徳の乱」を中心に―」（初出、『地方史研究』六六号、一九六三年。後に、同氏『中世の東国―地域と権力―』、東京大学出版会、一九八九年）、佐藤博信「『殿中以下年中行事』に関する一考察」（初出、『民衆史研究』十号、一九七二年。後に、同氏『中世東国足利・北条氏の研究』、岩田書院、二〇〇六年）。

（17）二木謙一「『鎌倉年中行事』にみる鎌倉府の儀礼」（初出、『伝統と創造の人文科学』、國學院大學大学院、二〇〇二年。後に、同氏註（6）前掲著書）。
(18) 田辺久子「年中行事にみる鎌倉府―正月椀飯と八朔―」（『神奈川県史研究』四九号、一九八二年）。また、同氏『関東公方足利氏四代』（吉川弘文館、二〇〇二年、一三九～一四五頁）、山田邦明「鎌倉府の八朔」（『日本歴史』六三〇号、二〇〇〇年）。
(19) 山田邦明「室町時代の鎌倉」（五味文彦編『都市の中世』、吉川弘文館、一九九二年）。
(20) 阿部能久「『鎌倉年中行事』と関東公方」（同氏『戦国期関東公方の研究』、思文閣出版、二〇〇六年）。
(21) 田中義成『足利時代史』（明治書院、一九二三年。後に、講談社学術文庫、一九七九年）、渡辺世祐『関東中心足利時代之研究』（雄山閣、一九二六年。後に、新人物往来社、一九七一年）。
(22) 佐藤博信『中世東国の支配構造』（思文閣出版、一九八九年ａ）、同氏『古河公方足利氏の研究』（校倉書房、一九八九年ｂ）、同氏『続中世東国の支配構造』（思文閣出版、一九九六年）。
(23) 山田邦明『鎌倉府と関東―中世の政治秩序と在地社会―』（校倉書房、一九九五年）。
(24) 黒田基樹『戦国大名と外様国衆』（文献出版、一九九七年）、同氏『戦国期東国の大名と国衆』（岩田書院、二〇〇一年）。
(25) 阿部能久『戦国期関東公方の研究』（思文閣出版、二〇〇六年）。
(26) 江田郁夫「関東八屋形について」（同氏『室町幕府東国支配の研究』、高志書院、二〇〇八年）、同氏「関東八屋形長沼氏について」（荒川善夫・佐藤博信・松本一夫編『中世東国論三　中世下野の権力と社会』、岩田書院、二〇〇九年）。
(27) 阿部氏註（20）前掲論文参照。
また、群書類従本の奥書には享徳三年とあり、より原型に近い内閣文庫本に先行することとなり齟齬が生じるが、群書類従本の奥書が懸かるのは本文全体ではなく、末尾の雑規定の部分のみであると阿部氏は説明する。

なお阿部氏は、群書類従本の内容分類を行い、①鎌倉府の年中行事、②鎌倉府の不定期的な行事、③関東武士・寺社の書札礼などの相互規定、④その他の雑規定、に分類されると指摘する。内閣文庫本と比較すると、③の一部と④の箇所が、群書類従本の成立の際の補遺の部分であることが分かる。③の書札礼の補遺の部分においても、鎌倉府下のものとして内容的な矛盾はとくに無く、鎌倉府下の書札礼を表すものとして考察する必要がある。

(28) なお、「引付衆以下ヘハ謹上書、如此草也」の箇所の、「謹上」の部分は、その文脈から草書体であると考えられるが、内閣文庫本には楷書体で記されており、そのままの形で表記した。内閣文庫本の書写の際に、便宜上、草書体から楷書体へと改められたと考えられる。

(29) 山田邦明「鎌倉府の奉公衆」（初出、『史学雑誌』九六編三号、一九八七年。後に、同氏註（23）前掲著書）、一四六頁。なお、『鎌倉年中行事』の作者である海老名氏も、その群書類従本の末尾の御所奉行の歴名に見られるように、初代古河公方成氏期には御所奉行であった。また、それ以前の鎌倉府の段階においても、御所奉行であった可能性が高い、と山田氏により指摘されている（同論文、一五三頁）。

(30) 群書類従本の末尾の、「奉公中之宿老」の歴名として、木戸氏と野田氏の名が見られる。いずれも譜代の奉公衆の家である。

(31) 山田氏によると（註（29）前掲論文、一四六頁）、引付衆は評定衆よりも下位の奉公衆内の集団であるとする。

(32) 『貞丈雑記』に、「謹上は等輩に書くなり」とある。

(33) ここでの外様とは、千葉氏・小山氏・結城氏・小田氏・宇都宮氏・那須氏・佐竹氏などの関東大名層が属する家格である。『鎌倉年中行事』の正月十四日条の規定に見られるように、その日は鎌倉府への「外様ノ人々出仕」の式日となっており、これらの人々の歴名が見られる。

(34) 『鎌倉年中行事』によると、千葉氏は正月出仕の式日も、正月十日と他の外様より先行しており、これは千葉氏が侍所頭人であるためと説明されている。他にも千葉氏については、同書の路頭礼などの箇所においても、その優越が規定されている。なお、山田氏によると、千葉氏は儀礼秩序の上では優遇されていたものの、その領域支配の拡大に対しては、鎌倉公方から阻止されていたとする。山田邦明「千葉氏と足利政権—南北朝期を中心に—」（初出、『千葉史学』十二号、一九八八年。後に、同氏註（23）前掲著書）。

(35) 「対千葉介方、其外ノ外様・奉公中礼儀之事」の項に、「御一家ノ中ニ、吉良殿ニ奉行合ハ、可致下馬」とある。

(36) 荻野三七彦「武蔵の吉良氏についての研究」（同氏『関東武士研究叢書四　吉良氏の研究』、名著出版、一九七五年）。

(37) 群書類従本の末尾に、「公方者ト云ハ、御力者・御雑色」とある。

(38)『貞丈雑記』に、「進上は上輩に書く」とある。
(39)例えば、『細川家書札抄』・『大館常興書札抄』参照。
(40)「明月院文書」(永正六年)九月二十八日付足利政氏書状(『戦国遺文　古河公方編』三五九号)。
(41)「清浄光寺文書」(年未詳)三月十日付足利持氏書状写(『神奈川県史　資料編三　古代・中世(三上)』五九六六号)。以下、『神奈川県史　資料編三　古代・中世(三上)』は『神奈』と略す。
(42)「円覚寺文書」(年未詳)四月十六日付上杉憲実書状(『千葉県の歴史　資料編　中世四』)によると、関東管領上杉憲実から鎌倉五山円覚寺宛ての書状の上所は「進上」であり、そして脇付は「衣鉢侍者禅師」であって、『鎌倉年中行事』の規定に合致している。なお、同書状の書止文言は「恐惶敬白」である。ただし、「円覚寺文書」(永享十一年)十月二十九日付上杉憲実書状(『神奈』五九九三号)によると、脇付は「侍者御中」であり、『鎌倉年中行事』の規定よりやや薄礼である。
(43)「白河証古文書」(応永十年)十月十五日付上杉朝宗書状(『神奈』五三三三号)。
(44)宍戸氏は、奉公衆の中でも御所奉行として、とくに上位に位置付けられる家である。山田氏註(28)前掲論文、一七三〜一七五頁。
(45)「皆川文書」(応永二十五年)一月二十九日付長沼義秀書状(『栃木県史　史料編　中世一』)。
(46)「同右」(応永二十五年)一月二十九日付長沼義秀書状(『同右』)。
(47)佐藤博信「下野長沼氏と鎌倉府体制」(初出、『歴史手帖』五巻二号、一九七八年。後に、同氏註(22)前掲著書、一九八九年a)。
(48)長沼氏の垸飯勤仕は、正月七日が式日である。また、実際に長沼氏が鎌倉府の正月垸飯を勤仕していることは、「皆川文書」応永三年十二月五日付足利満兼御判御教書(『栃木県史　史料編　中世一』)から確認できる。
(49)「皆川文書」応永二十五年一月三十日付宍戸持明裏書(『栃木県史　史料編　中世一』)。
(50)「同右」応永二十五年二月五日付梶原禅景裏書(『同右』)。
(51)ただし、ここでの史料十二・十三は裏書での返書という性質のためか、『鎌倉年中行事』の規定に見られるような、別に御宿所書の添状を付す、という方策がとられた形跡は無い。
(52)「皆川文書」(年未詳）十一月九日付結城基光書状（『栃木県史　史料編　中世一』)。
(53)「同右」(年未詳）十一月九日付結城基光書状（『同右』)。
(54)「同右」(年未詳）六月七日付上杉憲実書状（『同右』)。
(55)「同右」永享十一年十二月二十一日付上杉憲実書状（『同右』)。
(56)「同右」(応永三十年）七月十日付上杉定頼書状（『同右』)。
(57)「同右」(応永二十九年）七月十日付上杉定頼書状（『同右』)。
(58)奉公衆としての那波氏については、山田氏註（29）前掲論文、一七一・一七二頁。
(59)「牛込文書」(応永三十三年）七月二十六日付一色持家書状（『新編埼玉県史　資料編五　中世一　古文書一』)。
(60)実際にこの後、鎌倉公方持氏へ注進がなされ、持氏から江戸憲重へ感状が発給されている。「牛込文書」応永三十三年八月十一日付足利持氏感状（『新編埼玉県史　資料編五　中世一　古文書一』)。
(61)江戸氏の一族には、奉公衆に属した者も存在するが（山田氏註（29）前掲論文、一六九頁)、ここではその文書内容から、奉公衆として鎌倉府の組織内に属した者に対する書状ではなく、その組織外に属した国人に対する書状であると見なす方が妥当である。即ち、ここでの宛所である江戸憲重は、奉公衆ではない江戸氏一族であるか、奉公衆に属する以前の者であると見なすべきである。
(62)山田氏註（29）前掲論文、一五四・一五五号。

付録

京都古記録足利持氏関係記事目録（稿）

植田真平編

凡例

一、本目録は、「鎌倉殿」「関東」「武衛」といった京都における足利持氏の呼称に注目して、京都の代表的な古記録より持氏に関係する記事を収集し、その所在を編年順に示したものである。

一、収集は、足利持氏個人にかかわるものに限り、足利持氏政権（持氏期鎌倉府）を指すものは除外した。ただし、両者が不可分なもの、判別のつかないものは、併せて収集した。

一、室町時代の京都の代表的な古記録として、『花営三代記』『兼宣公記』『看聞日記』『公名公記（管見記）』『建内記』『薩戒記』『東寺執行日記』『満済准后日記』『師郷記』『康富記』より該当記事を収集し、その条文の所在（古記録名、年月日）を示した。

一、収集にあたっては、それぞれ『群書類従』『続群書類従』『史料纂集』『増補史料大成』『大日本古記録』『図書寮叢刊』等の翻刻刊本のほか、東京大学史料編纂所データベース、宮内庁書陵部所蔵の写真帳、桃崎有一郎編『康富記人名索引』（日本史史料研究会、二〇〇八年）、満済准后日記研究会編『満済准后日記人名索引』（八木書店、二〇一〇年）等を使用した。

一、記事本文の割書は【】で示した。また、同じ古記録の同日条に持氏を指す語が複数ある場合は、「／」で区切っていずれも示した。

一、事項欄には、「上杉禅秀の乱」や「両府和睦」など、大まかな関連事項のみ記した。詳細は記事本文を参照されたい。

No.	年	月日	古記録	呼称	事項
1	応永23年（1416）	10月13日	看聞日記	当代持氏／左兵衛督持氏	上杉禅秀の乱
2		10月16日	看聞日記	兵衛督持氏／左兵衛督	上杉禅秀の乱
3		10月16日	満済准后日記	鎌倉殿	上杉禅秀の乱
4		10月18日	満済准后日記	鎌倉殿	上杉禅秀の乱
5		10月29日	看聞日記	左兵衛督／武衛	上杉禅秀の乱
6		12月11日	看聞日記	関東武衛	上杉禅秀の乱
7	応永24年（1417）	3月5日	看聞日記	関東	使節上洛
8		6月7日	看聞日記	関東	使節在京
9	応永25年（1418）	9月15日	満済准后日記	鎌倉	宇都宮持綱上総守護補任
10	応永28年（1421）	正月26日	花営三代記	鎌倉殿左兵衛督持氏	従三位昇進謝礼
11	応永29年（1422）	11月2日	満済准后日記	関東	山入与義誅殺
12	応永30年（1423）	6月5日	満済准后日記	関東／鎌倉殿	京都扶持衆討伐
13		7月4日	満済准后日記	鎌倉殿	京都扶持衆討伐
14		7月5日	満済准后日記	関東／鎌倉殿	京都扶持衆討伐
15		7月11日	看聞日記	関東	両府対立
16		8月8日	看聞日記	関東	両府対立
17		8月18日	兼宣公記	関東探題左兵衛督源朝臣持氏卿【年齢廿六、従三位、】	調伏祈禱
18		9月4日	満済准后日記	関東	両府対立
19		10月1日	看聞日記	関東	東西客星のト占
20		11月28日	看聞日記	関東	使節上洛
21	応永31年（1424）	2月3日	満済准后日記	関東	誓文提出
22		2月5日	満済准后日記	関東	両府和睦
23		2月5日	花営三代記	鎌倉左兵衛督持氏	両府和睦
24		10月14日	満済准后日記	関東	鎌倉帰還

25	応永32年（1425）	閏6月11日	満済准后日記	鎌倉殿／関東／鎌倉	常陸・甲斐守護補任問題
26		閏6月17日	看聞日記	鎌倉	叛逆の風聞
27		7月5日	満済准后日記	鎌倉殿	山入祐義討伐
28		8月14日	看聞日記	関東武将	御所焼失
29		11月30日	看聞日記	関東武将	使節上洛、上洛企図
30	応永35年（1428）正長元年	5月25日	建内記	関東	上洛企図
31		7月11日	薩戒記	関東	小倉宮聖承内通の疑い
32		8月3日	満済准后日記	関東	北畠満雅の乱、上洛企図の風聞
33		8月23日	薩戒記	鎌倉左兵衛督持成卿（ママ）	北畠満雅の乱、上洛企図の風聞
34		10月2日	薩戒記	関東	幕府大名内通の疑い
35		10月15日	満済准后日記	関東	越後守護代・国人へ御教書発給
36		10月16日	満済准后日記	関東	後小松院より将軍院宣の風聞
37	正長2年（1429）永享元年	3月5日	満済准后日記	関東	使節帰洛
38		7月24日	満済准后日記	関東	結城白河氏朝討伐
39		8月18日	満済准后日記	関東	結城白河氏朝討伐
40		9月2日	満済准后日記	関東	両府対立
41		9月3日	満済准后日記	関東	両府対立
42		11月9日	満済准后日記	関東	両府対立
43	永享2年（1430）	9月4日	満済准后日記	関東	両府対立
44		9月6日	満済准后日記	関東	両府対立
45		9月10日	満済准后日記	関東	両府対立
46	永享3年（1431）	3月20日	満済准后日記	関東／鎌倉殿	罰状要求、那須処分問題
47		3月22日	満済准后日記	関東	罰状要求
48		3月23日	満済准后日記	関東	罰状要求
49		3月24日	満済准后日記	関東	罰状要求
50		3月28日	満済准后日記	関東	罰状要求

51	永享3年（1431）	4月2日	満済准后日記	関東	罰状要求
52		4月4日	満済准后日記	関東	罰状要求
53		4月5日	満済准后日記	関東	罰状要求
54		4月7日	満済准后日記	関東	罰状要求
55		4月10日	満済准后日記	関東	罰状要求
56		4月11日	満済准后日記	関東	罰状要求
57		4月13日	満済准后日記	（動作語のみ）	罰状要求
58		5月12日	満済准后日記	関東	両府対立
59		5月19日	満済准后日記	関東	罰状要求
60		5月26日	満済准后日記	関東	罰状要求
61		7月16日	満済准后日記	関東	告文提出
62		7月17日	満済准后日記	関東	両府和睦
63		7月19日	看聞日記	関東	両府和睦
64		7月19日	満済准后日記	関東	両府和睦
65		7月20日	満済准后日記	関東	両府和睦
66		8月11日	満済准后日記	関東	両府和睦
67	永享4年（1432）	8月晦日	満済准后日記	鎌倉殿	義教富士下向
68		10月2日	看聞日記	関東	進物京着の風聞
69	永享5年（1433）	3月18日	看聞日記	関東	義教富士下向の礼物・使節上洛
70	永享6年（1434）	2月16日	満済准后日記	鎌倉殿	関東五山補任
71		7月4日	満済准后日記	関東	山門共謀の風聞
72		10月28日	満済准后日記	関東	野心現形
73		10月29日	満済准后日記	関東	野心現形
74		11月2日	満済准后日記	関東	野心現形
75		11月28日	満済准后日記	関東	野心現形

76	永享6年（1434）	12月3日	満済准后日記	関東	野心現形
77		12月16日	満済准后日記	関東	駿河情勢
78		12月23日	満済准后日記	関東	駿河情勢
79	永享7年（1435）	正月20日	満済准后日記	関東	三河国人へ内書発給
80		正月22日	満済准后日記	関東	野心現形
81		正月26日	満済准后日記	関東	野心現形
82	永享9年（1437）	5月6日	看聞日記	関東	信濃情勢
83		8月24日	薩戒記	関東／坂東	大覚寺義昭内通の疑い
84	永享10年（1438）	9月12日	看聞日記	関東	永享の乱
85		9月18日	公名公記	鎌倉左兵衛督持氏／従三位源朝臣持氏	永享の乱
86		10月5日	師郷記	鎌倉殿	永享の乱
87		10月10日	看聞日記	武将	永享の乱
88		10月13日	公名公記	鎌倉三位	永享の乱
89		10月13日	師郷記	鎌倉殿	永享の乱
90		10月18日	看聞日記	鎌倉武将／武将	永享の乱
91		10月25日	東寺執行日記	鎌倉殿持氏	永享の乱
92		10月30日	看聞日記	武将	永享の乱
93		11月17日	看聞日記	武将	永享の乱
94		11月21日	看聞日記	鎌倉殿	永享の乱
95		11月29日	看聞日記	鎌倉殿	永享の乱
96		12月8日	看聞日記	武将	助命嘆願
97		12月15日	看聞日記	武将	助命嘆願
98	永享11年（1439）	2月2日	建内記	鎌倉武衛／武衛	助命嘆願
99		2月10日	師郷記	鎌倉殿	自害

100	永享11年（1439）	2月10日	東寺執行日記	鎌倉殿持氏	自害
101		2月15日	建内記	鎌倉左兵衛督持氏卿／武衛	自害
102		2月18日	建内記	鎌倉武衛	自害
103		2月20日	建内記	鎌倉故武衛	遺児捕縛
104		3月3日	公名公記	故鎌倉二位	遺児誅殺
105		6月3日	建内記	関東	永享の乱
106		6月3日	師郷記	関東	永享の乱
107		6月9日	建内記	関東	永享の乱
108		6月12日	建内記	関東	永享の乱
109		7月4日	師郷記	故鎌倉殿	憲実自害の報　※抹消箇所
110		10月19日	建内記	故武衛	大教院慈澄の前歴
111	永享12年（1440）	3月17日	建内記	故鎌倉左兵衛督持氏卿	結城合戦
112	永享13年（1441） 嘉吉元年	3月27日	建内記	鎌倉殿	結城合戦　※安王丸か
113		4月25日	建内記	故鎌倉武衛【持氏卿】	結城合戦
114		4月25日	師郷記	故武衛	結城合戦
115		4月28日	公名公記	故鎌倉	結城合戦
116		4月28日	建内記	鎌倉故左兵衛督持氏卿	結城合戦
117		5月4日	看聞日記	故武将【持氏】	結城合戦
118		5月4日	建内記	鎌倉故武衛／鎌倉故持氏卿	結城合戦
119		5月9日	建内記	鎌倉故持氏卿	結城合戦
120		5月19日	看聞日記	関東武将	結城合戦
121		5月19日	公名公記	鎌倉	結城合戦
122		5月19日	建内記	故鎌倉持氏卿	結城合戦
123		5月22日	建内記	関東	結城合戦
124		6月18日	建内記	鎌倉故持氏卿	結城合戦
125		7月28日	建内記	鎌倉故持氏卿	遺児処遇

126	嘉吉3年（1443）	7月19日	建内記	鎌倉故武衛	怨霊
127		7月21日	建内記	鎌倉故武衛	怨霊
128	文安4年（1447）	3月13日	建内記	故鎌倉殿	憲実慰留
129		3月23日	建内記	持氏卿	憲実慰留
130		7月16日	建内記	関東	正長元年院宣の浮説
131	文安6年（1449）	7月3日	康富記	故鎌倉殿持氏卿	成氏名字・官途
132	享徳3年（1454）	12月27日	康富記	故鎌倉殿	享徳の乱
133	享徳4年（1455）	正月6日	康富記	持氏／故鎌倉殿	享徳の乱

【初出一覧】

総　論Ⅰ

植田真平「足利持氏論」（新稿）

第1部　公方専制体制の構造と展開

Ⅰ　風間　洋「足利持氏専制の周辺―関東奉公衆一色氏を通して―」（『国史学』第一六三号、一九九七年）

Ⅱ　稲葉広樹「十五世紀前半における武州南一揆の政治的動向」（『駒沢大学史学論集』三五号、二〇〇五年）

Ⅲ　稲葉広樹「足利持氏専制の特質―武蔵国を中心として―」（『駒澤史学』第六八号、二〇〇七年）

Ⅳ　阿部哲人「鎌倉公方足利持氏期の鎌倉府と東国寺社―鹿島社造営を素材として―」（『歴史』第八八輯、一九九七年）

Ⅴ　盛本昌広「瀬戸神社に来た足利持氏」（『六浦文化研究』第七号、一九九七年）

第2部　足利持氏と室町幕府

Ⅰ　島村圭一「上杉禅秀の乱後における室町幕府の対東国政策の特質について」（『地方史研究』二四九号、一九九四年）

Ⅱ　渡　政和「「京都様」の「御扶持」について―いわゆる「京都扶持衆」に関する考察―」（『武蔵大学日本文化研究』第五号、一九八六年）

Ⅲ　和氣俊行「応永三一年の都鄙和睦をめぐって―上杉禅秀遺児達の動向を中心に―」（『史潮』新第六二号、二〇〇七年）

第3部　永享の乱・結城合戦

Ⅰ　呉座勇一「永享九年の「大乱」―関東永享の乱の始期をめぐって―」（『鎌倉』一一五号、二〇一三年）

Ⅱ　小国浩寿「永享記と鎌倉持氏記―永享の乱の記述を中心に―」（『鎌倉』九六号、二〇〇三年）
Ⅲ　田口　寛「足利持氏の若君と室町軍記―春王・安王の日光逃避説をめぐって―」（『中世文学』五三号、二〇〇八年）

第4部『鎌倉年中行事』の世界

Ⅰ　佐藤博信「鎌倉年中行事　解題」（『日本庶民生活史料集成　第二三巻　年中行事』三一書房、一九八一年）
Ⅱ　伊藤一美「旧内膳司浜島家蔵『鎌倉年中行事』について―関東公方近習制に関する覚書―」（『鎌倉』二一号、一九七三年）
Ⅲ　長塚　孝「『鎌倉年中行事』と海老名季高」（『鎌倉』一〇八号、二〇〇九年）
Ⅳ　小久保嘉紀「鎌倉府の書札礼―『鎌倉年中行事』の分析を中心に―」（『年報中世史研究』第三五号、二〇一〇年）

【執筆者一覧】

総　論

植田真平　　別掲

第1部

風間　洋　一九六七年生。現在、私立鎌倉学園中学・高等学校教諭。

稲葉広樹　一九七八年生。現在、臨海セミナー講師。

阿部哲人　一九六九年生。現在、米沢市上杉博物館主任学芸員。

盛本昌広　一九五八年生。

第2部

島村圭一　一九六一年生。現在、埼玉県立岩槻北陵高等学校長。

渡　政和　一九五九年生。現在、埼玉県立歴史と民俗の博物館学芸主幹。

和氣俊行　一九七一年生。現在、法政大学通信教育部非常勤講師。

第3部

呉座勇一　一九八〇年生。現在、国際日本文化研究センター客員准教授。

小国浩寿　一九六二年生。現在、東京都立高等学校教諭。

田口　寛　一九七七年生。現在、梅光学院大学文学部准教授。

第4部

佐藤博信　一九四六年生。千葉大学名誉教授。
伊藤一美　一九四八年生。現在、鎌倉考古学研究所理事。
長塚　孝　一九五九年生。現在、馬の博物館学芸部長。
小久保嘉紀　一九七九年生。現在、桜花学園大学・中京大学・同朋大学非常勤講師。

【編著者紹介】

植田真平（うえだ・しんぺい）

1985年生まれ。早稲田大学第一文学部卒。

早稲田大学大学院文学研究科単位取得退学。

博士（文学、早稲田大学）。

現在、宮内庁書陵部研究職員。

論文に、「鎌倉府奉行人の基礎的研究」（佐藤博信編『関東足利氏と東国社会』岩田書院、2012年）、「公方足利氏満・満兼期鎌倉府の支配体制―「鎌倉府体制」再考にむけて―」（『歴史学研究』917号、2014年）、「南北朝・室町期東国史研究の現在」（川岡勉編著『中世の西国と東国―権力から探る地域的特性―』戎光祥出版、2014年）ほか。

シリーズ装丁：辻　聡

シリーズ・中世関東武士の研究　第二〇巻
足利持氏《あしかがもちうじ》

二〇一六年五月一〇日　初版初刷発行

編著者　植田真平
発行者　伊藤光祥
発行所　戎光祥出版株式会社
東京都千代田区麹町一―七
相互半蔵門ビル八階
電　話　〇三―五二七五―三三六一㈹
FAX　〇三―五二七五―三三六五
制作　株式会社イズシエ・コーポレーション
印刷・製本　モリモト印刷株式会社

ISBN978-4-86403-198-1